21世纪 经济管理新形态教材 营销学系列

数字营销与电商运营

郑宇婷 陈章旺◎主编

清华大学出版社

北京

图书在版编目（CIP）数据

数字营销与电商运营 / 郑宇婷，陈章旺主编. --北京 ：清华大学出版社，2025. 7.
(21 世纪经济管理新形态教材). -- ISBN 978-7-302-69715-2

Ⅰ . F713.365

中国国家版本馆 CIP 数据核字第 2025J7A308 号

责任编辑：陆浥晨
封面设计：李召霞
责任校对：宋玉莲
责任印制：宋　林
出版发行：清华大学出版社
　　　　网　　　址：https://www.tup.com.cn，https://www.wqxuetang.com
　　　　地　　　址：北京清华大学学研大厦 A 座　　　　邮　　编：100084
　　　　社 总 机：010-83470000　　　　邮　　购：010-62786544
　　　　投稿与读者服务：010-62776969，c-service@tup.tsinghua.edu.cn
　　　　质 量 反 馈：010-62772015，zhiliang@tup.tsinghua.edu.cn
　　　　课 件 下 载：https://www.tup.com.cn，010-83470332
印 装 者：小森印刷（天津）有限公司
经　　销：全国新华书店
开　　本：185mm×260mm　　　　印　张：13　　　　字　数：300 千字
版　　次：2025 年 8 月第 1 版　　　　印　次：2025 年 8 月第 1 次印刷
定　　价：49.00 元

产品编号：100114-01

序

在数字经济时代，数智化转型已经成为众多企业共同的行动。很多企业都试图通过全面数字化和全面智能化来改造现有价值链和商业模式，以数智驱动提升效率，与客户共赢。数智化转型包括研发、制造、员工管理、内部办公协同、营销等各个方面，其中营销的数智化是实现用户直达、生态共创、多方共赢的关键。在这样的背景下，数字营销已经成为当代营销理论与实践最热门、最重要的内容。与此相应，高校工商管理及相关学科都纷纷开设以数字营销为主题的系列课程。

紧跟时代步伐，福州大学营销团队的陈章旺教授携廖雪华博士、郑磊博士、郑宇婷博士三位青年学者推出数字营销系列丛书，包括《数字营销与商业智能》《数字营销与精准投放》和《数字营销与电商运营》，完整呈现数字营销相关的理论、技术、工具、方法与应用实例，为数字营销的学习者和实践者提供了很好的指南。

数字营销需要将数字技术融入业务发展，以数字化支撑业务模式创新，实现业务数字化、数据业务化，通过数据与算法使企业由经验决策转变为智能决策，使广告投放由"广而告之"向"精准告之"发展，构建消费者全渠道触达、精准互动和关系深化的数字化营销平台。本丛书关注了数字营销的三个重要方面——商业智能决策、广告精准投放、全渠道电商运营，可以帮助读者掌握数字营销的全貌和关键环节。《数字营销与商业智能》围绕商业智能数据化和协同化等特征，论述商业智能技术特征及其对企业数字营销、商业决策、商业模式及商业业态的影响。《数字营销与精准投放》融合了数智时代下的营销策略与数据智能，为读者呈现数字营销与精准投放的理论体系，以及对当前和未来数字营销趋势的洞察和更新。《数字营销与电商运营》从宏观角度讨论了数字营销环境下的电商运营战略、组织构建和人才培养，从微观角度切入电商运营数字化推广、营销流量效果分析，帮助电商降低运营成本、提升受众触达速度，并开展精细化用户运营。

本丛书具有科学性、先进性、实用性的特点，读者通过本丛书能够了解最新的数字营销趋势、新兴技术和最佳实践。本丛书可以作为普通高等院校市场营销、工商管理、数据管理和应用、大数据分析等专业的教材，也可供从事大数据市场分析工作、市场营销工作、市场运营与管理工作的读者参考使用。

陈章旺教授是全国知名的营销学者，福州大学市场营销学科带头人，兼任教育部高校工商管理类专业教学指导委员会委员，获得"中国十大最受欢迎的营销学教授"的称号。廖雪华博士、郑磊博士、郑宇婷博士三位青年学者分别获得中山大学管理学博士、北京大学心理学博士和华中科技大学管理学博士学位，是在教学和科研方面都有成就的青年才俊。他们以研究和教学实践为基础，通力合作、精心打造的数字营销系列丛书是精品之作，值得推荐。

彭泗清（北京大学光华管理学院市场营销学系教授）

2024 年 7 月

前 言

在数字化浪潮席卷全球的今天，电子商务和数字营销已成为企业竞争的新战场。《数字营销与电商运营》一书正是在这样的背景下应运而生，旨在为读者提供一个全面、系统的视角，以理解和掌握电商运营与数字营销的理论与实践。

本书从电商运营与数字营销的基本概念出发，深入探讨了数字时代下电子商务的演变、数字营销的特征及其在电商运营中的核心作用。通过对数据获取、营销环境分析、广告投放策略、数字化推广、流量效果分析、消费者交互优化、深度运营策略等方面的细致阐述，构建了一个完整的知识体系，旨在帮助读者把握数字营销与电商运营的最新动态和发展趋势。

本书共分为 11 章，涵盖电商运营与数字营销的各个关键领域。第 1 章概述了电商运营与数字营销的基本概念与发展趋势；第 2 章深入探讨数据获取的类型与方法；第 3 章分析了数字营销环境，包括市场微观环境和宏观环境。第 4 章、第 5 章详细讲解了广告投放策略和数字化推广的实施步骤。第 6~8 章则聚焦于流量效果分析、消费者交互与深度运营，帮助读者掌握优化流量和提升用户体验的方法。最后 3 章则分别探讨了营销策划、社交电商和短视频电商的独特策略与实战案例。

在撰写本书的过程中，我们特别注重理论与实践的结合。每章末尾的案例分析，不仅展示了理论知识在实际中的应用，也为读者提供了丰富的实战经验和启示。这些案例涵盖了从传统电商巨头到新兴社交电商平台，从内容创造到社群运营的多个维度，力求为读者呈现一个多角度、立体化的数字营销与电商运营全景。

本书适合电商行业的从业者、数字营销的专业人士以及对这一领域感兴趣的学生和研究人员。无论您是希望提升自身专业技能的职场人士，还是寻求理论指导的学术研究者，本书都能为您提供宝贵的参考和指导。

在数字营销与电商运营的领域，变化是唯一不变的主题。我们希望通过本书，读者能够建立起适应变化的思维模式，掌握应对挑战的策略和工具，最终在激烈的市场竞争中占据一席之地。

本书受福州大学教材建设基金资助出版，衷心感谢福州大学对本书的支持。黄珺涵、洪天赐、洪忠盛参与了本书的资料收集与编写工作，在此一并感谢。

最后，感谢所有为本书的编写和出版付出努力的同仁，也感谢每一位读者的阅读与支持。我们期待与您一起，探索数字营销与电商运营的无限可能。

目 录

第 1 章　电商运营与数字营销概述 ……………………………………………………… 1

1.1 数字时代下的电子商务 ……………………………………………………… 1

1.2 数字营销概述 ……………………………………………………………… 8

第 2 章　电商运营与数字营销的基础——数据的获取 ……………………………… 12

2.1 数据的类型 ………………………………………………………………… 12

2.2 公域数据与私域数据 ……………………………………………………… 14

2.3 公域数据的来源、获取与接入 …………………………………………… 16

2.4 私域数据的来源和获取 …………………………………………………… 19

2.5 其他数据分类方法 ………………………………………………………… 25

第 3 章　电商运营与数字营销环境 …………………………………………………… 28

3.1 数字营销的情境分析 ……………………………………………………… 28

3.2 网络市场微观环境分析 …………………………………………………… 32

3.3 数字宏观环境 ……………………………………………………………… 36

第 4 章　数字媒体时代电商广告精准投放 …………………………………………… 48

4.1 数字化媒体传播 …………………………………………………………… 48

4.2 数字媒体时代电商广告投放策略与技巧 ………………………………… 52

4.3 大数据背景下电商广告变革与重构 ……………………………………… 58

4.4 社交大数据背后的广告营销攻略 ………………………………………… 63

第 5 章　电商运营与数字化推广 ……………………………………………………… 67

5.1 传统广告的数字化转型 …………………………………………………… 67

5.2 传统广告公司的数字化转型 ……………………………………………… 76

5.3 移动互联网时代的广告传播——移动广告 ……………………………… 80

5.4 移动广告主要类型（Ⅰ）——HTML5 广告 …………………………… 87

5.5 移动广告主要类型（Ⅱ）——App 广告 ………………………………… 90

5.6 以优质内容为核心的原生广告模式 ……………………………………… 94

5.7 原生广告是否有效的关键指标 …………………………………………… 102

第 6 章　电商运营中数字营销流量效果分析···107

　　6.1　流量渠道的数据采集···107

　　6.2　细分流量渠道的评估与分析···110

　　6.3　异常流量与作弊识别···113

第 7 章　电商流量运营与消费者交互···119

　　7.1　流量的落地优化···119

　　7.2　A/B 测试···121

　　7.3　用户交互的分析与优化···123

　　7.4　营销数据优化微观转化···128

　　7.5　营销数据优化宏观转化···131

第 8 章　数字化电商的消费者深度运营···138

　　8.1　消费者深度运营···138

　　8.2　私域流量与消费者深度运营···143

　　8.3　电商消费者深度运营的数据解决方案···152

　　8.4　电商消费者深度运营的解决方案···161

第 9 章　电商运营中数字营销策划···174

　　9.1　电商运营基础···174

　　9.2　数字营销定价策略···179

　　9.3　数字营销产品促销策略···180

第 10 章　社交电商数字营销策略···188

　　10.1　社交电商···188

　　10.2　社交电商运营策略···190

第 11 章　短视频电商数字营销策略···194

　　11.1　短视频电商···194

　　11.2　短视频电商账号的定位与运营···196

　　11.3　短视频内容运营···197

第 1 章

电商运营与数字营销概述

1.1 数字时代下的电子商务

1.1.1 电子商务的概念

在了解什么是电子商务之前，首先要了解目前国内电子商务市场的现状。对于各中小商家和广大创业者来说，以淘宝为代表的一众电商平台的准入门槛都不高，拥有一张身份证，注册一家店铺，就能够顺利开启自己的电商之路。

2022 年 11 月 16 日，商务部电子商务和信息化司发布了《中国电子商务报告（2021）》，2021 年，我国电子商务坚持创新驱动，不断加快数字产业化和产业数字化的步伐。全国电子商务交易额达 42.3 万亿元，同比增长 19.6%；网上零售额达 13.1 万亿元，同比增长 14.1%；实物商品网上零售额 10.8 万亿元，占社会消费品零售总额比重的 24.5%；跨境电商进出口额达 1.92 万亿元，5 年增长近 10 倍；电子商务相关产业吸纳及带动就业人数超过 6700 万；我国已连续 9 年保持全球最大网络零售市场的地位。直播电商、即时零售等业态创新不断激发消费活力，带动网络零售提质升级，助力构建全国统一大市场；跨境电商、海外仓加速发展，助力外贸企业逆势突围，保障全球产业链供应链稳定；大数据、物联网、人工智能等新一代信息技术在电子商务领域广泛应用，与制造业、农业、服务业等产业融合发展，向赋能传统产业转型升级不断迈进；在新冠疫情多点散发对居民消费和市场供应造成影响的情况下，网上购物、网上订餐、无人零售、远程医疗等电子商务服务模式迅速弥补了线下的不足，有效地保障了社会生产生活的稳定。

据报告显示，电子商务在助力稳增长、促消费、保就业、惠民生等方面取得了显著成效，作为宏观经济的"稳定器"与"加速器"的作用越发凸显。电子商务高速发展，不仅包括网络购物，还包括在线旅游、本地生活服务、物流配送等。电子商务还涉及电子货币交换、供应链管理、电子交易市场、网络营销、在线事务处理、电子数据交换、存货管理和自动数据收集系统等方面。

电子商务被划分为广义的电子商务和狭义的电子商务。广义的电子商务被定义为，使用各种电子工具从事商务活动。通过使用互联网等电子工具，公司内部、供应商、客户和合作伙伴之间，利用电子业务共享信息，实现企业间业务流程的电子化，配合企业内部的电子化生产管理系统，提高企业的生产、库存、流通和资金等各环节的效率。狭义的电子商务被定义为，主要利用互联网从事商务活动，包括商品和服务的提供者、广告商、消费者、中间商等有关各方行为的总和。人们一般理解的电子商务是指狭义上的电子商务，尤其指在互联网上进行商品买卖的行为活动。

目前，较为典型的电子商务生态均由电商平台、消费者、商品、物流等几个要素组成，较为典型的电商平台有淘宝网、天猫商城、京东商城、亚马逊等。

电子商务的存在价值就是让消费者通过网络进行网上购物、网上支付，节省客户与企业的时间和空间，大大提高交易效率。在信息多元化的 21 世纪，消费者可以通过电商平台提供的海量商品随时随地进行商品的购买，享受到前所未有的购物体验。

1.1.2　电商运营的定义

了解了电子商务的定义，那么什么是电商运营呢？在任何一个平台或者渠道上进行电子商务活动，都会面对如下几个问题：市场竞争；店铺流量结构的阶段性变化；店铺产品结构的调整；店铺核心用户的获取及维护等系列的工作内容。而电商运营是围绕流量、产品、用户和数据四大核心要素，进行电子商业活动的综合管理，并与设计、仓储、财务等非业务部门协同合作，以实现团队业务目标的关键职能。

真正高效的电商运营，不仅能够处理店铺产品的上架、下架和活动报名等基础事务，还能对整个业务流程进行强有力的统筹。小到单一商品的运营，活动节奏的制定，店铺产品线的规划，引流款、利润款和形象款的区分；大到店铺的全年规划，供应链效率的整合优化，设计方向的明晰，财务利润率的把控。这一切都需要电商运营的严格把控。

1.1.3　电子商务的主要表现形式

电子商务涵盖的范围很广，按电子商务的模式一般可分为企业对企业（business to business，B2B）、企业对个人（business to customer，B2C）、个人对个人（customer to customer，C2C）、线上对线下（online to offline，O2O）四种类型。

1. B2B

B2B 是指进行电子商务交易的供需双方都是商家（或企业、公司），他们使用互联网技术或各种商务网络平台，完成商务交易的过程。这些过程包括发布供求信息、订货及确认订货、支付，以及物流配送监控等。例如，阿里巴巴、敦煌网、慧聪网等都是B2B 的电子商务平台。在商业高速发展的当下，B2B 电子商务的模式也是多种多样的，主要有以下四种模式。

综合模式。综合模式是指面向中间交易市场的 B2B 模式，这种交易模式是水平 B2B 模式，它将各个行业中相近的交易过程集中到一个场所，为企业的采购方和供应方提供一个交易的机会。这一类网站既不是拥有产品的企业，也不是经营商品的商家，它只提供一个平台，在网上将销售商和采购商汇集在一起，采购商可以在其网上查到销售商和所销售商品的有关信息。目前综合模式是主流的 B2B 模式，如阿里巴巴、敦煌网、慧聪网等都是综合模式的主要代表。

垂直模式。垂直模式是指面向制造业或面向某个商业领域的垂直 B2B 模式。生产商或零售商建立垂直 B2B 平台，让此产品的经销商、需求方可以直接在此平台上形成交易并建立网上的供销贸易关系。这种垂直 B2B 模式让某个行业的从业者聚集在某个网站，在这个网站中可以找客户、货源及行业信息，从而让行业里有货源的一方和寻求货源的一方形成买卖关系。垂直 B2B 模式面对的大多是某一个行业内的从业者，客户相对集中，也有共性，正因如此，客户群体也相对有限。中国化工网、上海钢联等是垂直模式的主要代表。

自建模式。企业自建 B2B 模式一般是指大型行业龙头企业基于自身的信息化建设程度，搭建以自身产品供应链为核心并整合行业产业链的电子商务平台。行业龙头企业通过自身的电子商务平台，串联起行业产业链，供应链上下游企业通过该平台实现资讯共享、业务沟通、产品交易。这种模式下的 B2B 网站类似于企业在线商店，即企业直接在网上开设虚拟商店，通过这样的网站大力宣传自身的产品，用更快捷、更全面的手段让更多的客户了解自身产品，促进交易。目前，具有一定规模的生产性企业大都有自己的 B2B 网站，供采购商直接下单采购。

关联模式。关联模式一般是指具有典型客户群体的产业为提升电子商务平台的广泛程度和关联准确性，整合有关联的几个行业，综合 B2B 模式和垂直 B2B 模式而建立起来的跨行业电子商务平台。目前的关联模式正处于发展阶段，它结合了综合 B2B 模式和垂直 B2B 模式的特点，通过几个相关联的行业，使得目标人群的共性更加集中，同时也能提供来自不同行业的商品信息和资讯。塑胶五金网是关联模式的主要代表。

2. B2C

B2C 是企业对个人交易的一种电子商务模式，即企业通过互联网将产品、服务及信息提供给个人消费者。它不仅包括网上零售，还包括网上资讯查询、服务订购等活动。B2C 形成的电子商务主要以网络零售业为主，主要借助互联网开展在线销售活动。企业通过互联网为消费者提供一个全面的网上商店，消费者在网上购物、支付，形成交易。网络购物正逐渐成为一种主流的购物方式，B2C 模式的主体大多是大型的公司和集团，具有信任背景，因而受到越来越多的消费者喜爱。天猫商城、亚马逊、京东商城等是 B2C 电子商务平台的典型代表。2018 年第 1 季度，中国网络零售 B2C 市场交易规模为 9528.5 亿元，已成为全球第一规模的 B2C 市场。2022 年 11 月，易观分析发布《中国网络零售 B2C 市场季度监测报告 2022 年第 1 季度》，数据显示，2022 年第 1 季度，中国网络零售 B2C 市场交易规模为 16988.5 亿元人民币，同比增长 6.1%。在市场份额方面，2022 年第 1 季度，天猫商城成交总额较去年同期相比增长 5.8%，市场份额为 62.8%，排名第一；京东商城成交总额较去年同期相比增长 18.6%，市场份额为 29.6%，排名第二；唯品会市场份额为 3.7%，排名第三；苏宁易购和小米有品分别以 1.6% 和 0.5% 的市场份额位列第四和第五。

B2C 可以从不同角度进行分类。根据人们熟知的区分方式，主要列举以下几类。

综合 B2C。综合 B2C 就如人们平时进入的现实生活中的商城一样，商品种类十分丰富，有完整的购物体系。天猫商城是综合 B2C 的典型代表。这类 B2C 电子商务平台都有强大的公司背景、稳定的网站平台、完备的支付体系、诚信安全的交易体系，因此进驻平台的商家相对有品质，平台上售卖的商品品质也相对有保障。这样形成的是一个良性的循环，会吸引更多的商家进驻平台，为广大消费者提供丰富的商品。在人气足够旺盛、产品丰富、物流便捷的情况下，这样的 B2C 综合商城具有成本较低、24 小时发货、无区域限制、更丰富的产品等特点，体现网上综合商城强大的综合优势。除天猫商城外，亚马逊、京东商城等也是综合 B2C 的典型代表。

垂直 B2C。垂直 B2C 是指就某个行业深入整合供应链而形成的针对此领域的专业电子商务购物平台。垂直 B2C 需要对供应链进行深度整合，对供应商的产能和供应能力具有控制权。另外，垂直 B2C 还需要专业的运营能力，在网络营销、客户关系管理（customer relationship management，CRM）维护、客服接待和物流等方面具有专业性。垂直 B2C 品类相对单一，做深做精、维护好客户群是其能够稳定而长期发展的基础。唯品会、贝贝网等就是典型的垂直型 B2C 代表。

直销型 B2C。直销型 B2C 是指企业通过自建网络销售体系进行自有商品售卖的电子商务模式。直销型 B2C 可以省掉中间的多层销售环节，能够大大降低消费者的购买成本，直销型 B2C 正成为很多大型企业的主要销售渠道之一。对于大型企业而言，为协调原有的线下渠道与网络销售平台的利益，可以实行差异化的销售，线上产品也可通过线下渠道完善售后服务，这是能够有效融合线上、线下的一种方式。苹果官网、小米网、华为商城等是直销型 B2C 的典型代表。

B2C 按照不同的角度可以划分为不同的类型，以上列举的是大众认知度较高的 B2C 类型。中小型企业在人力、物力、财力有限的情况下，应该选择合适的模式来拓展网络销售渠道。

3. C2C

C2C 是指个人对个人的电子商务模式。这是个人商家将商品发布到电商平台，让个人消费者购买的模式，如淘宝网、拍拍网等就是 C2C 电子商务平台的典型代表。

C2C 也可称为消费者对消费者的交易模式，其特点类似于现实商务世界中的跳蚤市场。其构成要素除买卖双方外，还包括电子交易平台供应商，即类似于现实中的跳蚤市场场地提供者和管理员。

在 C2C 模式中，电子交易平台供应商起着很重要的作用。

网络的广泛使用使得买卖双方很难在没有可靠平台的情况下发现彼此，从而错失交易机会。因此，知名的电子交易平台供应商扮演着至关重要的角色。它们不仅聚集买卖双方，还监督交易诚信，防止欺诈，保护双方权益。此外，这些供应商提供技术支持，如帮助卖方建立店铺、发布信息、制定策略，以及协助买方比较产品和进行电子支付，这些服务使得 C2C 模式迅速被广泛接受。随着 C2C 模式的成熟，平台还能提供金融类服务，如保险和借贷等，进一步满足买卖双方的需求。

4. O2O

O2O 模式，又称离线商务模式，是指线上营销、线上购买或预订（预约）带动线下经营和线下消费的模式。O2O 通过打折、提供信息、服务预订等方式，将线下商店的消息推送给互联网用户，从而将他们转换为自己的线下客户，此模式较适合消费者必须到店消费的商品和服务，如餐饮、健身、看电影和演出、美容美发等。

当前最流行的 O2O 模式有两种。

一种是搜索模式，典型代表如大众点评，当人们在陌生城市面临美食选择困难时，可以通过搜索找到不熟悉但具有口碑的店铺并前往消费。

另一种是优惠券模式，典型产品如麦当劳优惠券、团购、Q卡等，就是给人们提供打折券、抵用券，吸引人们去消费。微信会员卡虽然叫会员卡，但它提供的只是打折优惠，因此也属于这个范畴，只是换了一种形式而已。

近几年来，如饿了么、口碑外卖、美团外卖等 O2O 平台给人们提供了很大的想象空间。同时，这些平台也拓宽了电子商务的发展方向，由规模化走向多元化，打通了线上线下的信息和体验环节，使线下消费者避免因信息不对称而遭受"价格蒙蔽"，同时实现线上消费者"售前体验"。

1.1.4　电子商务的发展历程与趋势

若想了解电子商务的发展历程，就需要先了解电子商务的本质——零售。

1. 零售业的三次革命

零售业的第一次革命——百货商店的兴起

19 世纪中期以前，零售业以杂货店为主。随着欧洲产业文明的发展，机器生产效率的提升和生活方式的改变，商业迎来了极大的繁荣。这一时期，零售业发生了第一次革命，百货商店作为一种崭新的业态出现。商家通过招牌、橱窗、货架等陈列物品，引导顾客进行购买，实现了专业化经营，以优秀的品质和丰富的产品吸引顾客。

零售业的第二次革命——连锁店的扩张

20 世纪初，资本主义经济走向集中与垄断，集团性商业企业形成了连锁店这种商业组织形态。连锁店起源于美国，相较于独家商店，更能显示集团性商业企业的优势，经营成本更低，竞争性更强。这种模式易于与消费者沟通信息交流，便于扩大推销，提升市场占有率。

零售业的第三次革命——超级市场的诞生

20 世纪 30 年代之后，超级市场的诞生标志着零售业第三次革命的到来。超级市场诞生于美国，适应了大量生产和推销大量产品的需要，它结合了百货商店的规模大、产品多和连锁店的周转快、沟通成本低的优势，并以快速创新迭代成为最适合现代化大生产的零售店模式。

2. 中国电子商务发展历程

萌芽期（1997—1999 年）。当时国内信息化水平较低，大众对电子商务知之甚少，加上互联网泡沫等因素，大部分电商网站举步维艰。

调整期（2000—2002 年）。当时许多电子商务层面的问题开始暴露，接近三分之一的电商公司销声匿迹，市场开始大范围调整。

复苏期（2003—2005 年）。以 2003 年淘宝网成立为标志性事件，短短几年时间，大量互联网用户开始接受并尝试网络购物。以此为契机，发展出淘宝、当当、卓越等第一批初具规模的中国电商公司。

成长期（2006—2007 年）。基础环境不断改善，加上国家和各地方政府的政策扶持，在物流、制度、诚信体系建设等方面的突破，让中国电子商务市场得以进一步快速发展。

转型期（2008—2009 年）。中国电商行业进入成熟、稳定的发展阶段，各电子商务企业之间的竞争也趋于激烈。以"双 11"为例，各电商平台开始打造属于自己的电商节日，在各搜索引擎之间也开始建立起壁垒，从而加剧各阵营的分裂。

发展期（2010—2012 年）。作为电子商务行业的基础设施，物流行业在这一阶段大规模增长，网民数量和物流公司数量均保持极快的增长趋势。而伴随着各电商节日的不断成熟，各物流公司系统的日吞吐能力开始呈现爆发式增长。

崛起期（2013 年至今）。电商行业发展逐渐呈现去中心化、去边界化、多行业跨额域全方位发展的趋势。在这一阶段中，以唯品会、聚美优品、贝贝网等为代表的各垂直电商平台大放异彩。后期，电子商务发展阶段将进入国际化、社交化的潮流之中。

3. 电子商务的发展趋势

1）国际化

2022 年，中国跨境电商经历了前几年的高歌猛进，进入了调整转型期，同时，全国各地也高度重视跨境电商发展。近年来，跨境电商已成为支持"外循环"的重要引擎，跨境电商的发展带动了整个产业链条发生变化，以跨境电商为代表的贸易数字化转型将给贸易及产业带来深远的影响。在此背景下，3 月 30 日，由网经社电子商务研究中心联合网经社跨境电商台主办的跨境电商圆桌会在网经社总部网盛大厦圆满召开，会上发布《2022 年度中国跨境电商市场数据报告》。

该报告显示，2022 年中国跨境电商市场规模达 15.7 万亿元，较 2021 年的 14.2 万亿元同比增长 10.56%。此外，2018—2021 年跨境电商市场规模（增速）分别为 9 万亿元（11.66%）、10.5 万亿元（16.66%）、12.5 万亿元（19.04%）、14.2 万亿元（13.6%）。

同时，2022 年中国跨境电商交易额占我国货物贸易进出口总值 42.07 万亿元的 37.32%。此外，2018—2021 年跨境电商行业渗透率分别为 29.5%、33.29%、38.86%、36.32%。目前，独立站等模式的出现，给跨境电商企业提供更多的选择渠道，也将带动行业规模的发展。在进出口结构方面，2022 年中国跨境电商出口占比达到 77.25%，进口比例为 22.75%。跨境电商进出口结构总体相对稳定，但随着进口市场的不断扩大，市场占比也将不断提升。

2022 年，中国出口跨境电商市场规模达 12.3 万亿元，较 2021 年的 11 万亿元同比增长 11.81%；进口跨境电商市场规模达 3.4 万亿元，较 2021 年的 3.2 万亿元同比增长 6.25%。在交易模式方面，2022 年中国跨境电商的交易模式中跨境电商 B2B 交易占比达 75.6%，跨境电商 B2C 交易占比 24.4%。近年来，跨境电商零售模式发展迅猛，伴随政策等助力，其在跨境电商中的占比不断提升。

用户规模方面，2022 年中国进口跨境电商用户规模为 1.68 亿人，较 2021 年的 1.55 亿人同比增长 8.38%。在国内消费升级的大背景下，特别是跨境电商零售进口商品清单将进一步优化，海外商品可选择性增加，海淘用户规模也将随之增加。

2）社交化

"社交＋电商"将成为移动互联网时代永不落幕的话题。以微商为代表的社交电商的发展也在国内如火如荼地展开。随着移动互联网时代的全面来临，各电商平台要面对的核心问题是流量的去中心化。因此，无论是阿里巴巴还是京东这样的互联网巨头，都在向社交化电商的方向转型。

相较于传统电商，社交电商的核心优势如下所示。

引流更精准。相对于传统电商来说，社交电商是建立在互信的基础上的，消费的受众往往是达人粉丝或者是亲友，这本身是建立在一定的信任感之上的。因此，社交电商的平均转化率会远高于传统电商。

推广更及时。社交电商的购物圈是围绕着熟人关系链进行延展的，由此可以实现购物信息的及时推送，并在一定的人群圈层内形成爆裂式传播，因此，信息的同步效率将远高于传统电商。

载体更齐全。相较于两大传统电商平台淘宝和京东，无论是消费的渠道，还是营销活动的方式，社交电商的模式都更加多样。以载体而言，微信公众号、微信小程序、微博，甚至知乎这样的社交平台都可以作为社交电商的平台载体。许多达人通过自己的公众号销售出不少产品，如罗振宇的"罗辑思维"卖书，和菜头的"槽边往事"卖酱等。

营销模式更多样。通过社交场景的应用和小程序的自由开发，很多商家将特定的销售模式和营销活动搬到了线上，并通过社交场景进行裂变，如交互推广、拼团、分销、红包奖励、分享返还等方法，让品牌的传播变得更具主动性，也让传播更快速、更广泛。

流量更去中心化。社交电商不是通过平台来分发流量的，而是通过社交和熟人关系来聚合流量的，这样的传播效率无疑是巨大的。相较于目前已经成熟的国内各电商巨头平台，社交电商的销售传播不受限于平台的各种制度，也没有平台上购买流量的支出成本，且社交网络对用户本身而言，就有一种筛选作用，更能精准地找到对产品有购买力和购买意愿的买家。

二次营销更易触达。因为消费用户本身也是社交用户，基于网络效应，用户会长久并高频率地活跃在其社交生态体系内，也就意味着二次触达将更加高效，对于卖家而言，有效的二次营销的机会将大大增加。

目前，微信的月活跃用户约为 10 亿名，这是一个巨大的用户池子，电商基于微信已经衍生发展出众多社交电商平台，并已演化成一个完整的生态系统。

社交电商大致可以分为以下三类。

B2C 电商，由品牌商家或者品牌直接对接消费者。蘑菇街、拼多多都属于这种类型，蘑菇街和拼多多的拼团表明它们有多种自助获客的方式。

S2B2C 电商（supplier to business to customer，从厂商到企业再到最终消费者的商业模式），平台和小 B（小商家）共同服务消费者，包括云集微店和爱库存等渠道。这类社交电商对消费者来说感知度不强，有的甚至没有统一的入口，其主要通过代购、自媒体小商家等一个个小流量主对接商家来进行交易。

第三方服务商，包括微赞、微店、51 赞等，为商家提供开发程序和运营工具等，此时平台扮演的是赋能的角色。

1.2   数字营销概述

1.2.1   数字营销的定义与特征

所谓数字营销，就是指借助于互联网络、电脑通信技术和数字交互式媒体来实现营销目标的一种营销方式。数字营销将尽可能地利用先进的计算机网络技术，以最有效、最省钱的方式谋求新的市场、挖掘新的消费者。

数字营销的目标是：让企业以最低的成本和最快的速度走向市场、满足客户的需求。

数字营销充分发挥现代通信技术的优势，把营销的全过程都置于现代通信技术和计算机技术的掌控之下，让企业的神经遍布产品营销的每个角落，让企业营销的每一个终端都布满产品营销的传感器，从而改变企业和营销之间的信息不对称状态，实现每件商品销售的可统计、市场变化的可预知，从而达到用营销数字来指导企业的生产，用营销数字来指导营销策略的制定和实施，实现企业在市场经济和商战中"知己知彼，百战不殆"的良好态势。

数字营销不仅是一种技术手段的革命，还包含了更深层的观念革命，赋予了营销组合全新的内涵，是数字经济时代企业的主要营销方式和发展趋势。

数字营销具有以下特点。

（1）集成性。集成性是快速响应客户个性化需求的基础，实现了前台和后台的紧密集成。数字营销由商品信息到收款、售后服务一气呵成，也是一种全程营销的方式。企业可以借助互联网将不同的传播营销活动进行统一的设计规划和协调，避免传播不一致产生的消极影响。

（2）个性化服务。数字营销可以根据每个客户的购买习惯和爱好推荐相关产品，为客户提供定制化、个性化的产品和服务，是一种低成本且人性化的营销方式。

（3）丰富产品信息。数字营销可以提供产品详尽的规格信息、技术指标、保修信息、使用方法等，甚至对常见问题进行解答。

（4）更大选择空间。数字营销不受货架和库存的限制，可以提供理论上无限大的产品展示空间，还可以提供尽可能大的客户选择空间。

（5）成本优势。数字营销通过互联网发布信息，直接将产品推销给消费者，缩短分销环节，拓宽销售范围，这样可以节省营销费用，从而降低成本。前来访问的大多是对此类产品感兴趣的客户，受众准确，避免了许多无用的信息传播，也可节省成本。

（6）灵活性。数字营销下企业的产品种类、价格和营销手段可以根据客户的需求、竞争环境或库存情况进行实时调整，相比传统营销更具有灵活性，可以发挥营销人员的创新能力。

（7）服务优质。数字营销可以提供一对一的服务，留给客户更多自由考虑的空间，避免客户冲动消费，可以使其在进行适当比较后再做决定。数字营销服务相比传统营销更为快捷，不仅是售后服务，还包括实时服务，在客户咨询和购买的过程中，企业也可以及时提供服务，帮助客户完成购买行为。

除此之外，数字营销还具有多媒体、跨时空、交互强、拟人化、高效性、经济性等特点。

1.2.2　数字营销在电商运营过程中的作用

数字营销在电商运营过程中起到的作用将在本书的剩余章节中进行详细阐述，概括来说包含以下几种常见的作用。

1. 优化电商流程、提升交易效率（第 2 章、第 3 章）

电子商务平台是主要在线上进行产品的发布、推广营销和销售的平台，因而需要依托稳定的互联网技术，数字营销则基于大数据技术，这使得大数据技术能够助力电商平台整合资源、渠道和管理等关键环节。通过这种整合，电商平台可以优化整个业务流程，降低中间环节的成本，加快交易速度，并提高交易效率。

2. 储备数据资产、实现精准营销（第 4 章、第 5 章、第 6 章、第 7 章）

数字营销不仅可以帮助电商获得海量的用户数据，还能通过统计和分析获得更真实的用户需求，在这个过程中海量数据可以成为电商的累计储备资产。在互联网大数据时代，数据资产无疑是很重要的，在现在甚至未来的营销中都将占据非常重要的位置，可以说掌握了大数据就掌握了营销商机，因此电商平台需要重视大数据营销并加以应用。

"精准"成为营销行业最受关注的关键词之一，对广告主的目标需要精准理解，制作内容需要精准解读用户需求，广告投放同样需要精准的流量。甚至可以说，在广告主和消费者之间架起一座信息精准传递的桥梁，是数字营销的本质与基础。以数据为基础的精细化营销，是电商企业的主战场。

3. 消费者为王、个性化定制（第 8 章、第 9 章、第 10 章、第 11 章）

单体客户都可以用数据表示，给进入私域的用户打上标签，在借助工具和系统的辅助下，让标签化体系越来越完整和合理，使客户数据化。大数据营销所依托的大数据技术可以从互联网上获取海量的用户信息数据，并且对这些数据进行统计和分析，电商可以通过该技术分析出目标客户的需求和喜好，从而让系统能够更精准地实现全自动推送个性化推荐等服务，根据用户分类和标签有针对性地的进行推荐，提高消费转化率。

数字营销是趋势，未来将在人工智能、元宇宙的环境中爆发增长，在营销中提高转化、在私域中提升留存、在科技中赋能科技，同时随着互联网人口规模和网购用户规模双双触顶，电商获客成本逐年递增，数字营销将迎来更大的机遇和挑战。

网络零售的飞速发展给传统商业形态既带来了巨大的冲击，也带来了重大的机遇。这种新兴的零售方式将给中国零售业乃至世界零售业注入新的活力。网络零售无论就其交易模式、与交易客体的广度还是深度都与传统的零售方式有着巨大的区别，随着经济的发展和人们生活水平的提高，网络零售必将显示其越来越强大的生命力与创造力。

自 2003 年成立以来，淘宝构建的电子商务生态圈已经使超过 100 万名网络卖家受益于中国网络购物用户群体的迅猛增长。根据 2010 年第三方权威机构调研，淘宝网占有中国 C2C 市场 75% 以上市场的份额，占据消费者市场 85% 以上的市场份额。2009 年，淘宝网入选中国世界纪录协会中国最大的电子商务网站，并成为全球最大的网络零售商圈。

回顾淘宝网 6 年历史，是一个创新公司的传奇经历，也是中国消费市场急速释放的历史。淘宝网是中国电子商务网站发展的奇迹，我们期待着它的进一步发展。随着"大淘宝战略"的推进，它将真正实现商流、信息流、资金流、物流"四流"的有机结合。

展望未来，淘宝网将进一步融入主流人群的主流消费，并持续伴随他们的成长。淘宝网已经完成并将继续完善电子商务基础建设、培育电子商务大环境，淘宝网还正在深刻地介入国家经济结构调整中，帮助企业在互联网上获得新的生机，帮助有志于开拓未来的企业在网购人群中建立品牌，帮助国家贸易结构从外向转为内需，帮助建设低碳循环经济，帮助中国人降低消费者物价指数，享受更加丰富多彩、高品质的生活。

C1-1 启发思考题

1. 淘宝网的发展经历了哪几个阶段？每个阶段遇到的主要问题是什么？每个阶段的管理措施是否合乎企业发展的要求？淘宝网在其发展过程中先后遇到了哪些瓶颈？他们是如何解决的？

2. 在风险资金进入后，淘宝网、风险资金出资方孙正义、马云之间是什么关系？公司治理发生了哪些变化？他们各自都有哪些行为界限？

C1-1 问鼎 21 世纪零售商业全球霸主淘宝网崛起之路[①]

3. 阿里巴巴为什么要从 B2B 转战淘宝网 C2C？

4. 淘宝网 C2C 为什么要向淘宝商城 B2C 发展，并实现"两轮驱动"？

5. 为什么要创立支付宝，它在淘宝网的发展壮大中发挥了什么作用？

6. 淘宝网为什么要拆分出淘宝网、淘宝商城、一淘网？

7. 阿里巴巴为什么要将创建"阿里巴巴银行"作为集团的最高目标，并将其作为创业多年修成的正果？

8. 综合以上问题，分析淘宝网创业能够持续成功的关键因素。

C1-2 启发思考题

1. 京东在创业的过程中，战略重心发生了怎样的变化？京东是如何抓住创业机会逐步成长起来的？

2. 企业在分析外部环境时应该综合考虑哪些因素？京东面临怎样的外部环境，存在哪些机会和威胁？

3. 如何分析企业的竞争环境？京东与竞争对手相比，存在怎样的优势和劣势？

4. 京东采用了哪些竞争手段？它的竞争战略是否明确？

---

① 沈红兵. 问鼎 21 世纪零售商业全球霸主淘宝网崛起之路. 中国管理案例共享中心，重庆工商大学 MBA 中心，MIS-0040.

5. 京东的核心竞争力是什么？它的现存战略体系是否完整？你有何改进意见？

6. 微博上曝光了一份京东与供应商的协议，称"供货商须保证京东商城 20%的毛利，且毛利总额不低于 100 万元；供货商还须向京东交纳 20 万元品牌服务费"。京东面对持续烧钱的压力需千方百计地增加营收，于是把枪口对准了供应商。导致的结果：一是部分供应商退出，二是供应商抬高价格，而这一切都是消费者在买单。那么京东在上下游整合方面还欠缺什么？

7. 京东商城是如何实现高速增长的？又为何一直未盈利？如何评价风险投资对京东商城的成长产生的影响？

C1-2 京东商城：电商航母成长的烦恼①

自学自测　扫描此码

---

① 李伟铭，刘冰清，李星，等. 京东商城：电商航母成长的烦恼. 中国管理案例共享中心，海南大学经济与管理学院，STR-0169.

第 2 章

电商运营与数字营销的基础
——数据的获取

数字化营销、数据优化、数据驱动等概念的落地，需要实实在在的数据支撑。而数据既不可能凭空而来，又不可能仅依靠花钱和引入技术就能获得。

在数字化运营这一细致而又系统的工作中，数据的获取是最基础的环节，也是最需要专业性的工序之一。

在数字化运营中，需要获取的数据通常包括识别用户唯一性的数据、用户的行为数据、用户的兴趣数据、用户人口属性（社会属性）方面的数据、竞争情报数据、与交易相关的数据等。

在众多数据类型中，用户行为数据是我们最常接触的数据类型，同时也是我们在进行数据驱动的决策和赋能过程中需要重点处理的核心数据。原因有四个：第一，这些数据能够直接反映用户使用产品的体验，也能够直接体现用户对运营的反馈；第二，这些数据可以以我们较为满意的精确度获取；第三，这些数据覆盖的范围贯穿用户运营的始终；第四，有数量庞大的工具和方法帮助我们获取、组织、利用这些数据。

本章带大家了解哪些数据是数字化营销与电商运营工作必须获取的，以及如何获取。

2.1 数据的类型

数据是一个很大的概念，即使是只用在消费者运营上的数据，也是种类繁多、浩如烟海的。不同类型的数据的获取方式大不相同，因此，若要搞清楚数据如何获取，就要先搞清楚数据的类型。

以应用数据的主体（在数字化运营中，应用数据的主体一般是企业）为视角，我们把数据的类型按照"某方数据"进行区分，即我们常说的第一方数据、第二方数据和第三方数据。

2.1.1 第一方数据

第一方数据是企业自有的数据，包括企业在经营过程中产生并记录下来的所有数据。这些数据不仅包括企业的客户和潜在客户的数据，还包括企业的供应链、生产、财务、人事等各种经营和后勤上的数据。

第一方数据与运营相关的数据主要是企业自己在业务过程中获得的受众、用户或客户的相关数据，分为以下两类。

①客户数据，尽管不一定必须由 CRM 系统提供，但 CRM 系统中的数据是最典型的，如客户或潜在客户的个人信息、与购买或购买意向相关的数据等。

②企业可以获得的各消费者触点上的数据，如广告展示和点击数据，网站、App 及小程序上的用户数据，公众号、HTML5 页面上与用户相关的数据等。

这里提到了一个名词——消费者触点。消费者触点是消费者数字触点的简称，它是指消费者跟企业在数字世界中接触的各种媒介平台，如企业的网站、HTML5 页面、App、小程序、公众号、微博等。后面的章节还会专门介绍这个概念。

与一些读者的理解不同，第一方数据并不一定必须由企业亲自获取，也可以由企业的合作伙伴甚至第三方来获取，但这些数据都是关于企业的受众、用户或者客户的数据，并都为企业所有，因此它们不能被认为是第二方数据或者第三方数据。

此外，由于第一方数据有不同的数据源头，因此它可能也与大家的理解不同：在第一方数据中，即使是描述同一个人的数据，因为分布在不同的系统中，对人进行标记的方式也不相同，在很多情况下需要做 ID 映射，才能实现属于同一个人的相关数据打通。

2.1.2　第二方数据

第二方数据是由企业的合作伙伴提供的数据，这些数据仍然是关于企业的受众和用户的，但这些数据不再只是企业自有的，而是由合作方提供的数据。

企业的合作方不是指任意合作方，而是指如下几类。

①广告/受众监测服务商。

②广告/营销/运营代理商。

③广告/营销/运营技术解决方案提供商。

④合作媒体。

⑤上、下游合作企业。

第二方数据包括第一方数据的全部类型，还增加了一些其他的数据。

①受众数据（主要是受众的人口属性）。

②合作媒体上的用户行为数据。

③社交关系数据。

第二方数据一般比第一方数据的数据量级要大很多，并且其中可能包含企业第一方数据中同样的受众、用户或者客户，但是，同样因为数据存储在不同的系统中，对其进行标记的方式一般也不相同，所以在有些情况下也需要做 ID 映射才能实现数据互通。

2.1.3　第三方数据

第三方数据是指没有直接合作关系的第三方为企业提供的数据。当然，这些数据往往需要进行采购，而在商业环境中，采购、买卖或者资源互换也常用委婉的用语——合作。

第三方数据的来源非常广泛，包括以下几类。

①媒体。

②广告/营销代理商。

③广告/营销技术解决方案提供商。

④互联网服务提供商。

⑤网络通信运营商及其合作企业。

⑥支付网关、线上支付服务商。

⑦第三方 App 或者网站监测公司。

⑧数据交易平台。

数据的类型也包括第二方数据的全部类型，并且有所扩充，还包括更广泛的网民互联网行为数据。

第三方数据的范围在理论上比第二方数据的范围更大，很多第三方数据几乎能够涵盖大部分的中国网民。

因此，第一方数据所涵盖的受众、用户或者客户是第二方数据所涵盖的受众、用户或者客户的子集，而第二方数据所涵盖的这些受众或者客户又是第三方数据所涵盖的受众、用户或者客户的子集。不过这里的子集关系指的是人的范围，而不是描述人的数据本身。虽然各方数据中的数据类型差别不大，但是第一方数据中的绝大部分数据是第二方数据中不可能包含的，而第二方数据中的大部分数据也是第三方数据中不可能包含的。

2.2 公域数据与私域数据

2.2.1 公域数据与私域数据的定义

由于第二方数据和第三方数据都是企业外部的数据，因此二者经常被混淆，也就是说，几乎没有太多人提及第二方数据，而且第二方数据常常直接被误称为第三方数据。为了避免出现这样的问题，另外一种区分数据的方法是按照企业自己拥有的数据和企业外部的数据来进行区分。

对企业之外的数据，也就是第二方数据和第三方数据，不再加以区分，而是统称为公域数据或者外部数据。所谓公域数据，是指企业无法获得的外部的数据，它不能直接转移到企业，但企业无法获得不代表无法使用，总而言之，公域数据的特点是可用，但不可得。

私域数据是企业在与其产品或服务的消费人群进行接触、沟通、互动与交易时产生并收集的个人数据（行为数据和人口属性数据），以及这些数据的打通与整合。消费人群包括但不限于营销推广中被企业广告或推广触达的人群、在企业的各消费者触点上进行交互的人群、表现出转化意向的潜在消费者，以及发生转化的实际消费者。

私域数据与第一方数据有颇多相似之处，但它与第一方数据的不同之处在于，私域数据的范围比第一方数据的范围要小，它是第一方数据的子集，或者说它是第一方数据中与企业的消费者相关的数据，私域数据强调消费人群数据及由企业与消费者互动引发的数据，是关于人的数据。

2.2.2　私域数据的重要性

私域数据的重要性随着数字产业的剧烈动荡和策略变化而不断被推高，已经成为企业数字化生存的最重要的数据资产和企业数字化营销更为成熟的表现。

数字产业自 2018 年开始就呈现出鲜明的营销运营化趋势，美国也提出了营销运营的概念，这绝非偶然——前端引流随着流量价格的上升而急剧抬升，但消费者越来越缺乏专注，从而让传统的"引流—转化"模式走入绝境，而不断积累和深度运营已经获得的流量则成为大部分企业数字化营销的全新且唯一的可选项。

运营需要数据的支撑，企业自有流量的运营需要私域数据的支撑。私域数据之所以成为企业在制定营销战略时最为依赖的核心资源，其根本原因就在于此。

除此之外，还有如下一些技术性因素促使私域数据越来越重要。

1. 消费者行为追踪

消费者行为追踪始终是互联网的根本特征，企业获取与消费者相关的数据的能力不断提升，尤其是在获取消费者与企业自有数字平台进行交互所产生的数据方面。这些数据资产，企业不仅过去有、现在有，未来还会更加丰富。

2. 消费者碎片化

消费者碎片化导致消费者视角的唯一性和生命周期管理受到了空前的挑战。如今，互联网生态的显著变化就是消费者触点多样化。这一变化虽然增加了企业消费者数据资产的积累，但是也造成了严重的"数据孤岛"问题。打通"数据孤岛"，对消费者相关数据进行统一管理的需求日益迫切。建立和完善私域数据，是对抗消费者碎片化的有效手段。

3. 数据垄断

"围墙花园"现象加剧，导致公域数据难以被普通企业获取。所谓的"围墙花园"是指数据只进不出的数据拥有者，尤其是大型媒体。这也是私域数据不得不被重视的原因。随着媒体端寡头化倾向日益严重，媒体关上数据分享的大门，因此可为企业提供的营销数据也逐渐消失。在这种情况下，企业必须回过头来从自有的数据中挖掘机会与价值。

4. 所有权和使用权分离

数据所有权和使用权显著分离，数据应用开始强调内外结合。例如，"围墙花园"媒体普遍倾向于开放数据应用接口，以帮助广告主在媒体生态内应用更广泛的媒体资源和数据资源，整个行业生态也通过构建应用接口服务于企业。因此，对外部资源的应用和管控能力成为企业的新课题。使这些外部资源价值最大化的前提是，企业拥有自己的私域数据，并以这些数据为基础对外部资源进行引导、管理和控制。几乎所有的"围墙花园"媒体都接受来自企业的第一方数据，以帮助企业实现更好的人群触达效果。对企业而言，拥有管理良好的私域数据也意味着"一次人群细分，多次人群定向"的便利，即能够实现该人群在诸多媒体与服务资源上的复用。

5. 集中化管理

通过私域数据形成的数据集中化管理，既增加了数据本身的安全性，又有助于合作方和服务商的数据应用。

通过私域数据形成的数据集中化管理，可以避免数据安全风险和与个人信息保护相关的法律风险。数据集中化管理有利于更有效的数据安全治理、更完全的数据脱敏，或者更完善的个人信息保护合法合规治理。

2.3　公域数据的来源、获取与接入

公域数据是别人的数据，是无法直接获得的数据。公域数据不一定比私域数据可靠，且公域数据主要用在营销前端。

2.3.1　公域数据的来源

公域数据曾经有很多来源，但目前主要来自媒体、垂直行业的大数据拥有者、广告技术服务商、数据交易平台。

以百度为代表的搜索引擎拥有大量用户的搜索信息，反映了用户非常"新鲜"的兴趣，这种兴趣如此广泛、直接而精准，是其他媒体所不具有的，因此特别适合应用在营销前端的广告投放上。但相对而言，这些数据的保鲜期比较短，而且百度拥有的用户的持久性 ID（设备 ID）相对于腾讯、阿里巴巴、字节跳动而言要少，这是百度的劣势。

腾讯是另外一个大量提供公域数据的媒体。腾讯的数据来源非常广泛，几乎是中国所有媒体中涵盖的人群范围最广和数据多样性最好的媒体。腾讯数据唯一的弱项是消费者购物行为数据比阿里巴巴的要弱，但它的强项是它提供的与社交相关的数据（这些数据包含大量的消费者的社会属性与兴趣）比其他媒体都广泛和深入。腾讯的数据也来自它的生态，如腾讯在资讯、文学、动漫、体育、游戏、音乐、影视 7 大领域的布局已经建立起满足用户看、听、玩、动的泛娱乐内容矩阵，这些领域的数据都能从多个角度获取消费者的数据。

阿里巴巴虽然比较欠缺社交数据，但是其用户购物行为数据则非常强大。阿里巴巴的数据多样性也很好，因为阿里生态体系同样极为强大，几乎覆盖所有民生行业。因此，除了购物行为相关的数据的优势外，阿里巴巴在各类网络服务中积攒的线上数据和线下数据上都颇为强大。另外，阿里巴巴也是最早将这些数据系统应用于为广告主的数字化营销与运营提供服务的媒体平台。

字节跳动提供的数据以今日头条等相关的用户资讯兴趣数据为主，其次是抖音的短

视频内容兴趣数据。字节跳动的数据类型和范围，基本上涵盖了与资讯和短视频兴趣相关的用户交互数据。其他信息流媒体如快手等基本也是如此。各视频网站，如爱奇艺、阿里巴巴旗下的合一影视（优酷等），主要提供与长视频兴趣相关的用户数据。

各垂直行业的媒体，如母婴行业的宝宝树、汽车行业的汽车之家、女性内容平台小红书（也有认为它是社交平台）等，则具有各垂直行业内的用户行为数据。还有一类特殊的垂直行业，它不能算媒体，但也有很多用户数据，那就是输入法工具，这类"文本数据的狂魔"容易被忽视，但拥有的数据资源却不容小觑。

在线下，通信运营商和银联拥有大量的通信数据与交易数据。但一般而言，通信运营商的数据可以精准定位到每个身份证号码和电话号码对应的用户访问的具体 URL 页面，以及打开了哪个 App，但是 App 内的行为不太能探测到。银联拥有很多交易数据，但一般而言，这些交易数据的颗粒度只能到销售实体，而不能到具体商品。例如，银联能看到某个用户在某个 4S 店消费了 20 万元，但银联并不知道他购买了什么型号的车。或者，可以看到某个人在某个商场消费了 1200 元，但并不知道具体购买了哪些商品，是奶粉还是尿不湿。而在各个商超和零售店的 POS 机上，则收集了相关商品交易的数据。

另一部分消费者数据的来源是广告技术服务商。它们能够积累消费者数据的原因比较特殊，也各不相同。

例如，曾经红极一时的需求方平台（demand side platform，DSP）没有全部消亡，它们曾经从广告交换平台和媒体那里获得了大量的用户数据。从生意竞争力的角度来看，负责广告投放相关业务的技术服务商必须积累足够的用户数据才能帮助广告主进行较为有效的广告投放。这些服务商始终在从各种渠道获取用户数据。

另外一些广告技术服务商是前面已经介绍过的广告数据监播公司，它们在对广告的投放进行监播时，获得了用户与广告进行交互的相关数据，以及广告流量进入着陆页的数据。这些数据经过海量的广告监播及日积月累，成为一类重要的公域数据。

2.3.2　公域数据的获取

公域数据的获取方式与私域数据截然不同。后者是企业利用监测脚本代码或软件开发工具包（software development kit，SDK）自己收集的，数据的所有权默认是企业的，而前者则只能通过数据拥有方的"给予"才能获得。

一般情况下，数据拥有方不会将它所拥有的数据直接转交给它的客户。目前，真正能够将公域数据的所有权转交给企业的，除一些非常特殊的个案外，只有数据交易市场可以做到。

在中国，数据交易必须符合国家法律法规的要求。而符合这一要求的最简单的方法，就是到国家认可的数据交易市场进行数据交易。

从理论上来说，数据交易中心本身并不拥有数据，而是作为平台，促成并服务于数据拥有方与数据需求方的交易。数据交易中心一般利用二次加密的方法让数据得以安全的转移（二次加密可以确保数据交易中心不能得到实际的数据内容）。

中国的数据交易中心数量并不少，但是可用于数字化营销与运营的寥寥无几。读者朋友们可能会关心，能在数据交易中心进行交易的数据的颗粒度可以到个体级吗？答案是很难，能够提供个体级颗粒度数据的数据交易越来越少。在 2018 年以前，大部分用于数字化营销的数据交易都可以以个体 ID 的形式转移，但随着用户个人信息保护的程度越来越强，个体 ID 加上其属性的相关数据售卖具有很大的风险，更多的数据被集合成人群包的形式，或者以帮助画像的方式提供。但后者仍然存在是否合规的不确定性。

2.3.3　公域数据的接入

公域数据的获取并不容易，原因是大部分公域数据都不可能被交给企业（企业不能拥有这些数据的所有权）。但这些数据对企业而言又是非常有价值的。

公域数据的所有者实际上也乐意让这些数据为企业创造价值，并通过这些数据从企业那里获得更多的利益。

因此矛盾出现了，公域数据的所有者并不能把这些数据交给企业，却又需要让这些数据为企业提供价值，而且公域数据的所有者希望将这些数据变现。

为了解决这个矛盾，公域数据的获取方式必须发生变化。公域数据的所有者不将这些数据直接交给企业，而是提供接口，让企业应用这些数据。

也就是说，企业能够应用这些数据，但不能拥有这些数据。甚至企业根本看不到这些数据，只能看到操作这些数据的工具（系统），并用这个工具（系统）让这些数据为自己的业务创造价值。

例如，公域数据的所有者拥有一万名标签为"咖啡"的消费者的数据，某咖啡企业需要这些数据，这个咖啡企业就通过公域数据的广告投放系统，将自己的广告定向推送给这一万名消费者。

这是一种非常典型也是最主要的公域数据的应用方式，企业始终没有看到这一万名消费者的数据，但它使用这一万名消费者的数据指导并向其定向投放了广告。

你可能会说，这样做的风险太大了，如果这些数据是假的，甚至根本没有这些数据，那么企业投放的广告不就没有效果了吗？

没错，这个风险是存在的，但是这个风险企业也能想到，或者说，企业会想办法避免这个风险。一个侧面的证明是，企业常常会为使用外部数据而付费。企业为什么愿意付费？因为它考虑了收益和风险之间的关系。

从表面上来看，企业是为这一万名消费者的数据付费的，但归根结底企业是在为这些数据发挥的效用付费。如果利用这些数据花费了额外的成本，那么效果是否提升、提升了多少，企业都能通过检查最终的效果数据来知晓，所以风险问题归根结底是效果问题。

不过，在付费之前企业确实无法提前预知效果。因此，公域数据的提供方的可信度就成为企业进行选择的重要依据。可信的公域数据的提供方有三个很有说服力的点：第一，它所拥有的数据是来源可靠的；第二，它获取这些数据的渠道或者方法是合法合规的；第三，它被授权可以应用或者分享这些数据。大型媒体，尤其是头部媒体，它们的数据更容易获得企业的认可。反过来，一些小的公域数据的提供方如果不能直接把数据交付给企业，而是以提供接口的方式提供数据应用，那么它们很难在数据质量、可信度和合规性上说服企业付费。

小的公域数据的提供方提供公域数据的接入服务还有一个重要的问题，那就是这些数据的应用接口有很多限制。如果用在广告投放前，那么这些数据最终还是要用在媒体上，尤其是腾讯、阿里巴巴这样的头部媒体。而这些媒体自身就拥有很多数据，并且乐意提供给广告主用于广告投放，那么从小的公域数据的提供方那里谋求数据应用的价值就大大降低了。因此，有部分小的公域数据的提供方为了谋取利益而不得不出售数据，而不是只提供数据的应用接口。

这意味着，媒体在提供公域数据的接入服务这一领域中具有巨大的优势，而头部媒体的优势更为明显，再加上它们所拥有的海量流量资源（广告资源），在为企业提供服务方面，它们具有绝对的话语权和难以撼动的优势。

2.4　私域数据的来源和获取

本节将介绍数字化运营中最重要的一些数据的获取方式。由于获取这些数据必须通过一定的工具，因此本节会包含一些技术内容。但请不要担心，这本书并不是给技术开发者准备的，而是给从事营销或运营工作的读者准备的，因此，相关的技术内容都会以通俗的语言说明原理，而不会聚焦在具体技术细节上。

2.4.1　私域数据的来源：消费者触点

消费者触点这个概念尽管看起来很抽象，但非常重要。消费者触点是指消费者与企业在数字世界中接触的各种媒介平台，主要包括以下几类。

①推广，如广告、软文、电子邮件、短信。

②网站端，如网站、普通网页、HTML5 页面。

③App 端，如原生 App、以网页视图为主的 App。

④社交平台，如微信、微博。

⑤内容平台，如公众号、今日头条、百度知道、小红书、知乎。

⑥服务平台，如小程序、企业微信。

⑦可以与线上连接的线下推广，如线下扫描二维码。

对企业而言，消费者触点尤为重要，原因有两个：第一，消费者触点是消费者与企业品牌/产品直接沟通的界面；第二，这些触点大部分是企业自有且可控的，尤其是其中的数据是企业自有且可获取的。

尽管消费者触点的形式很多，但从企业运营的角度来看，可以将其归纳为以下三类。

第一类是企业所有的，如网站、App、小程序、服务号等。这类消费者触点的共同特点是，它们都必须由企业负责创建并在自己可管理的服务器上托管（Host），企业能够在其中加入自己的监测脚本代码或 SDK。简单地讲，这类消费者触点是企业自有的消费者触点。

第二类是那些不能完全为企业所有的，主要是社交平台、内容平台上的各种企业自建的号，如微信上的订阅号、今日头条的头条号、抖音蓝 V、小红书企业号、百度百家号等。它们的共同特点是，它们是在这些平台给企业开的一个冠以企业自己名字的"房间"，这个"房间"连同里面的设施都是企业租用的，企业当然不能在这些"房间"里安装"摄像头"拍摄"房客"。因此，这类消费者触点的共同点是，不能在其中添加企业的监测脚本代码或 SDK，企业也就无法获得其中消费者的绝大部分数据，更不可能获得个体级别的数据。

因此，从数字化运营的角度来看，第一类消费者触点对企业的意义更加重大，而其中产生的数据也构成了企业大部分的私域数据。

第三类消费者触点很特殊，即数字广告。数字广告一般不属于典型的消费者触点，而是作为消费者进入消费者触点的入口。广告上的消费者数据主要包括两类：广告的统计数据（也就是曝光数据）和广告的点击数据。企业能否自行获取这些数据，取决于广告发布商是否同意企业在广告上放置监测代码。大部分广告发布商和媒体同意让企业放置监测代码，这些代码都能统计广告的曝光数据和点击数据。但请注意，很多广告发布商和媒体不允许企业收集关于个体级颗粒度的广告的曝光数据和点击数据。

2.4.2　私域数据获取的相关案例

1. 广告端

广告端的数据主要记录各个广告受众群体观看和点击广告行为的发生次数。

为什么要追踪与广告相关的数据呢？最主要的原因是对广告投放的考核，也就是行业中所说的监播，即记录广告被消费者看到的次数和被消费者点击的次数。

消费者有没有看到广告，其实不可能被真正精确地统计出来——广告在屏幕上出现了，我偏偏没有注意到它，这种情况太常见了，因此退而求其次，对于监测广告，我们用广告被载入到页面中的次数，或者广告真正出现在屏幕中的次数来统计。前者被称为曝光（impression），其准确的定义是，只有当广告的物料已经被载入客户端并至少已经开始渲染（begin to render，BtR）时，才应称之为曝光事件。后者被称为有效曝光或可见曝光。二者的差异在哪里呢？曝光仅衡量广告被载入到客户端的次数，也就是说，哪怕它在页面的底端，用户压根没有翻到页面底端看到它，也仍然算一次曝光。而有效曝光不同，它要求广告必须被展示在屏幕中，并且停留一段时间。

关于有效曝光，2015 年 1 月，美国的互动广告局（interactive advertising bureau，IAB）这个标准被大多数国家效仿。其具体的标准如下。

①PC 端展示类广告有大于或等于 50%的像素面积在可视空间内，且连续展示时间大于或等于 1 秒。

②PC 端视频广告有大于或等于 50%的像素面积在可视空间内，且连续展示时间大于或等于 2 秒（不要求一定是视频广告的前 2 秒）。

③移动端展示类广告有大于或等于 50%的像素面积在可视空间内,且连续展示时间大于或等于 1 秒。此标准同样适用于信息流广告。

④移动端视频广告有大于或等于 50%的像素面积在可视空间内,且连续展示时间大于或等于 2 秒 (不要求一定是视频广告的前 2 秒)。

那曝光是怎么被监测到的呢? 虽然广告发布商和媒体可以直接提供数据,但这样相当于他们自己既是运动员,又是裁判,大部分广告主都不乐意接受这种做法,而更坚持自己来监测。由于自己监测广告需要用到第三方工具,因此这种监测在业内被称为第三方监测。

关于广告曝光的第三方监测,目前主要采用两种方法:一种是应用程序接口 (application programming interface,API) 方法,可用在网页端,也可用在 App 客户端;另一种是 SDK 方法,只能用在 App 客户端。

API 方法是指媒体以 API 的方式向第三方监测工具传递相关监测参数,使得第三方监测工具可以据此进行曝光统计。例如,可以通过在广告中嵌入脚本代码,以 API 方式将曝光数据传给第三方检测工具,或者对 URL 进行跳转链接操作,传递数据信息。

虽然嵌入监测脚本代码的方法好,但是很多类型的广告无法采用这种方法,另外很多广告发布商和媒体也不允许广告主这么做。因此只能选择另外一种方法,也就是利用 URL 跳转的方法来监测广告的曝光和点击数据。

在这样做之后,受众在用自己的终端网络打开某个包含这个广告的页面时,这个广告并不是从真实地址直接被下载到受众的终端,而是会先访问跳转的 URL。这个 URL 实际上指向的是第三方服务器。该广告的相关信息会随着这个 URL 后面的一系列参数传送给第三方服务器,第三方服务器也会同时记录这个广告新增加了一次曝光。

随后,第三方服务器会继续解析这个 URL 后面的参数,并且跳转到广告真正的URL。这样整个过程非常迅速,几乎在一瞬间完成,受众几乎感觉不到这一跳转过程的存在。

通过这次跳转,第三方服务器收集到了这个广告的一次曝光,而广告的受众终端的载入和显示也没有受到影响。类似这种通过 API 借由 URL 后面的参数传递数据的方法,是一种被普遍采用的方法,在很多场景中都会用到。

有效曝光的监测是在曝光监测的基础上增加了一个检验广告是否出现在屏幕上的环节。

监测广告的点击数据也很简单,同样可以利用跳转链接的 API 方法,它与监测广告曝光数据的跳转方法的原理相同,区别在于监测点击的跳转发生在点击广告之后,也就是监测跳转的 URL 不是广告本身的 URL,而是广告链接到第三方监测工具的 URL。

SDK 方法是一种只能用在 App 端的广告监播方法。简单地讲,需要在投放广告的App 媒体上嵌入 SDK。例如,想要在墨迹天气上做一个广告,并且要监测广告的曝光和点击数据,如果用 SDK 方法,就需要在墨迹天气上放一个 SDK3。SDK 类似于一个可以运行的程序,不同的 SDK 的作用不同,这里的 SDK 用来监测广告的曝光和点击数据,以及广告受众的 ID 等信息。

但 SDK 方法并不是一种被普遍接受的方法。SDK 是一段来自广告主或其代理人的程序，且要被置入媒体的 App 中，这等于在自己的 App "地盘"上安放了一个别人的"摄像头"，所以 App 媒体基本上都不愿意接受这种方法。但 SDK 方法对广告主来说有很多好处，SDK 能够收集到的信息比通过 URL 跳转方式收集到的多。因此，即使同意使用 SDK 方法，媒体方也会想办法对 SDK 能够收集到的信息做限制。同理，前面讲到的 API 方法中利用脚本程序的方法，也会面临类似的问题。

对运营而言，广告的曝光和数据的点击有一定的价值，但价值相对较小，因为广告监播一般并不在意个体与广告互动的情况，而运营需要了解每个个体或者多个个体组成的细分群体的情况。

因此，从运营角度上来说对广告数据获取的需求，不仅是统计广告的曝光量和点击数据，还要能看到曝光面向的是哪些人，以及点击广告的又是哪些人。具体来讲，需要注意两类数据。

①广告的行为，尤其是点击行为。这些数据表现了受众的兴趣，这是一类有标志性的行为数据，对运营很有价值。

②如果能够记录广告行为发生的环境（如受众在媒体的什么页面上看到的这个广告），那么即使受众没有发生点击行为，也能大致了解他对什么方面的内容感兴趣。

为了运营的需要，这两类数据通常都需要具体到个体级颗粒度。

如何能够获得个体级颗粒度的广告数据呢？要做到两点：其一，要抓取每个受众的 ID；其二，要抓取每个受众与广告交互的数据。

以 App 端的广告为例。App 有一个特性——只要用户下载并且打开了它，App 就能获得这个用户的终端设备的设备 ID，而这个 ID，如果 App 不愿意提供给广告主，广告主就不能通过其他合法方法获得。同理，如果网站的所有者不愿意提供网站用户储存在用户本地终端上的数据，广告主就不能获得。

因此，在投放广告后，获得广告受众的 ID 的前提只有一个，媒体愿意向广告主提供这些 ID。这看起来首先是一个商业问题，而不是技术问题。

广告端数据有显著的优势，那就是规模宏大，广告的曝光量极大。如果这些数据都能以个体级颗粒度获取，那么其价值非常大。

但广告端数据也有明显的短板，那就是不容易获取到个体级颗粒度的数据。不是技术不行，而是愿意这么做的媒体越来越少。

媒体有自己的担忧，如果他们开放个体级的 ID 和数据，那么广告主有可能将这些数据用在其他媒体上。另外，开放个体级的 ID 也有泄露个人隐私方面的隐忧。

因此，总体来看，广告端数据在运营上不是没有价值，而是受限于实际情况，其价值难以释放。

正是因为这个原因，数字化运营才越来越依赖那些真正能被企业控制的消费者触点，因为只有在这些消费者触点上，广告主才能真正不被媒体限制地获得自己所需的 ID 和数据。这些消费者触点包括网页、App、小程序等。

2. 网站端

网站是成熟的消费者触点，有几十年的发展历史，但在 2008 年之后的几年受到了移动化的猛烈冲击，彼时 App 发展迅猛。但近几年，网站及网页因具有更易实现且终端适应性更灵活的特点，以及技术革新增加了网页新的互动能力（以 HTML5 为典型代表）而再次受到企业的青睐。例如，如今各大媒体上承载的小程序，虽然看似 App，但其本质是 HTML5 网页。

从数据运营的角度来看，获取网站上的用户行为数据很容易实现，技术成熟，通用性好，而且网站上用户数据的价值也很高。与广告端数据做一个比较：广告的曝光数据并不等于消费者交互数量，广告只是被动地展示，消费者是否注意到它，这很难说得清楚；而网站端数据，以及 App 等消费者触点上的数据则不同，这些数据来自消费者点击广告（或者链接）之后，显然对企业的产品或者服务感兴趣的消费者才会这么做（排除作弊的情况），因此这群消费者的运营价值远远高于广告被动地展示给的那些消费者。

当然，并非说广告没有价值，而是指数据在运营的价值方面，越靠近营销后端的数据，价值就越大。

3. App 端

App 与网页不一样，App 是一个程序，而不是浏览器中的页面。App 分为两种，一种是原生 App，另外一种是网页 App。当前所使用的 App 大部分是原生 App，是一个系统性的应用程序，其中绝大部分内容是需要下载到手机上才能使用的。网页 App 可以理解为一个网页浏览器类型的 App，它只允许你打开它让你打开的页面。这个浏览器看起来不像浏览器，因为它打开之后似乎是一个内容界面，而且没有输入网址的地方。实际上，网址已经固定在这个 App 中了。也就是说，打开这个 App 就是打开了一个浏览器，并且这个浏览器会自动连接到它指定的网站上。网页 App 将网站和浏览器封装在一起，因此在使用网页 App 时，必须将它的内容通过互联网实时下载下来，其加载速度和响应速度都比原生 App 差，并且在离线时不可使用。

虽然网页 App 更容易实现，但总体而言，随着公众号和各种小程序的出现，网页 App 的应用领域在逐渐缩小。另外，很多原生 App 也会嵌入页面中，因此绝对的纯原生 App 是比较少的，只要它大部分是原生的，就可以认为它是原生 App。

从数据监测的角度来看，原生 App 和嵌入在 App 中的网页需要以不同的方式进行监测，由于一个是应用程序，另一个是网页，因此监测的方法有所不同。

原生 App 上用户数据的获取与网站上用户数据的获取在逻辑上没有区别。在 App 上同样要安装一个类似于监测脚本代码的程序，不过，由于原生 App 不是网页，因此不能用网站上常用的 JavaScript，而应该用专门的监测 SDK。

而获取 App 端数据的 SDK 也是专用的，也是由数据工具提供的，这个 SDK 需要先在数据工具中生成，或者按照数据工具的要求制作，然后由 App 的开发技术人员封装在 App 中。

这个 SDK 的作用与网站的基础监测代码是类似的，因此也可以称它为 App 的基础监测 SDK，这意味着，如果要监测 App 上用户具体的交互行为，还需要在具体的交互点上额外添加事件监测代码。有些数据工具支持 Excel 表格上传事件监测设置的方法，将每个交互点的名字和与事件监测相关的属性按照格式填入 Excel 表格中，然后上传给数据工具，数据工具即可在 App 中找到相应的交互点并记录与事件相关的数据。

其实，App 端和网站端的监测实现是类似的，不过由于 App 端没有网页的概念，因此在 App 上所有的交互点上都需要做事件监测才会记录数据，否则就只有笼统的数据，如这个 App 拥有多少个用户、用户的使用时长等，而缺乏精细的交互数据。

App 端获取的用户数据的结构同样是典型的"ID+属性"结构，但与网站端不同，App 端的用户 ID 不是 Cookie，而是用户的硬件 ID（如 IMEI），或者由操作系统提供的 ID（如 iOS 提供的 IDFA 或 IDFV，以及 Android 提供的 OAID），这些 ID 被统称为设备 ID。

4. 公众号和小程序端

很多媒体都提供了企业自建公众号或者小程序的功能，我们以最早提供这项功能的微信为例进行讨论，其他媒体的情况也类似。

公众号比较特殊，企业并不能在所有公众号上都收集用户行为数据，只有在能够自建 HTML5 页面的公众号（一般是服务号及部分开放权限的订阅号）上才能收集用户行为数据，而在只是用微信的后台直接建立的公众号上是无法自行收集用户行为数据的，就如以下的情形。

把公众号的文章往下拉，在手机屏幕顶部能看到"此网页由……提供"的文字。如果这个网页是由微信公众平台提供的，那么其中的用户行为无法被企业监测。

如果这个网页不是由微信公众平台提供的，而是由其他第三方提供的，就说明这个公众号页面是企业自建的，企业可以在其中添加监测脚本代码，那么用户的行为也就可以被企业监测。

与公众号不同，小程序由于都是需要企业自建的，因此企业可以在小程序中添加监测代码（或监测 SDK），以实现对用户行为的监测。

公众号其实是一个网站，公众号中的文章就是网页。如前文所述，如果一个公众号中页面的 URL 是你自己的或者你的服务商的，那么你就可以在其中添加监测脚本代码。这种情况就像是在面对一个网站，基础监测代码加上事件监测代码即可解决。事实上，微信的本质就是一个不能输入 URL 的浏览器。而网站分析工具基本上都可以对自建 HTML5 页面的公众号进行监测。

小程序端以微信小程序为例，微信小程序并不是 App，它不是手机操作系统级别的应用，而是微信内部的应用。甚至它也不是一个真正意义上的应用，而是一个网站。

普通的网站是由 HTML 和 JavaScript 按照 CSS 定义的样式搭建的，HTML 负责定义网页的结构和内容，JavaScript 负责实现一些高级的功能，CSS 负责定义这些结构、内容及功能的样式。

微信小程序类似于普通的网站，不过是 HTML 被微信替换成了需要符合微信要求的格式，而 CSS 也同样被替换为微信的样式标准。由于 JavaScript 是一种非常成熟且已经成为一种标准的程序语言，因此微信小程序中沿用了 JavaScript。

从这一点来看，微信小程序就是网站，既然是支持 JavaScript 的网站，那么用监测脚本代码的方法就能监测微信小程序。

2.5　其他数据分类方法

2.5.1　前端数据与后端数据

前端数据和后端数据是由营销前端与营销后端引申而来的。

在数字化运营中，企业接触最多的是流量和消费者，而且流量和消费者的本质都是人。流量可以被看作人的数字化表现，而消费者则是这些流量中具有购买企业产品潜力的人。

流量的流动是从人们看到某一个流量源头，并且点击这个流量源头开始的。一个网站上的宣传广告、在搜索引擎上进行搜索后的一个结果、一个帖子中的 URL、一个微博中分享的链接，乃至你自己输入浏览器中的网址，都是流量源头。在一个人点击流量源头之后，他可能会进入下一个步骤，即进入这个流量源头所指向的网站，并可能在其中探究一番。因此，这个流量源头也被称为流量入口。

在这一过程中，我们将流量划分为两个阶段：点击发生前和点击发生后。我们依据流量流动的逻辑顺序，以用户的点击行为作为分界点，将流量分为点击前和点击后两个阶段。为了便于分析，我们将用户的点击行为本身也归类为点击前阶段的一部分。相应地，与前端相关的数据，就被称为前端数据，与后端相关的数据，就被称为后端数据。

前端数据主要是与广告或入口链接的展示及点击相关的数据，也包括广告展示和点击对应的受众的数据，以及广告所在的页面或者 App 等的相关数据（即与广告所处的环境相关的数据）。

而后端数据要复杂得多，包括在点击广告之后，进入着陆页及其后的环节的所有相关的人的数据、行为的数据及相关联的场景的数据等。后端数据是企业在数字化运营中主要接触的数据。

2.5.2　个体数据与人群数据

除了按照"方"（来源主体）和"域"（应用领域）对数据进行分类，还可以采用另一种重要且广泛应用的分类方法将消费者数据分为个体数据与人群数据。

所谓个体数据，是指颗粒度能够具体到某个个体的数据，这个个体可以是实名的，也可以是匿名的，但无论是实名的还是匿名的，个体数据都是其个体 ID 及个体 ID 对应的属性。

人群数据是一群人的数据，如这群人的区域、性别、行为、兴趣等。但人群数据不能精确到其中的某个人的属性，如果你想知道这个人群中某个人的性别、兴趣是不可能通过人群数据获得的。

不过，人们对人群数据存在一些误解，其中一种典型的误解是，人群数据中没有每个个体的 ID。

实际上，很多人群数据中都存在每个个体的 ID，否则这些人群数据就无法使用了，因为如果没有个体的 ID，是无法做定向的（对一群人的定向，本质上还是要定向到个体）。

人群数据中被人群化的数据不是 ID，而是 ID 背后的属性。例如，某个人群数据的集合（俗称人群包）中有 1 万个人，原本每个人都有自己的属性，通过数据统计的方法，按人的属性由高到低排序，发现这 1 万个人中 67% 的人是女性，77% 的人没有汽车，45% 的人喜欢吃冰激凌，52% 的人在北京等。于是，将这个人群包中的每个人原本的属性抹去，而是都加上统一的标签：女性（67%）、没有汽车（77%）、喜欢冰激凌（45%）、在北京（52%）等。

这里的百分比，实际上是这群人整体的属性的概率。在这个人群包中，虽然每个人的属性不同，但是都统一化为这个群体共同的概率属性。也就是说，他们的个人属性被"抹杀"，每个人都只拥有这个群体共同的属性。在这个人群包中，个人属性和人群包的人群属性并无区别。这样，在应用这些数据时，肯定没有基于每个人各自原本的属性那么精准，但是也比在毫不了解这群人的情况下对他们直接进行推广或者运营要好得多。

你可能认为个体数据的颗粒度更小，所以一定是更好的数据。但是，事实并非如此，个体数据和人群数据各有优势。

个体数据的优势显而易见，由于能具体到个体，因此个体数据在应用时能够定向得更为精准。但是它的问题是，大量的个体数据，在很多时候的离散程度非常高，不利于统计，而且在涉及保护个人隐私方面存在限制。

个体数据的缺点是人群数据的优点，其优点则是人群数据的缺点。例如，人群数据往往是一群人的统计状况，所以其精确程度比个体数据要差，但相对而言，人群数据很少在保护个人隐私方面存在限制。

当然，人群数据的基础是个体数据，它是由个体数据的集合经过统计变换而来的。企业在获取自己的私域数据时，一般获取的是个体数据。而公域数据，尽管也来自个体数据，但往往都以人群数据的形式提供。

C2-1 启发思考题

1. 宝岛眼镜为什么从电商战略向社交战略发展？在社交时代，宝岛眼镜具体实施了哪些社交媒体营销战略？

2. 进入社交时代以后，宝岛眼镜的组织架构发生了什么变化？为什么会发生这样的变化？

3. 通过案例的介绍，你认为宝岛眼镜运用了哪些社交媒体技术？这些技术是如何赋能宝岛开展社交媒体营销的？

4. 公域流量和私域流量两种运营方式相比各有哪些优劣势？宝岛眼镜是如何基于私域流量和公域流量来开展社交媒体

C2-1 宝岛眼镜：社交媒体营销，借他人之力还是苦练内功？[①]

[①] 陈帅，赵方妹，罗兴武，柴妍冬. 宝岛眼镜：社交媒体营销，借他人之力还是苦练内功. 中国管理案例共享中心，浙江财经大学工商管理学院、浙江经贸职业技术学院工商管理学院，MKT-1020.

营销的？

5. 如果你是王智民，你会通过培养内部关键意见消费者（key opinion consumer，KOC）还是聘请外部关键意见领袖（key opinion leader，KOL）来深化社交媒体营销？为什么？

C2-2 启发思考题

1. 什么是私域流量？东至人网在引流的过程中，结合了市场营销的哪种理论？

2. 结合 4P 理论分析，东至人网在对私域流量固流时带来的益处是什么？给了我们什么启发？

3. 在流量变现之后，反观整个过程，讨论 4P 理论的运用有何不足之处？

C2-2 私域流量：东至人网的崛起①

即测即练

自学自测

扫描此码

---

① 潘施琴，戴杰，胡锦. 私域流量：东至人网的崛起. 中国管理案例共享中心，安徽师范大学经济管理学院，MKT-1107.

第 3 章

电商运营与数字营销环境

3.1 数字营销的情境分析

组织参与竞争的数字营销环境或网络市场是复杂多变的。组织应仔细分析所处的市场环境，找出机会，然后规划如何展开竞争。了解组织的环境是情境分析的关键部分，它为所有类型的营销计划奠定了坚实的基础，尤其是在设计数字营销战略时。

在情境分析中应该了解什么？从企业制订数字营销计划的角度来看，情境分析应考虑以下因素。

①顾客。数字营销的主张和沟通应该基于顾客的特征、技术运用、行为和需求。

②市场分析。市场分析涵盖多个方面，包括对中间媒体、意见领袖和潜在合作伙伴的评估，以及对影响在线购买行为的主要因素的识别与审查。此外，还需关注其他影响因素，如搜索引擎、出版商媒体网站、博客、点评网站和社交网络。同时，市场分析也涉及对数字媒体及数字媒体技术带来的新业务和盈利模式的机遇与威胁的审查。

③竞争对手。理解组织如何在特定市场中竞争是至关重要的。通过对比直接竞争对手、间接竞争对手及行业外业务，对顾客提案和沟通活动进行基准测试等方式，可以发现改进数字营销活动的新方法。

④宏观环境。这些将在第3.3节具体介绍，包括社会、法律、经济、政治和技术方面的影响。

⑤内部审查。这部分主要涉及对现有数字营销方法的有效性进行内部审查，包括通过审查关键绩效指标、仪表板及用于管理数字营销的组织能力和流程来评估当前数字营销的结果，进而将其归为优势或劣势。

在探索相关因素如何塑造数字营销环境之前，有必要了解企业在不同环境中的运作方式。虽然数字化已经成为主流，线上和线下的区别已经变得模糊，但必须明白，并非所有组织都完全接受数字化，而且数字渠道的重要性在不同行业也有所不同。因此，每个组织在线上和线下都有自己独特的空间，在分析其营销环境和规划数字营销策略时必须考虑这一点。理解这个空间的细微差别，有助于企业在确定自身的业务中，如何与竞争企业一起在塑造营销环境上进行互动。

数字营销环境包括两大要素：微观环境和宏观环境。微观环境又称操作环境，它关注的是那些塑造即时交易环境的参与者。这些参与者包括需要且想要得到满足的顾客，以及竞争对手、中间媒体和供应商。这些参与者共同构成了网络市场，数字营销人员需要了解他们的行为，并给出正确的解释，以便制定高效的数字营销战略并针对其变化做出调整。宏观环境又称远程环境，它由能够决定组织成功与否的外部力量组成。这些力量来自市场，而且在很大程度上超出了组织的直接控制，如经济条件、国际贸易立法的变化、技术发展和创新、社会变革和政治干预。值得注意的是，社交媒体网络的影响力逐渐增强，也增强了数字渠道在全球范围内提供信息和影响舆论的能力。

3.1.1　理解顾客在数字市场上的行为

在现实世界中，"去商店"是一个易于理解的概念，但对于什么能够影响购物者的购买旅程、什么是购买决定的最终触发因素人们却知之甚少。在数字世界中，同样的基本原则仍然适用，只不过线上的顾客会遇到更多的接触点，这些接触点（如网站，社交媒体内容和博客）会影响他们的决策。随着数字技术的广泛使用，数字接触点超越了数字渠道，可以影响人们购物前、购物中和购物后的购买决策。现代营销人员的工作是进行最佳的投资以突出自己的品牌，并在顾客旅程的各个阶段提供相关内容来支持这一决策过程，尤其是当顾客在商业和社会环境中同时经过多个接触点与品牌互动时。为了理解顾客与物理和数字接触点的互动、触发因素和影响，旅程图越来越多地被用来模拟不同类型目标受众的行为。顾客旅程图以时间和接触点为主线，描述了顾客从认知到购买以及后续体验的完整过程，详见图 3-1。

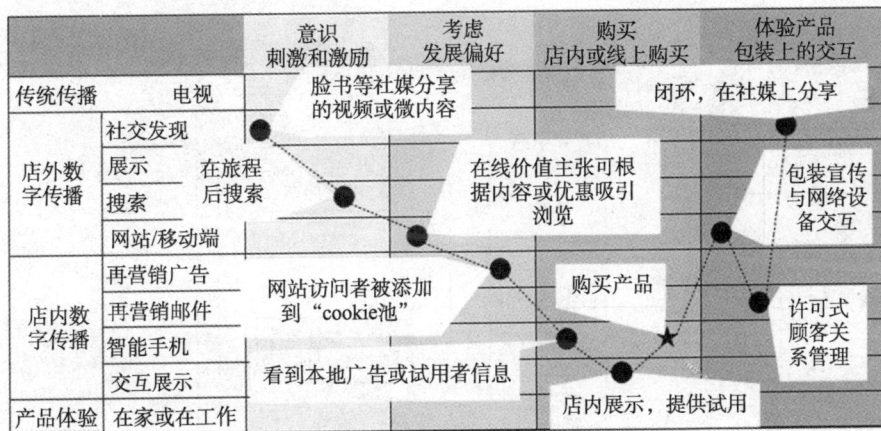

图 3-1　顾客旅程图示例

制作如图 3-2 所示的在线市场地图有助于理解在线顾客旅程所受到的影响。在线市场地图总结了不同类型的数字网站可能对目标顾客群产生的影响，其主要元素如下。

1. 顾客细分

市场分析有助于识别和概述不同的目标细分市场，这些目标细分市场会影响数字营销，并有助于了解目标群体的在线媒体消费、行为及相关类型的数字内容。在数字活动或网站设计项目中，人物角色可以用来帮助理解不同目标市场的偏好、特征和在线行为。

2. 搜索中介

美国人常用的搜索引擎通常是谷歌、雅虎、必应（Bing）和 Ask，而在中国和俄罗斯,主流的搜索引擎则分别是百度和 Yandex。有些公司提供专业的数据,帮助数字营销人员了解不同国家的搜索引擎及其他类型的网站的相对重要性(如 ComScore、Hitwise、SimilarWeb 和 Nielsen)。搜索引擎变得如此重要,以至于其搜索热点的功能被用来预测未来的销量。与数字营销人员相关的是理解和识别特定购买触发因素的能力,这可能会影响经济表现。

公司应使用可靠的搜索分析来源,如用户搜索数据、排名和网站间的链接。公司应该知道哪些网站在利用搜索流量方面是有效的,要么与它们合作,要么尝试使用搜索引擎营销技术和联盟营销技术来获得搜索流量的份额。已经具备顾客忠诚度的、知名的、可信的品牌在网上很有可能成功,因为常见的消费者行为是通过输入网址、点击书签或电子邮件直接进入网站,或者是搜索品牌或网址。通过评估特定市场中搜索的产品的类型和数量,可以计算出公司总的潜在机会和搜索项的份额。搜索份额可以从公司网站的网络分析报告中确定,该报告指出了访问者从不同的搜索引擎实际访问网站时所使用的精确关键词。

3. 中介和媒体网站

门户网站及其他中介机构,如个人影响者、社交网络、聚合器和联盟等,通常通过用户搜索或直接访问其网站来吸引访问者。公司需要评估潜在的在线媒体和分销合作伙伴,如图 3-2 所示。

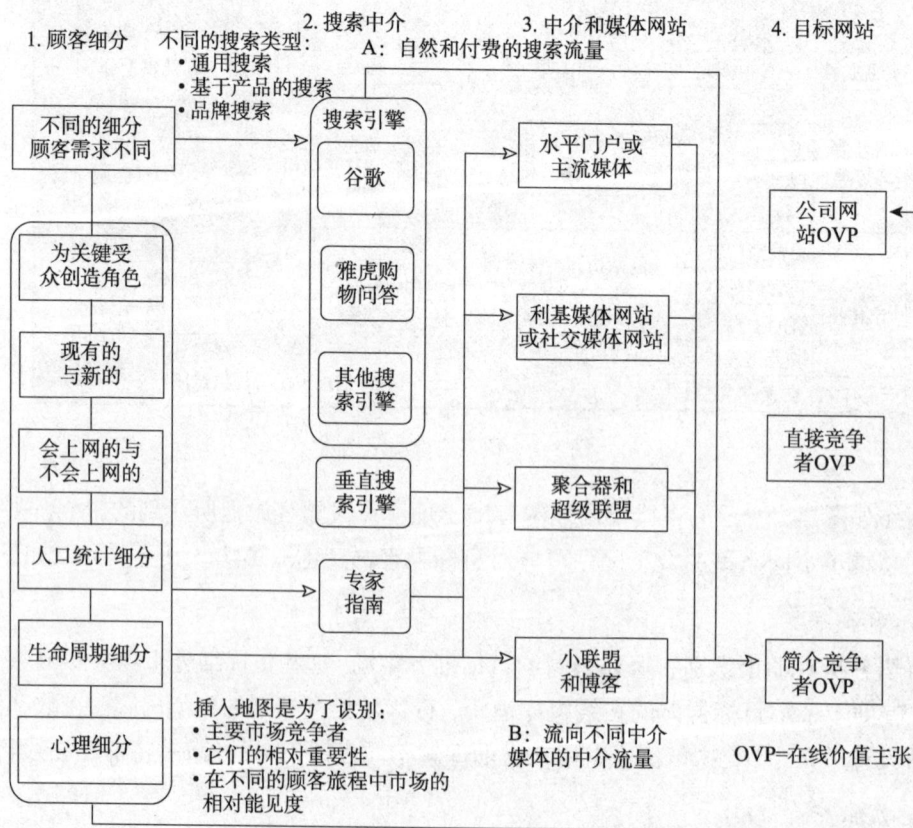

图 3-2　在线市场地图

①主流新闻媒体网站或水平门户网站。包括传统媒体（如"金融时报""泰晤士报""英国卫报"）和单一业务媒体（如谷歌新闻）。

②利基/垂直媒体网站。例如，Econsultancy、ClickZ.com 和 Marketing Land 即 B2B 市场营销方面的利基媒体。

③社交媒体网站。例如，脸书、Ins、推特和领英等。

④比价网站（又称聚合器）。例如，Google Shopping、PriceGrabber 等。

⑤超级联盟。关联公司从其推荐的商家按照销售额的一定比例或固定金额收取佣金。这种模式在电子零售市场上非常重要，占销售额的比例高达 10% 左右。

⑥小联盟和博客。通常是个人，但其影响力可能非常大。例如，英国财经记者马丁·路易斯的 MoneySavingExpert.com 网站每个月都有数百万次的访问量。小联盟和博客作者汇聚起来的影响也很惊人。随着博客读者群和社交互动的增长，识别市场中的关键在线影响者对于接触和吸引目标受众大有帮助。

4. 目标网站

目标网站是营销人员试图吸引人们去访问的网站，包括零售、金融服务、旅游、制造商及其他公司的交易或非交易网站。目标网站还包括在其他社交网站（如脸书和推特）或移动应用上的页面。

3.1.2 消费者的选择和数字化的影响

消费者的选择及随后的决策对购买过程（线上和线下）而言至关重要，而数字媒体（尤其是移动数字媒体）在购买决策中扮演着越来越重要的角色。很多消费者在购物之前都会先上网查询相关信息，因此网络和社交媒体：①是研究过程的重要一环，因为互联网用户会花大量的时间在网上研究产品；②在研究过程的每一个阶段都会用到，从最初的筛选到购买前更详细的比较，及最终的规格检查。

这种行为的改变意味着消费者掌握的信息更多了，可以通过参考品牌网站、社交媒体、评论网站、传统印刷媒体和个人推荐等多种来源为最终购买决策提供信息。数字信息源在影响消费者购买决策方面发挥着越来越重要的作用。因此，公司必须仔细考虑如何通过产品质量和线下服务体验，来得到最多的好评以强化消费者的感知。

在选择过程中，信息使用量在数字渠道中的增长表明，企业需要确保产品和服务在目标顾客常用的数字渠道中得到有效展示。随着移动及社交网络渠道重要性的增加，顾客对信息的需求会更加强烈。

理解顾客选择的过程，有助于营销人员确定如何有针对性地改变服务以满足顾客的需求，从而使顾客最终完成购买。

通过理解影响消费者与在线交易环境互动方式的维度，数字营销人员可以找出对转化过程进行管理的关键点。

在评估 B2B 产品与服务的在线顾客需求和特征时，还需要考虑其他一些因素。B2B 市场不同于 B2C 市场，其在线需求或购买过程将随着组织类型和组织中人员的变化而变化，需要根据以下内容描述业务需求。

1. 组织特征变量

①公司规模——员工数量或营业额。

②行业部门和产品。

③组织类型——私人组织、公共组织、政府、非营利组织。

④服务应用——购买的产品和服务支持哪些业务活动。

⑤国家和地区。

2. 目标个人在组织中的角色

①角色和责任——职务，职能或管理的员工人数会对消费特征有所影响。

②在购买决策中的角色——分别处于执行层、管理层和战略层的个人在购买时有不同的特征。

③部门——所处部门对营销手段的影响。

④产品偏好——基于个人对于产品的偏好调整营销手段。

⑤人口统计特征——年龄、性别及可能隶属的社会群体有不同的需求特征。

本节讨论的是顾客选择和转化模型的影响因素。下一节将从消费者特征入手，探索、理解消费者行为的方法，揭示不同类型的消费者行为将如何影响数字市场的参与。

3.2　网络市场微观环境分析

3.2.1　消费者的特征

了解消费者特征是开展营销实践和制订营销计划的基础。研究发现，有很多因素会影响消费者的在线行为，随着时间的推移，使用互联网和数字服务的细分市场已经发生了巨大的变化，因此数字营销人员必须了解重要的行为变量并知道如何模拟在线消费者行为。

如今数字市场已经覆盖全球，并渗透到每一个细分市场中。准确识别目标市场变得越来越重要。研究表明，确定消费者目标市场需要考虑以下变量。

（1）人口统计变量。任何倾向于在人一生中保持不变或随着时间的推移而缓慢演变的个人特征，如年龄、性别、种族等方面，都可以定义为人口统计变量。已经被证明会影响消费者在线行为的人口统计特征包括收入、教育水平、种族、年龄、性别、生活方式、文化和社会构成。

（2）心理学和行为变量。消费者感知、信念和态度可能影响在线行为尤其是消费者购物意愿的任何一个方面，都可以被定义为心理学和行为变量。事实上，目前有大量最新的研究，探索消费者的性格或个性如何影响其在线行为，如知识、态度、创新性和风险规避意识，可能对消费者的购物意愿产生重大影响。

通过研究在线环境中影响消费者体验的变量，有可能分析出他们在未来继续使用数字服务和在线购物的意愿。例如，网站的便利性、设计和安全性会影响消费者的个人体验，进而可能影响消费者对特定网站的总体满意度。另一个重要的观点是，通过研究与消费者体验相关的变量,数字营销人员开始了解如何通过网站和在线服务来增加忠诚度和信任感。随着在线环境使用的增多,使我们对在线消费者体验有了更深入的了解。

3.2.2 竞争对手

对于任何营销人员来说,都必须考虑的一个关键因素是如何比竞争对手更好地满足消费者的需求。

有些行业比其他行业更有利可图,有些行业相当稳定,还有些行业则高度波动。产业部门及特定市场之间的差异并不完全归因于企业生产令消费者满意的产品的能力。塑造竞争规则的力量是多种多样的,波特的五力模型已被广泛地应用于市场竞争分析中。波特指出:五种力量的性质及其结合方式,决定了企业的竞争战略。成熟的五力模型仍然是理解技术如何重塑竞争和产业结构的坚实基础。五种竞争力分为购买者的议价能力、供应商的议价能力、替代产品和服务的威胁、新进入者的威胁、竞争的激烈程度。

1. 购买者的议价能力

这种力量在 B2C 和 B2B 交易模式中都很重要。从 B2C 的角度来看,零售购买者在通过互联网等数字渠道购物时,因为能够评估产品和比较价格,其议价能力大为增强,对于标准化产品尤其如此。对于标准化产品而言,不同供应商的报价可以通过在线中介(如搜索引擎和比价网站)进行比较。互联网为消费者(B2C 和 B2B 行业)提供了对更大范围内产品比价的机会。此外,智能连接产品正在增加企业强化自身差异化的机会。通过产品连接提供的信息使制造商能够更好地了解消费者实际上是如何使用其产品和服务的,这方面的知识有助于制造商创造更有价值的产品和服务。从而提高效率,调整分销渠道,增强对市场需求的变化的敏感度。

2. 供应商的议价能力

供应商在传统贸易关系中的议价能力在数字市场上受到挑战,谷歌、苹果和 AT&T 等领先的技术品牌开发了特定的功能和资源,尤其是当其产品和服务的需求日益增加时,它们可以灵活部署这些功能和资源,以获得更高的议价能力,尤其是在智能产品的功能越来越常见的情况下,例如,通用汽车、奥迪等知名汽车制造商在新生产的汽车中使用了安卓操作系统。正在发生的根本变化是,竞争的基础从单一公司、单一产品转向多家公司、多个产品体系。

3. 替代产品和服务的威胁

这种威胁可能来自老牌公司也可能来自新公司。智能数字产品和服务正在创造新的替代机会,因为它们可以提供更多的产品功能。比如,可穿戴健身设备 Fitbit 不仅能够监控运动表现,还能捕捉睡眠模式数据及其他健康相关数据,用户可以根据自己的生活方式改变自己的行为。

4. 新进入者的威胁

在过去,人们认为新进入者可以从低运营成本中获益,因此能够很容易地进入市场。但这一观点背后的逻辑是,这些新进入者能够迅速进入市场,是因为他们没有开发和维护分销网络的成本,而且这些产品不需要生产基地。

然而，要想成功，新进入者需要在开展营销和客户服务方面成为市场领导者。这些有时被描述为成功的障碍，而不是进入的障碍。数字互联世界的新进入者正面临开发复杂互联和集成产品及服务的高成本挑战。不过，当全新的数字产品和服务绕过市场中现有的竞争者时，障碍就会消失。

5. 竞争的激烈程度

在线公司之间竞争的激烈程度在很大程度上取决于市场参与者的数量及其相对规模、成本和定价结构、顾客转化成本、战略目标和退出壁垒。智能数字产品的范围和灵活性为企业创造了从竞争中脱颖而出的机会，并提供了更大范围的增值服务，这加剧了竞争的激烈程度。专业产品和服务也能增加取悦目标顾客的机会，并导致提供类似产品的企业之间产生竞争。智能连接产品通常会跨越传统的产品边界，让企业在全新的市场中竞争。

通过使用五力模型分析竞争的结构和性质，数字营销人员可以深入了解企业在特定市场上的竞争情况。然而，还应意识到行动会产生后果，如引入新功能或服务可能会激起竞争对手的反击。因此，数字营销人员下一步要做的是了解竞争对手及他们可能如何应对。随着产品、服务和企业之间的界限日益模糊，这项工作越来越不好做。

接下来将探讨如何分析竞争对手并评估其潜力。

竞争对手分析和学习竞争对手如何使用数字营销获取并留住顾客非常重要，因为数字产品具有动态性。这种动态性使新服务得以推出，营销组合的要素（如价格和促销）在数字时代的改变更为频繁。行业内概念和方法的抄袭很普遍，但有时可以通过专利来控制。这种动态性的含义是，在制定战略时，竞争者标杆管理不是一次性的活动，而是需要持续进行。

竞争者标杆管理是一个术语，用于对市场中组织提供的服务和数字营销方法进行结构化比较，其目的是识别竞争对手产品变化带来的威胁，同时通过观察非竞争公司的创新方法来识别增强公司自身网络服务的机会。竞争者标杆管理测试与开发顾客定位和品牌体验密切相关，还能借此了解不同顾客的需求。

竞争者标杆管理可以从不同的视角服务于不同的目的。

①内部能力。例如，资源配置、结构和流程与外部顾客对网站功能的要求。

②顾客生命周期管理。涵盖顾客生命周期的各个环节，从顾客获取、转化到保留。

③从定性到定量。从借助问卷调查和焦点小组对顾客进行定性评估，到独立审计师对获取的顾客数据进行定量分析（如网站访问者的数量，获取成本、顾客数量、销量、收入及市场份额）；转化率（平均转化率）和保留率，如重复转化率和活跃顾客数量。

④行业内和行业外。对照行业内的类似网站进行基准测试，并对行业外更先进的行业进行审查，如在线出版商、社交网络和品牌网站。

⑤从财务指标到非财务指标。通过审查竞争性情报来源，如公司报告或税务申报可能会得到有关数字渠道产生的营业额及利润的其他信息。但是也应该考虑公司其他的能力前瞻性方面，如资源配置、创新和学习，这些都包含在平衡计分卡衡量框架中。

⑥从用户体验到专家评估。基准研究应该采取两种视角，从内容和可用性的实际顾客评论到专家评估。

在现实世界中，一些竞争对手在特定的市场中明显活跃，因此非常出名。然而，在数字环境中，可能会有新进入者，他们有潜力获得巨大的市场份额，但在他们发展到相当大的规模之前，这种市场份额是不太明显的，零售市场尤其如此。例如，为了成功地在网上创办销售书籍、音乐、光盘和电子元件的新公司，公司需要评估已有的竞争对手和新的竞争对手基于网络的绩效。公司应该评估：知名的当地竞争对手；知名的国际竞争对手；新的互联网公司——本地的和全球的（行业内和行业外）。

除了根据绩效标准评估竞争对手之外，也可以根据竞争对手的反应能力对其进行评估。戴斯等人提出了一个公式，用来归纳竞争对手的应对能力。

$$竞争能力 = （灵敏度 × 接触能力）/进入市场的时间$$

式中，灵敏度是指公司改变战略方向和响应新的顾客需求的速度；接触能力是指公司联系顾客、推销产品及在新市场上获得商机的能力；进入市场的时间是指产品从概念提出到创造收益的生命周期，换言之，是实施新的数字营销服务（如社交网络整合）需要多长时间。

在市场上具有高度竞争力的公司是最值得关注的。总之，对于数字营销人员来说，重要的是能够识别和了解自己的竞争对手，并在此过程中推断出竞争对手的战略和未来活动。

3.2.3　渠道结构

渠道结构描述了制造商或销售组织向顾客交付产品和服务的方式。传统的分销渠道由一个或多个中间商组成，如批发商和零售商。例如，传统的图书出版商不太可能直接将图书分发给最终消费者，而是会分发给拥有可容纳大量图书的仓库的批发商，然后由其根据需求将图书分发给各个小书店。销售商业产品的公司的分销渠道可能更长，涉及更多的中介。

网络、移动和社交媒体网络等数字渠道提供的机遇可以极大地改变公司与其渠道合作伙伴之间的关系。这是因为互联网提供了一种绕过某些渠道合作伙伴的手段。这一过程被称为去中介化，或者用更通俗的语言来说，是"去掉中间人"。

图 3-3 说明了简化零售渠道的去中介化。B2B 市场上的中介可能更多，如额外的分销商。图 3-3 展示了最初的情形和两种不同类型的去中介化，对生产商来说，去中介化的好处是显而易见的，可以消除那些通过渠道销售的销售支出和基础设施的成本，其中一些节约的成本可以通过降价的方式传递给顾客。

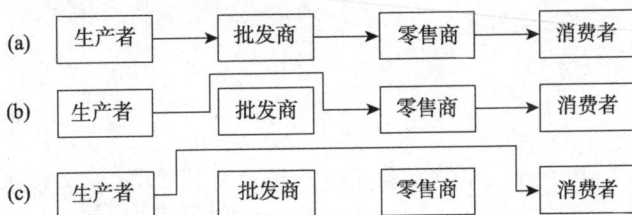

图 3-3　去中介化示意

（a）最初情形；（b）取消批发商的去中介化；（c）取消批发商和零售商的去中介化

此外，产品的购买者在选择产品时仍然需要帮助，这导致了新的中介的产生，这一过程被称为再中介化。

在去中介化后，消费者需要直接通过不同的供应商选择产品，这对消费者来说效率很低。通过在买卖双方直接设立中介，以再中介化消除这种效率低下的弊端。新设立的中介可以起到评估价格的作用，因为它的数据库与各供应商的数据库建立了链接，可以对价格不断进行更新。

3.3 数字宏观环境

本节将探讨宏观经济环境如何影响数字营销，并分析那些影响交易环境的因素对公司产生的直接影响。

我们在探讨宏观环境力量的时候，主要关注每种力量与数字营销策略的潜在相关性。在市场营销领域会大量用到缩略语来帮助大家记忆各种宏观环境力量（如 PEST，SLEPT 和 PESTLE），以下为每个字母代表的含义：政治力量（political forces），经济力量（economic forces），社会力量（social forces），技术力量（technological forces），法律力量（legal forces），环境力量（environmental forces）。

对于专业的数字营销人员而言，最重要的是全面评估影响在线营销环境的有关力量，并确定哪些力量会影响自己的营销计划和战略计划。本节将按如下顺序探讨每一种宏观环境力量：技术力量、经济力量、政治力量、法律力量和社会力量。

①技术力量。科技的变化会影响营销机会，创造新产品开发机会，产生通过渠道集成来访问目标市场的新方法，并创建新的访问平台和应用程序。

②经济力量。经济力量会引起经济状况的变化，同时会影响贸易机会、消费者支出和企业绩效，并对数字营销规划产生重大影响。

③政治力量。各国政府和跨国组织制定了治理规则，在对互联网的使用和控制方面具有重要作用。

④法律力量。法律决定了在线推广和销售产品的方法。法律和道德准则旨在维护个人隐私权和企业自由贸易权。

⑤社会力量。数字社区之间的文化多样性会影响互联网的使用及企业在线提供的服务。

跟踪宏观环境变化的主要原因是要认识到社会行为的变化、新的法律和技术创新是如何制造机会或威胁的。对宏观环境进行有效监控和响应的企业可以创造差异化和竞争优势，从而得以生存和繁荣发展。

3.3.1 技术

数字营销人员需要了解数字技术和互联网技术及其术语，一旦理解错误将会造成严重的后果，本节将介绍数字技术、互联网技术、网络和移动技术，包括数字安全和新兴技术。这些都是目前对数字营销规划有重大影响的关键因素。

1. 互联网技术简介

网络信息储存在网络服务器上，用户通过网络浏览器访问网站，网络服务器展示信息，并允许使用者选择链接访问其他网站。Flash 应用程序、音频或视频内容等多媒体，也能存储在网络服务器或专业的流媒体服务器上。

推广网址对于营销传播很重要，网址的技术名称是统一（通用）资源定位符。域名是网络服务器的名称，通常与公司名称相同。拓展名则用来指示其类型，俗称通用顶级域名。

2. 网络运作

营销人员应该了解数字营销的技术基础，这有助于他们与系统供应商和技术人员讨论技术选择问题，并就采用哪种技术作出正确的决策。

互联网是一个大型的客户端—服务器系统，这一系统的内容是从客户端发送的，用户向服务器发送请求服务，服务器拥有内容、多媒体和响应请求可以提供服务给主机业务应用程序。家庭和企业中的客户端通过本地网络服务提供商连接到网络，后者通过主要国家或国际基础设施或骨干网与更大的 ISPs 相连。

当用户输入网址并点击超链接或填写在线表格时，来自客户端发出的要求就会被执行。这个要求被传送到互联网服务提供商，并通过网络上的固定线路到达终端服务器。如果用户访问的是静态网页，服务器直接返回所要求的网页；如果用户要求查询数据库，服务器就会将询问传送到数据库服务器，然后将结果以动态网页的形式呈现给用户。所有页面要求的信息都将被储存在交易日志文件或是网站分析系统中。如今数字营销人员大部分的分析是基于网络分析系统的，而不是日志文件。

3. 网络安全

安全性是营销人员需要考虑的一个关键技术因素，因为它是世界各地的网络用户关注的主要问题。数字营销人员需要了解自己可能遇到的安全问题和风险，以便有效地管理在线运营。从消费者或商家的角度来看，电子商务交易涉及的主要安全风险如下。

①通过键盘记录软件或恶意软件获取用户计算机中的机密信息或密码。

②通过"数据包嗅探"软件窃取传输过程中的交易信息或信用卡信息。

③通过黑客攻击从商家的服务器上窃取其顾客的信用卡信息。

④公司员工（或是位于公司办公楼里使用社交工程技术查找信息的黑客）访问顾客的详细信息。

⑤商家或消费者与所声称的不符，使无辜的一方陷入欺诈交易的境地。

随着互联网衍生的商业和沟通在经济增长中发挥越来越重要的作用，导致互联网可靠和安全的责任也越来越重，具体表现为以下几点。

①全球经济和互联网市场的增长将主要发生在"新兴"的国家。

②对结构松散的互联网市场进行治理，偶尔会出现网络中断，包括恶意破坏的情况。

③"数字原生代"（20 世纪 90 年代后期在网络中成长的一代人）在与网络的联系中，相比较目前大多数的成年人，呈现出了明显不同的形式。这些精通网络的"网络一代"将网络视为其自身认知能力的延伸，以及虚拟体验的门户。

④如今语音识别、生物传感、手势界面，触摸屏多功能性及其他技术的整合使我们不用键盘也可以输入数据和指令。

⑤与如今常见的固定上网费相比，消费者将以更广泛的方式直接或间接地为互联网连接买单。随着高速宽带应用的大量推出，如何高效地分配可用的网络容量，以跨越时间和空间的限制，将成为一个主要问题。无线连接的普及也将为网络接入开辟许多新的定价模式，如将连接与服务轻松地捆绑在一起。

安全风险的潜在增长加强了每个人而不仅仅是数字营销人员对于了解及评估安全风险的需求。

4. 技术创新

除了移动网络和 WiFi 的接入，电视和广播的互联网接入技术也可以数字化。互联网电视日益普及，随着带宽、下载速度和接入设备的改进，用户的数量和范围也在不断增加。这项技术给数字营销人员带来了挑战，因为他们需要知道目标受众经常使用哪种技术访问哪种类型的内容、信息和数字服务。

数字营销人员面临的一个挑战是如何正确地评估可以利用哪些技术创新来获取竞争优势。例如，个性化技术致力于改善顾客的在线体验并提高其忠诚度，但可能需要先在专有软件和硬件技术上投入大量资金。管理者面临是否进行投资问题，以及采用哪些技术解决方案？数字营销不仅是建立和管理网站，还包括了战略决策，管理者可能在行业媒体和大众媒体上阅读新技术在营销技术方面的潜力所相关的内容，或就此与同事进行过交流。接下来，他们将面临以下困难的决定。

①完全不考虑使用该技术，或许是认为价格过于昂贵或技术产品未经试用检验，或者是因为根本不相信其收益会超过成本。

②暂时忽略该技术，但会关注已经开始使用该技术的其他公司的结果。

③以结构化的方式评估该技术，然后根据评估结果决定是否采用。

④未经认真评估就迅速地采用了该技术，因为管理者受到宣传的影响，所以相信应该采用该技术。

根据管理者的态度，这些行为可以被概括为以下几类。

①谨慎，采取"等待与观察"的方法。

②中立，有时也称为"快速跟随"法。让其他人承担大部分风险，如果其他人获得了成功，则迅速采用该技术，立即复制其他人的做法。

③承担风险，充当早期采用者。

随着时间的推移，不同的人的不同行为会导致不同的结果。罗杰斯注意到了这种扩散—采用过程（如图 3-4 中钟形曲线所示），将试验新产品的人分为创新者、意见领袖、早期大众、晚期大众，以及落后者。

扩散—采用曲线作为分析工具，可以通过下面两种方式帮助管理者。

①了解顾客位于采用技术或使用产品的哪一阶段。例如，互联网如今已经是一个成熟的工具，很多发达国家已经进入了晚期大众阶段，服务大量的用户。这表明，将这种媒介用于营销是必要的，而无线应用通信协议（wireless application protocol，WAP）技术尚处于创新者阶段，因此现在进行投资可能会毫无收获，因为还不清楚有多少人会采用这种产品。

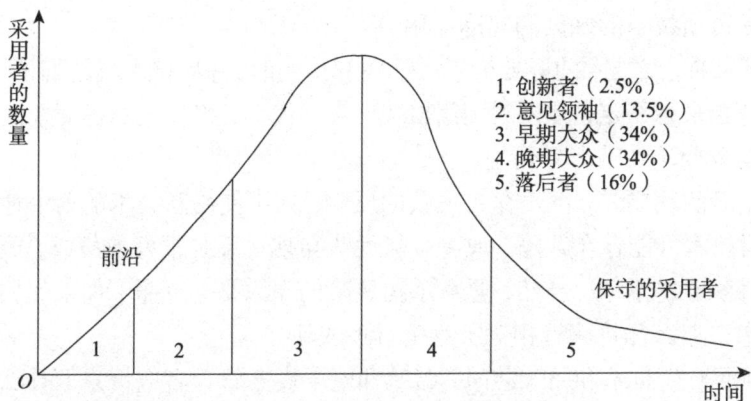

图 3-4　技术钟形曲线（扩散—采用曲线）

②从企业的角度观察其他企业采用新技术的情况。例如，一家在线超市可以观察有多少电子零售商采用了个性化技术，以评估采用这种技术是否值得。

技术分析师加特纳开发了创新的扩散曲线的商业应用，他将技术成熟度描述为特定技术的成熟度、采用度和业务应用的综合。加特纳将炒作周期分为以下阶段，如图 3-5 所示。

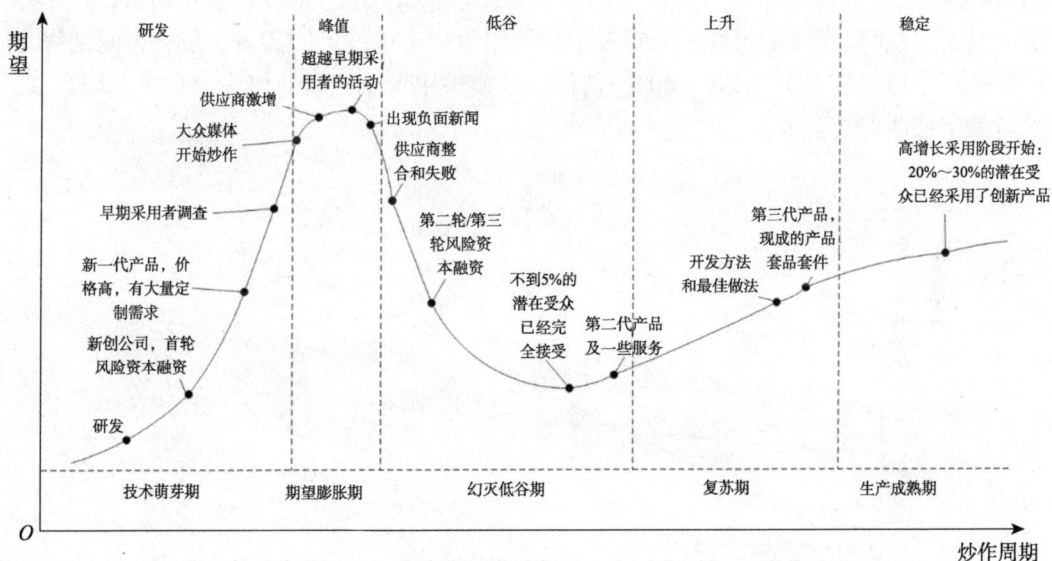

图 3-5　加特纳技术成熟度曲线的各个阶段

①技术萌芽期。炒作周期的第一个阶段是技术萌芽期或技术突破期，主要由产品发布或其他引起重大新闻和兴趣的事件构成。

②期望膨胀期。在下一阶段，疯狂的宣传通常会产生过度的热情和不切实际的期望，一项技术可能有一些成功的应用，但通常更多的是失败的案例。

③幻灭低谷期。技术进入幻灭低谷期是因为它们无法达到预期，并很快变得过时，而媒体通常也不会再关注这一话题和技术。

④复苏期。尽管媒体可能已经停止了对这项技术的报道，但一些企业仍会继续经历

复苏期，感受这项技术的好处和实际应用。

⑤生产成熟期。当技术的好处被广泛证明和接受时，一项技术就达到了生产成熟期。这项技术变得越来越稳定，并发展到第二代、第三代，最终发展的程度取决于该技术是广泛适用还是只会让基础市场受益。

早期采用者的问题是，由于存在失败的风险，处于使用新技术的前沿通常也被称为流血边缘。新技术可能存在缺陷，或者可能无法与现有系统很好地集成，或者市场效益根本达不到其承诺的水平。当然，愿意承担风险的原因是高回报，如果使用的是竞争对手没有的技术，那么你将获得相对于竞争对手的优势。

那么，当面对新技术和新工艺时，营销和电子商务管理者应该采取什么行动呢？这方面没有直接的经验法则，只能采取稳妥权衡的方法。管理者很容易将新技术视为时尚，或者将它们归类为"与我的市场无关"。然而，竞争对手很可能正在考察新技术并决定应用。这表明，企业不能忽视新技术和新工艺，而应该通过环境扫描和基准测试来积极应对。然而，如果等待其他人去创新，然后从其网站上了解创新结果，那企业很可能已经耽搁了6～12个月的时间。图3-6总结了可供选择的战略方案，阶梯曲线展示了技术随时间的变化。有些变化比较慢，如新的操作系统；有些变化比较快，如引入个性化技术，在为顾客提供价值和改善业务绩效方面的表现则更为明显。线 A 代表一家正在使用创新商业技术的公司，它在早期采用技术，甚至在该技术可以顺利使用前就已经采用了。线 C 代表保守的采用者，它对技术的使用落后于该技术的潜力。位于中间的线 B 可能是一个理想的情况，其代表的公司作为早期采用者监控新的想法，对其进行尝试，然后采用那些对公司业务有积极影响的想法。

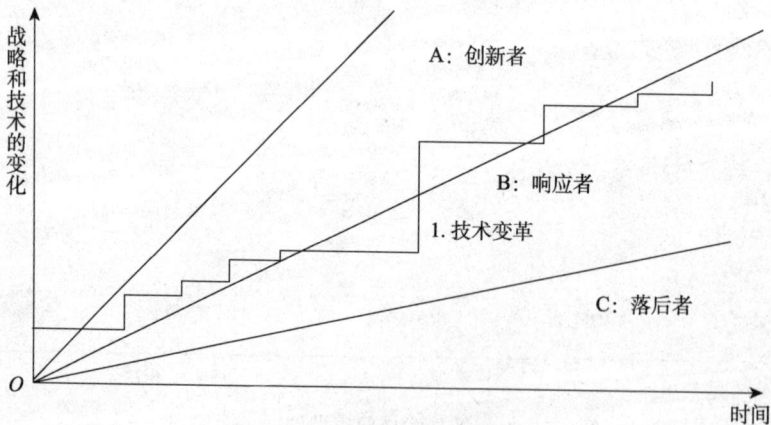

图 3-6 技术变化阶梯曲线

总之，技术力量是重要的，可以显著影响数字营销的成败。

3.3.2 政治

政治力量可能会对数字营销战略和规划产生影响。政治环境是通过政府机构、公众舆论、消费者压力团体及行业支持的组织的相互影响而形成的。这些组织之间的互动有助于在既有的规则和隐私控制下创造一个交易环境。政治环境包含很多影响贸易环境的因素，如税收、投资、商业和公共事务管理。政治力量与经济力量紧密交织在一起。例如，英国政府为英格兰银行设定了财务目标，而英格兰银行又制定了利率来控制通货膨胀。政府对经济的影响反映在整体经济表现和企业投资上。

数字营销人员必须意识到，政府机构制定的控制互联网使用的政治行为包括以下几点。

①突出消费者和企业利用互联网的好处，以促进国家的经济繁荣。

②支持相关研究，使最好的实践方式能够在企业间传播。

③制定政策来规范环境，如保护隐私或管理税收。

④制定战略，为数字经济的增长和发展创造机会。

网络治理是指为管理互联网的发展及其使用而实施的控制措施。传统上治理由政府承担，但互联网的全球性使政府管理网络变得不太现实。虽然有很多个人、企业和组织对确保互联网的稳定有着既得利益，但并没有一个专门负责进行网络治理的中央管理机构。互联网名称与数字地址分配机构负责监督域名和互联网协议地址的分配。美国商务部对顶级域系统的相关决策具有一定的影响力。国际互联网工程技术任务组则负责技术标准的维护和开发。

网络中立原则规定平等使用互联网，电信供应商不得根据不同用户的内容和平台的类型或数量而区别对待他们对数据的访问或连接。例如，限制无法支付更高费用的人访问流媒体服务就违反了网络中立原则。强调网络中立原则的原因是一些电信公司希望提供对特定互联网服务的分层访问，不同国家对网络中立原则的应用是不同的。

如何通过互联网改变税法以反映全球化，是许多国家的政府正在努力解决的问题，因为它们担心，如果现行法律没有涵盖购买模式的变化，互联网可能会导致国家或地方政府的税收大幅减少。英国政府正致力于出台新的税法，打击在英国合法避税的大型互联网公司。谷歌和亚马逊都曾被指责通过低税收管辖区经济体处理税务事务。英国税务与海关总署一直都很重视对数字业务的监管。

税收管辖权决定了在交易中哪个国家将获得税收收入。根据现行的国际税收条约体系，税收管辖权在获得收入的企业的母国（居住国）和企业获得收入的国家（来源国）之间进行划分。有关税收的法律正在迅速制定出台，各国之间差别很大。

3.3.3　经济

在全球范围内，经济影响着企业的成功程度。经济力量影响供给和需求，因此数字营销人员需要确定应该监控哪些经济力量。传统的经济力量（如增长和失业、利率和汇率）可以影响商业活动的方方面面，并且与实体业务和线上业务同样重要。国际市场的发展和新兴经济体（如中欧和东欧市场、印度和亚洲经济体），也有可能影响数字营销活动。本节我们将探讨经济力量对数字市场增长与就业、利率和汇率及全球化的影响。

经济环境通过影响供给和需求决定企业的成败，企业必须搞清楚与其业务相关的经济影响并密切予以关注。

需求变化可能对数字营销计划产生深远影响，因为它将影响市场增长的强度。先进的技术有助于企业分析采购模式并预测未来的需求，但这只是推动现代全球经济消费图景的一部分。为了对消费者及企业的未来行为做出准确的预测，监控市场趋势的变化也很重要。

1. 经济增长

纵观历史经济发展变化，在强劲的经济增长之后往往是经济低迷和消退。21 世纪初互联网公司的繁荣与萧条凸显了高科技市场的脆弱，很多拥有高价值股票市场估值的新兴互联网公司纷纷破产，不复存在。然而，在一片混乱中，出现了推动经济增长的网络经济。面对经济繁荣时期的经济增长，企业应准备好应对产品和服务的需求增加。在经济低迷时期，随着消费者重新评估其需求和支出，销售额可能会下降。对于数字营销人员来说，困难的是从经济角度预测下一轮繁荣或衰退的时机，因为他们需要考虑投资和研发，如果不能正确预测经济状况的变化，那么他们很可能会遇到困难或错失良机。

2. 利率和汇率

利率是政府与银行和金融机构共同管理一国经济的关键货币工具。利率代表借款人在特定时间段内为使用贷款人的资金而向其支付的价格。西方经济体往往在经济困难时期降低利率，为了刺激经济活动，鼓励消费者借贷，希望能避免经济衰退。

汇率是一种货币兑换另一种货币的价格。汇率的波动意味着一个国家的消费者为某一产品支付的价格或某个海外国家的供应商销售该产品获得的资金会发生变化。国际供应商和制造商经常改变在特定货币区的价格，以确保价格保持在所需水平。数字营销人员应仔细考虑市场与货币波动的关系。

3. 全球化

在新冠疫情进入常态化后，世界各地的联系变得更加紧密，全球扩张和全球出口已经大部分恢复正常，而互联网的不断发展一直是推动贸易增长的主要因素。

在数字世界中，全球化反映了在单一的全球市场中开展国际贸易的趋势，以及各国间社会和文化的差异日趋模糊。在不同国家，互联网的使用水平有很大差异，特别是从消费者的角度来看。然而，数字营销人员需要认识到全球化对全球市场交易的影响，从而决定是否开展定制品牌和营销活动，或是否采用标准化方法，同时也不能忽视当地市场的需求。

3.3.4 法律

法律的发展是为了提供一个控制和管理的框架，使个人和企业能够以合法和合乎道德的方式开展业务。然而，法律的解释是开放的，而且在网上交易环境中涉及很多法律和伦理考虑。很多法律旨在防止不道德的营销行为，营销人员必须理解并在这个监管框架内工作。

数字营销人员应该遵守法律和道德标准，但由于技术创新的速度很快，因此法律往往不够明确。在这种情况下，营销人员需要谨慎行事，因为不道德的行为会严重损害公司的声誉，负面情绪会导致在线受众或销售额的减少。

隐私权是个人避免第三方对其个人事务进行不必要侵犯的法律权利。身份、喜好等个人隐私数据是消费者最担心的问题，尤其是在身份盗用等违法事件日益增多的背景下。

数字营销人员可以通过使用这类非常有价值的信息更好地了解顾客的需求。收集这类个人信息有助于营销人员与顾客有针对性地沟通，并开发更符合用户需求的产品。那么营销人员应该如何应对这一困境？一项明显的举措是确保营销活动符合最新的数据保护和隐私法。虽然遵守法律听起来很简单，但在实践中由于这些新的法律没有经过法庭的实践检验，对其解释存在很多版本。因此，公司必须基于特定营销背景，权衡较低合规性的财务和声誉风险，做出明智的业务决策。

高效的电子商务需要个人客户提供个人信息，所以个人客户需要在在线体验中获得的利益与让企业持有自己的信息（包括信息量和类型）之间建立一种平衡。

数字营销人员使用的主要信息中受道德和法律约束的有下面几种。

①联系方式。包括姓名、邮寄地址、电子邮件地址，对于 B2B 公司还包括公司网址。

②描述信息。关于顾客特征的信息，可用于市场细分，包括消费者的年龄、性别和社会群体，以及企业客户的公司特征和个人角色。

③平台使用信息。通过网络分析系统，可以收集网站用户使用的计算机类型、浏览器和屏幕分辨率等信息。

④在单个网站上的行为信息。购买行为的历史数据，包括整个购买过程，网络分析可用于评估个人访问的网络和电子邮件内容。

⑤在多个网站上的行为信息。能够显示用户如何访问多个网站并跨网站响应广告，这些数据通常是通过基于 Cookies 或 IP 地址的匿名配置文件收集和使用的，这些地址与个人无关。

1. 数据保护法

颁布数据保护法是为了保护个人及其隐私，防止个人数据被滥用。

《一般数据保护条例》规定了数据保护法准则，适用于数据控制器和数据处理器。控制器确定处理个人数据的目的和方式，处理器代表控制器负责执行处理。《一般数据保护条例》适用于个人及敏感数据的收集和使用，并要求应做到以下几点。

①以合法、公平和透明的方式进行处理。

②以特定的、明确的和合法的目的收集，并且用符合这些目的方式做进一步处理，出于公共利益、科学或历史研究、统计目的而存档所做的进一步处理不应被视为与最初目的不符。

③充分、相关且仅限于与加工目的相关的必要内容。

④准确，必要时保持最新。采取一切合理的步骤，确保不准确的个人数据立即被删除或更正。

⑤以允许识别数据主体的形式保存，保存时间不超过处理个人数据所需的时间。只要个人数据的处理完全是出于公共利益、科学或历史研究、统计目的而存档的，个人数据可以储存更长的时间，但须执行《一般数据保护条例》为保障个人权利和自由而要求

的适当的技术和组织措施。

⑥使用适当的技术或组织措施，确保个人数据以适当安全的方式进行处理，包括防止未经授权、非法处理及意外丢失、破坏或损坏。

2. 反垃圾邮件法

很多国家已经颁布了保护个人隐私的法律，旨在减少垃圾邮件或未经请求的商业电子邮件。垃圾邮件发送者发送数以百万计的电子邮件，即使只有 0.01% 的回复率，他们也能赚钱。

反垃圾邮件法并不意味着电子邮件不能被用作营销工具，而是需要取得收件人的允许，这种方法被称为许可营销。被允许的电子邮件营销是建立在消费者同意或选择性加入的基础上的，而允许其取消订阅或选择性退出是成功电子邮件营销的关键。如果消费者选择接收电子邮件，也可以租用电子邮件列表，这就是所谓的冷名单。之所以这么称呼，是因为从第三方购买数据的企业并不认识你，你的名字也可能被储存在一个默认的内部顾客名单中，出售你的信息的企业已经获得了你的同意，或者你还同意与其合作伙伴建立联系。

3. 残疾人保护法和反歧视法

针对歧视因视听或运动障碍而难以使用网站的残疾用户的法律被称为无障碍立法，这通常包含在《残疾人保护法和反歧视法》中。

网站的无障碍性是指使网站的所有用户都能与其进行交互，而不管他们是否有残疾，也不管他们使用何种网页浏览器或平台访问网站。视觉障碍者或盲人是无障碍网站设计的主要受众群体。

4. 品牌和商标保护

在线的品牌和商标保护涵盖多个领域，包括在域名中使用品牌名称，在其他网站和在线广告中使用商标。

1）域名注册

针对不同的产品线、国家或特定的营销活动，很多公司拥有多个域名。当一个人或一家公司注册了另一家公司声称其有权使用的域名时，就会产生域名纠纷。这有时被称为"抢注"。

最著名的一个案例是 1998 年由玛莎百货及其他高端零售商提起的，因为另一家公司 One In a Million Limited 抢注了 marks&-spencer.com，britishtelecom.net 和 sainsbury.com，并试图出售这些域名来获利。虽然玛莎百货等公司拥有与品牌名称更相近的域名，如 marksandspencer.co.uk，但没有采取预防措施，没有注册拼写形式类似及使用不同的顶级域名（.net）。

公司名称被盗用的问题在 20 世纪 90 年代很常见，公司需要确保为每个品牌注册所有相关的域名，因为新的顶级域名是随着时间的推移而创建的，如 .biz 和 .eu。

如果你负责管理网站，你需要检查域名是否由你的托管公司自动更新。例如，必须每两年更新一次 .co.uk 域名。如果公司对此不加管理，那么就会面临失去域名的风险，因为其他公司可能在域名过期后予以抢注。域名注册的另一个选择是购买在搜索引擎中表现良好的已有网站的通用域名。

2）广告中的名誉损害

公司担心在社交网络或广告网络上做广告会使其自身名誉受损,因为它们并不清楚自己的广告将与哪些内容放在一起。例如,当沃达丰(vodafone)的广告出现在英国国家党的群组资料中后,沃达丰就撤下了脸书上的所有广告,很多其他的广告商也因此撤下了广告。

3）监控舆情

在线品牌声誉管理和预警软件能够对不同的地点(包括博客和社交网络)在线发布的关于品牌的评论提供实时预警。

此外,还有更为复杂的在线声誉管理服务可以更深入地分析这种情绪是积极的还是消极的,而且可以警示未经授权使用标识和商标等问题。

5. 知识产权

知识产权用于保护包括为电子商务网站开发的内容与服务在内的设计、创意和发明。与此密切相关的是著作权法,该法旨在保护作者、制作人、广播公司和表演者,确保其作品在被使用时他们都能得到一定回报。

组织自身的知识产权可能被盗用,需要加以防范。例如,复制网页内容并在另一个网站上重新发布相对容易,这种做法在小企业中并不少见。声誉管理服务可以用来评估组织的内容、徽标和商标在其他网站上的使用情况。

6. 网络广告法

由独立机构执行的广告标准,如英国广告标准管理局准则等,也适用于互联网环境,尽管这些标准在网上的监管力度较小,导致网上执行更尖锐的创新行为,意在产生病毒式的效果。英国广告标准管理局会公布一份违规广告商名单,直到违规网站更新。

对于消费者而言,营销传播必须具有明显的可识别性,以便消费者能够清楚地区分广告内容与其他非广告信息。广告标准涵盖以下情况。

①未经请求发送的电子邮件营销通信必须被明显地标注为营销通信,即消费者无须阅读。

②营销传播不得虚假声称或暗示营销人员是消费者,即营销人员不应就其公司或竞争对手发表评论。

③营销人员和发布者必须明确广告是营销传播,如在标题上加注"广告"字样。这种指导是必要的,因为原生广告的增加意味着很多伪装成广告的内容没有被披露。美国联邦贸易委员会将原生广告定义为"在数字媒体中将广告与新闻娱乐及其他编辑内容相结合",即与"赞助内容"同义。

3.3.5 社会

社会力量与文化密切相关,对数字营销具有重要的影响。从广义上说,构成这些力量的关键因素是基于人口统计特征、社会排斥和文化因素的社交圈。

我们关注的是人口统计特征更为广泛的影响：人口的变化。这一点之所以重要，是因为人口的规模和增长率会影响数字营销战略与规划。

世界人口预计将继续增长，但人口老龄化问题严重的同时，生育率却在下降，因此总体增长速度正在放缓。人口的增长意味着对有限资源的需求越来越大。人口的变化对市场营销人员很重要，因为这会创造新的市场机会。目前，俄罗斯、印度、巴西和中国等新兴市场代表了市场的增长，但在对发展中国家和新兴市场进行重大投资之前，还需要考虑其他人口因素。

对人口趋势的分析可以揭示一些重要的问题。例如，每个国家都有一个重要的群体是不会上网的，这些人至少占成年人口的 1/4。显然，在预测未来需求时，需要考虑这一群体对互联网服务需求的缺乏。而且，这也引发了社会孤立的问题。牛津互联网研究所在对其互联网使用的研究中称之为"互联网脱离"，也有学者认为这是"社会排斥"的一个方面。

互联网的社会影响也引起了很多关注，因为互联网的潜在影响是，无论是在一个国家的社会内部，还是在不同的国家之间，互联网都会加剧生活质量的差异，从而造成"信息富有者"和"信息贫困者"。这可能会加剧社会排斥，即社会上的一部分人被排除在其他人可利用的设施之外，从而变得孤立。

C3-1 启发思考题

1. 结合所学知识及案例全文分析三只松鼠从成立到正式上市所处的内外部竞争环境。

2. 结合案例具体分析在三只松鼠多元化战略的实施过程中采用 OEM 商业模式可以起到什么作用，同时存在哪些问题。

3. 从市场营销的角度，谈谈三只松鼠的营销策略现状及后续的 STP 策略优化设计。

4. 结合三只松鼠的战略转型升级历程，谈谈对其他类似企业有什么启发。

C3-1 三只松鼠：借力好风八年发展，数字化转型赋能未来[①]

C3-2 启发思考题

1. 什么是战略转型？结合案例分析，小米在十年发展历程中经历了几次重大战略转型？

2. 什么是互联网思维？结合案例分析，小米是如何通过互联网思维开展手机业务的？

3. 结合案例试分析小米是如何一步一步地布局和实施智能

C3-2 为发烧而生，小米的数字化转型之战[②]

① 花冯涛，汤睿. 三只松鼠：借力好风八年发展，数字化转型赋能未来. 中国管理案例共享中心，安徽师范大学经济管理学院，STR-1539.

② 王永贵，焦冠哲，张欢，张仪. 为发烧而生，小米的数字化转型之战. 中国管理案例共享中心，首都经济贸易大学工商管理学院、对外经济贸易大学国际商学院，STR-1250.

生态链的？背后体现了小米怎样的数字化逻辑？

4. 小米之家作为小米数字化转型历程中重大战略举措，从哪些方面体现了小米的数字化转型？

5. 假如你是小米未来"5G + AIOT 下一代超级互联网"的战略实施者，你会如何确保 5G + AIOT 超级互联网的成功实施？

自学自测　　扫描此码

第 4 章

数字媒体时代电商广告精准投放

4.1　数字化媒体传播

4.1.1　数字化媒体传播的主要特征

随着数字媒体在人们生活及工作中扮演的角色越发关键,将数字媒体应用到网络广告中渐成主流。企业希望控制营销成本,并追求营销效果最大化,但由于网络广告规模以几何倍数高速增长,同质化内容泛滥等因素,网络广告的效果越来越差,而数字媒体在网络广告中的应用,无疑为破解网络广告的发展困境提供了新的思路。

在广告平台的积极探索下,网络广告形式越发多元化,全屏广告、对联广告、巨型广告等新形式大量涌现。在同质竞争日渐泛滥的网络广告领域,如何使广告赢得目标群体的认可,激发用户的购物欲望,不但需要富有创意的内容,而且需要结合数字媒体将其展示在目标群体面前。

数字媒体是一种利用二进制数字来传播、处理、存储和检索信息的媒介,这种媒介可以分为逻辑媒体和物理媒体两大类,其中逻辑媒体进一步细分为感知媒体和表示媒体。

①感知媒体,包括数字化的文字、图片、音频及视频等。

②表示媒体,是指将信息内容以数据形式进行编码和存储的媒体。

③物理媒体是指能够展示、存储及传输逻辑媒体的媒体。

大部分人所认为的数字媒体其实只是感知媒体。进入移动互联网时代后,数字媒体逐渐从以媒体为中心转变为以用户为中心,而且数字媒体并非仅具有简单的信息传播功能,社交、信息服务、文化娱乐等也是其功能。数字媒体具有以下几个方面的典型特征。

1. 广泛参与性

与报纸、杂志等传统媒体相比,数字媒体具有极强的开放性,而且近乎无限大的网络空间也不会受到版面、频道容量的限制。移动互联网的推广普及,以及智能手机硬件配置越发强大,为人们在各种各样的数字媒体中获取、评论及分享文字、图片、视频等各种形式的数字媒体信息奠定了坚实基础。所有人都能够参与到数字媒体的传播中来,发布网络广告的成本越来越低,中小企业甚至是个体也可以发布网络广告。

2. 内容规模庞大

数字媒体的内容表现形式十分多元化,文字、图片、音频、视频等形式都可以被人们用来表达内容,人们可以同时使用多种形式分享自己身边发生的一切。在生活节奏越来越快，工作及学习压力不断增加的局面下，人们需要找到一种有效的表达途径，而数字媒体无疑成为一种绝佳的选择，学习中遇到的问题、生活的压力、情感上的问题等各种信息都成为人们在数字媒体中分享的内容，这就使得数字媒体内容迎来爆发式增长。

3. 传播渠道多元化

人们可以通过各种简单易用的工具，将文字、图片、音频、视频等各种形式的内容进行配搭，并根据自身的个性化需求发布在各种渠道中，而且随着 IT 技术的快速发展，以前仅支持文字及图片的社交媒体如今也支持用户上传语音及视频内容，从而进一步促进了传播渠道的多元化。

4. 受众需求个性化

我国经济的快速发展，使人们的收入水平及购买力得到了大幅度提高，在物质需求得到满足的基础上，人们开始追求精神及情感享受，此时，个性化的内容需求在短时间内集中爆发。与此同时，在数字媒体内容规模快速增长的局面下，企业只有为用户提供满足其个性化需求的信息，才能取得预期的营销效果。

5. 传播效果实时监测

在大数据、云计算、移动互联网等新一代信息技术的支撑下，数字媒体平台可以对信息的传播效果（通过点击量、评论数、转化率等指标量化）进行实时监测，从而为企业的营销推广提供专业指导。事实上，对传播效果的实时监测不仅可以帮助企业改善营销方案，而且能够根据用户的反馈意见对产品设计、生产、定价、交易、支付、配送、售后服务等整个业务流程进行改造升级。

4.1.2　贴近客户：倾听客户的声音

在"以消费者为中心"的互联网商业时代，产品性能、质量、生产效率、服务能力等已成为企业基本的技术性要素，而对用户需求的精准定位和品牌建设则上升为决定企业核心竞争力的战略要素。

不过，数字化时代的快速发展为品牌建设带来了新的挑战——互联网工具、社交自媒体等的广泛普及使消费者的活动越来越数字化、虚拟化，加大了品牌经营者寻找和定位目标客户的难度，进而导致单向的品牌传播逐渐失去效用，品牌不再只是被企业掌握，而成为企业、社会化媒体、用户共同参与建设的内容。

因此，在以客户为中心、市场快速变化的数字化时代，企业要积极借助数字化渠道贴近、影响和经营客户，实现品牌突围，为顾客提供更好的品牌体验。

一方面，数字化时代的到来使消费者获得了更大的主动权和话语权。因此，企业无法再像以往那样拥有绝对控制权，向客户进行单向的品牌传播；相反，客户有了与企业对话和协同体验的权利，越来越多地参与品牌价值链，与企业共同塑造品牌。

另一方面，数字化时代的到来也为企业提供了贴近客户、获取更多反馈信息的方法和渠道。当前，消费者已成为整个市场运作和价值创造的核心，人们在选购商品、进行消费决策时，不再单纯依赖企业提供的信息，而是更看重其他消费者在各种社交媒体中对品牌的评价和产品排行榜，同时也愿意主动在社交媒体中分享自己的品牌体验。

这就要求企业改变以往的品牌管理模式，积极利用数字化渠道倾听客户声音、把握客户感知、以客户为中心、从客户体验出发进行品牌塑造。

1. 深入了解客户心声

"哪些关键信息能让品牌更有效地吸引目标客户""哪些因素有助于客户做出购买决定""品牌应具备哪些要素才能让客户重复购买或推荐给朋友"等，以往企业只能通过抽样调研或访谈的方式获取这些信息。

数字化时代，各类社交媒体的不断涌现，大数据等先进技术的发展成熟，为企业深入全面地倾听客户心声提供了更为便捷有效的工具。利用数字化渠道，企业可以随时随地与客户进行连接交互，及时获取特定时间段内人们的品牌体验，精准定位顾客需求与痛点，从而实现精准化的品牌塑造和营销。

2. 持续测量客户感知

企业预期的品牌体验与消费者的实际体验之间常常会存在一定差距。对此，企业可以通过数字化渠道和相关分析工具，持续测量客户的真实感知，找到消费者实际体验与预期体验之间出现差异的原因，然后有针对性地优化提升品牌传播与品牌体验的效果。

4.1.3　影响客户：赢得客户的青睐

数字化渠道不仅是企业贴近客户、及时获取客户想法的有效手段，还是企业与客户持续沟通交互、建立强信任关系和情感连接、培育和提高客户品牌忠诚度的关键。特别是在以消费者为中心的数字化商业时代，品牌只有与目标客户实现持续的深度交互、让客户参与价值创造过程，才可能真正赢得客户认同与青睐，不断提升自身的知名度与影响力。

1. 数字化媒体增加品牌与客户的互动

相关研究数据显示，大约64%的国内消费者在社交媒体平台中对品牌是抱有开放友好态度的。因此，在品牌竞争日益激烈的今天，数字化渠道已成为品牌突围、占据消费者心智的重要方式；同时，那些在传统渠道中表现优异的品牌，也将在数字化时代面临更多挑战。

当前，互联网和各类社交媒体已成为大众日常生活的一部分，而在以客户为中心的数字化时代，成功的品牌必然是能迎合消费者行为方式、生活习惯的。与传统渠道相比，数字化渠道具有更强大的品牌传播能力——一则吸引目光的信息，可以通过用户在社交媒体中的交互分享，迅速实现病毒式传播。因此，品牌经营者必须高度重视数字化渠道的价值，积极借助各类社交媒体平台与客户进行持续、深度、良性互动，提高客户对品牌的认可度与信任度。

2. 创新而持续地吸引客户

通过数字化渠道，品牌经营者可以与客户进行持续深入的沟通交互，了解客户的需求与痛点，然后以创新的方式持续提供能引起客户共鸣的内容，促使客户形成对品牌期待的行为习惯，培育和增强客户的品牌忠诚度。

在客户与品牌交互过程中所期望获得的利益，可分为短期利益和长期利益。前者包括专业指导信息、新产品的消息、产品评论和排行、品牌活动信息、产品折扣或优惠等内容；后者包括获取服务和关注、通过品牌互动及分享获得更高层次的认同感与归属感等内容。

品牌经营者要学会平衡客户对短期利益与长期利益的不同诉求，在数字化媒体平台中持续创造具有足够吸引力的话题和活动，从而通过长期稳定的沟通交互培育和积累客户对品牌的信任与忠诚。

当前，越来越多的品牌经营者借助创新手段实现了对消费者的持续吸引。以星巴克为例，作为世界知名的咖啡品牌，星巴克始终紧贴消费者，充分借助各类社交媒体渠道进行创意营销，在竞争激烈的数字化时代建立起有效的品牌经营理念。

比如，当用户想要在脸书上请好友喝一杯星巴克咖啡时，可以直接把钱存入好友的星巴克会员卡中，然后让好友通过星巴克会员卡应用购买咖啡，从而获得一种全新的社交和消费体验。

再比如，针对很多人赖床的习惯，星巴克推出了一款名为"Early Bird"（早起的鸟）的手机应用。如果用户在按下"起床"键后能够立即"起床"，并在一小时内赶到附近的星巴克店，就有机会获得一杯打折咖啡。

借助这些创新创意手段，星巴克实现了与消费者的持续交互，成功抓住消费者心智，并通过提供客户期待的利益，将他们培育成星巴克品牌的忠诚粉丝。

3. 通过意见领袖扩大品牌影响

意见领袖是指在社交互动中创造或提供信息、对其他人具有一定影响力的核心成员。因此，品牌经营者应借助大数据分析等先进技术，在众多品牌客户中准确找到社交传播网络中的意见领袖，然后通过对品牌意见领袖的有效运营，构建众多客户参与的互动营销模式，获取口碑传播价值，从而大幅提高产品传播渗透速度和品牌影响力。

4.1.4　经营客户：创造全新的体验

随着互联网基础设施的成熟完善，数字化媒体已渗透到社会各个方面，成为人们日常生活中不可或缺的重要组成部分；同时，"互联网+"的不断深化发展又使线上线下界限趋于模糊甚至消解。打通并有机融合线上线下的一致性无缝体验成为品牌经营成功的关键一环。

然而，面对数字化时代的新环境、新形势和新挑战，很多企业并没有及时转变品牌经营思维和模式，建立数字化品牌战略；还有些品牌经营者因担心负面反馈信息对品牌形象造成不利影响，对数字化品牌策略持保留态度。

其实，在数字化时代下，不论企业或品牌是否愿意，都不可能完全避开互联网商业浪潮。因此，企业明智的做法是主动顺应、融入新时代的发展趋势，深刻理解以客户为中心的互联网商业本质，积极利用数字化渠道实现对客户的有效经营，为客户创造无缝对接的品牌体验，以此赢得客户青睐、提高品牌忠诚度。

1. 建立数字化品牌策略传递一致体验

与其他媒体渠道的品牌体验相比，数字化品牌体验更加注重客户本身的参与，是一种互动式体验。因此，品牌经营者在运用数字化品牌策略时，要注重向客户传递一致的品牌体验。数字化媒体（特别是社交媒体）不是一个独立的传播渠道，应纳入品牌运营的整体战略规划中，实现不同媒体渠道品牌体验的一致性。另外，数字化品牌策略也离不开企业内部员工的充分参与，还需要建立对数字化品牌体验进行实时监测和定期评估的体系机制。

数字化时代，品牌渠道更加丰富多元，经营者必须有效协调线上线下不同渠道的品牌策略，传递明确、一致的品牌体验，如此才可能占领消费者心智，赢得客户认可和青睐。

2. 追踪反馈优化品牌体验

数字化品牌策略不仅能吸引更多客户、提高品牌知名度与影响力，还可以对品牌体验进行持续追踪反馈，进而基于获取的反馈信息有针对性地调整业务战略、优化运营模式，为客户创造更好的品牌体验。

比如，企业可以利用相关工具对社交媒体中的客户口碑分享、产品意见等内容进行深度挖掘分析，从而精准洞察客户痛点和潜在诉求，更有针对性地进行产品和服务优化及新品研发。同时，通过数字化渠道，品牌经营者还可以快速发现客户负面的品牌体验，及时与客户进行深入沟通，了解问题所在并提供有效的解决方案，从而维护、修复或重建客户的品牌信任，提供更优的品牌体验。

3. 善用品牌共鸣创建营销新平台

激发消费者对品牌的心理情感共鸣，是提高品牌营销影响力的有效方式。对此，品牌经营者可以借助各类社交媒体平台创新营销模式。

通过与目标受众的实时、持续、深度沟通，及时向客户传递品牌活动和产品信息，并让客户参与营销信息的传播扩散过程，实现品牌营销与产品销售。

以星巴克推出的粉丝在脸书上请好友喝咖啡的移动 App 为例，这种创意营销方式最终帮助一家星巴克连锁店在一个半月时间里卖出了 2000 张电子礼品券，获得了 1 万美元的咖啡销售收入，同时也大幅提高了星巴克品牌在社交媒体中的参与度和活跃度。

数字化时代，消费者的行为与需求正快速变化，品牌竞争越发激烈，任何品牌要想成功突围，都必须改变传统的品牌管理思维与模式，建立数字化品牌战略，以客户为中心，积极利用数字化渠道贴近、影响和经营客户，创新品牌营销策略，为客户提供线无缝一致的品牌体验，从而赢得客户的认同、青睐和忠诚。

4.2 数字媒体时代电商广告投放策略与技巧

4.2.1 硬广告与软广告

1. 硬广告

硬广告是一种将产品或品牌信息直接展示在用户面前的营销方式，具有强制性。这种赤裸裸的广告营销容易引发用户的反感,电视、报纸、杂志及早期的门户网站广告普遍采用这种方式。

从不同的角度对硬广告进行分类,得到的结果也是不同的。比如,从广告目的角度分类,硬广告包括活动信息广告（通过新媒体向消费者传达活动信息）、促销广告（为了提高产品销量）、产品广告（以推广产品或提升品牌知名度为目的）、品牌广告（为了扩大品牌知名度）等。

其中,品牌图像广告在新媒体营销中应用较为普遍,在垂直专业网站、门户网站中十分常见,其目的是提高品牌的曝光度。品牌图像广告覆盖的范围十分广泛,弹出广告、按钮广告、流媒体广告、通栏广告、全屏广告、视窗广告、导航条广告、背投广告、摩天楼广告、横幅广告等皆属此列。

如果我们从广告表现形式角度划分,在位置、尺寸、像素、音频、视频等因素的影响下,新媒体广告的表现形式十分多元化。我们不妨参考网络视频平台的广告表现形式,网络视频平台的新媒体硬广告表现形式有插件广告、角标广告、图片对联广告、网页图文广告、视频贴片广告、复合式视频超链接广告、半透明活动重叠式广告等。

2. 软广告

软广告是指企业通过将产品或品牌信息融入综艺节目、游戏、线上线下活动等内容中的方式,让用户在不知不觉中对产品及品牌留下深刻印象,从而刺激购买、提高品牌知名度等。软广告在用户体验、营销效果等方面具有明显优势。

新媒体软广告的主流形式是植入式广告,根据广告植入平台的差异,我们可以将新媒体软广告分为视频植入广告、游戏植入广告。

1）视频植入广告

由于视频内容具备感染力、冲击力等方面的优势,视频植入广告受到了广大企业的青睐。产品、品牌及企业符号是视频中被植入的主要广告物。其中,产品植入物有名称、标识、包装等;品牌植入物有品牌故事、品牌名称、品牌价值等;企业符号植入物有企业文化、企业价值观、企业创始人、企业建筑物等。视频植入广告的形式十分多元化,可以有以下几种。

①道具植入,植入物在视频内容中被作为某种道具。

②台词植入,产品或品牌名称出现在视频内容的人物对话中。

③场景植入,在视频内容中为产品或品牌设置专属的表现场景。

④音效植入,以歌词、广播、旋律等方式,引导观众想起产品或品牌。

⑤剧情植入,视频内容中含有购买产品或与企业相关的剧情。

⑥题材植入,为产品或品牌制作电影、电视剧,讲述产品制作流程、企业创始人的创业故事等。

⑦文化植入,在视频内容中不直接描述产品或品牌,而是介绍企业文化、品牌主张等,利用文化渗透,对目标群体施加影响。

在新媒体视频植入广告中,企业为了确保最终达成预期的营销效果,通常会采用多种植入方式相结合,从更多的维度影响消费者决策、扩大品牌影响力。

　　国内运动品牌贵人鸟通过制作原创网剧《天生运动狂》，来为企业产品及品牌进行推广的案例值得我们充分借鉴。该网剧综合运用了道具、台词、场景、文化、品牌理念等诸多植入形式，在为观众带来视听享受的同时，达成了良好的营销效果。

　　2）游戏植入广告

　　游戏植入广告的案例不计其数，这类广告将游戏用户作为目标群体，在游戏的某个场景中以适当的形式呈现在玩家面前。

　　由于视频是新媒体游戏的主要呈现形式，所以游戏植入广告的植入广告物、植入方式和视频植入广告重合度较高，但游戏在参与感、体验感、交互性等方面的优势，为游戏植入广告的植入方式提供了更为多元化的选择。市场中的游戏植入广告主要包括以下两大类型。

　　（1）常规植入。常规植入也被称为品牌植入，品牌是主要的植入内容，提高品牌辨识度、推广品牌价值及品牌文化是主要的营销目标。在游戏世界中，玩家通常会保持较高的专注度，此时，将企业品牌呈现在游戏中，十分有利于强化玩家对品牌的认知，使品牌在玩家群体中留下深刻印象。

　　在网络游戏中，品牌通常以文字、图片、音频、视频等形式出现，不同的形式对应着不同的应用场景。根据品牌承载媒介的差异，网络游戏广告可以被分为以下四种。

　　①游戏环境品牌广告。品牌以静态的方式被植入到画面背景、人物服装、游戏商店装饰等游戏环境中。典型代表就是匡威运动品牌在《劲舞团》《劲乐团》及《超级舞者》三款音乐题材的网络游戏中将品牌植入到人物服装中。

　　②游戏道具广告。品牌作为游戏道具而被玩家使用，可口可乐在《魔兽世界》中成为提升角色体力的药水；绿盛食品 QQ 能量枣化身为《大唐风云》中的能量补充剂；耐克运动鞋在《街头篮球》中成为游戏道具"耐克战靴"；运动品牌李宁在网易的经典网游《梦幻西游》中被作为临时强化武器的道具等。

　　③游戏内置音频及视频广告。品牌被加入到游戏的主题曲、登录页面背景音乐、宣传动画等内容中。比如，《完美世界》中的完美主题曲、《传奇世界》的传世电台推广活动等。

　　④关卡情节广告。品牌内容被植入到网络游戏的关卡或情节中，玩家在玩游戏的同时，能够被品牌施加影响，从而在心中对品牌留下深刻印象。比如，《灵游记》推出的"icoke 积分兑换能量大征集"，周笔畅"畅爽灵游记"的限时任务等。

　　（2）品牌广告游戏。品牌广告游戏的特色在于，它通过游戏的表现方式向目标群体传递品牌信息，品牌广告游戏是专门为品牌推广而设计的游戏，由于成本等因素，这类游戏主要以休闲小游戏为主，玩家在体验游戏时，可以加强对品牌的认识，了解品牌文化、品牌价值等。比如，麦当劳为了宣传其品牌文化而推出了休闲小游戏《模拟麦当劳》，通过原料加工、产品加工、服务顾客、财务预算等诸多环节传播其品牌文化。

　　汉堡王也推出了品牌广告游戏，而且有两种游戏题材，分别为竞技类《汉堡王：单手车》、动作类《汉堡王：碰碰车》及《汉堡王：鬼祟王》。由于汉堡王在这些品牌广告游戏上投入了大量资源与精力，使游戏画面精美、可操作性较强，并且通过 X360 及 Xbox 平台发售，获得了游戏玩家的一致好评。

品牌对虚拟及现实资源进行整合，通过线上线下相结合的方式，为游戏玩家打造全新的体验环境，从而实现对品牌的营销推广。比较常用的营销方式是企业在网络游戏中打造和线下类似的场景，通过人物、道具、音乐、背景等让玩家在游戏世界中感知品牌信息。当然，有的企业会反其道而行之，在线下打造虚拟的游戏场景。比如，可口可乐公司和《魔兽世界》运营商曾经在杭州黄龙体育馆为玩家打造出了一个以"可口可乐魔兽世界夏日嘉年华"为主题的"真实"的魔兽世界。

4.2.2　数字媒体时代下广告营销策略变革与发展趋势

数字化新媒体时代，品牌营销人员需要从广告预算、媒体投放、广告内容和广告效果等多个维度出发，制定最佳的广告营销策略。

1. 广告预算策略：科学预算，多腿走路

新媒体的冲击使得越来越多的品牌开始转变广告投放模式。从广告主的角度来看，最好是能够以最小的投入获得最大的广告传播效果，这就需要建立一套科学合理的广告效果评估体系。

一方面，广告主应全面收集消费者在不同媒体平台中的消费行为数据，建立同源数据库，进而利用大数据技术全面了解目标受众的媒体接触习惯，实现消费者洞察和精准画像；另一方面，在制定广告预算策略时，广告主应综合考虑自身财力状况、目标产品与客户特质、投资预算、竞争对手投放水平、之前的媒体广告投放效果等各种因素，实现科学预算。

新媒体时代，各种创新性媒体层出不穷，为广告投放提供了更加丰富多元的选择。这一背景下，如何基于新媒体特质选择最佳的广告投放渠道，有效吸引并留住更多受众，便成为广告主需要慎重考虑的问题。

对此，广告主应突破单一媒体投放的思维局限，围绕品牌特质、广告预算、目标受众需求等多种因素进行跨媒体、跨屏幕的多屏互动整合营销，通过"多条腿"走路覆盖更广泛的受众，实现多元化的品牌传播，获取更优化的广告效果。

2. 广告媒体策略：喜新不厌旧

从广告传播的角度来看，新媒体的核心价值主要体现在：通过受众细分实现精准营销，从而最大程度地节约广告费用支出。由此，新媒体受到越来越多广告主的青睐，逐渐成为广告媒体投放的主要"阵地"。

一方面，在当前的国内媒介生态环境下，新媒体发展虽然迅猛，但传统媒体依然占据着话语权特别是新闻话语权，且在传播人才资源、内容资源等方面具有优势。同时，面对新媒体的冲击，传统媒体也在积极进行创新变革，不断探索更有效的传播模式和经营路径。

另一方面，新媒体虽然会与传统媒体争夺目标受众和广告市场份额，但两者并不是"零和博弈"的竞争关系，而是在竞争中不断联动融合，通过优势互补为用户创造更好体验，实现广告传播效果的最大化。

新媒体的兴起虽然使广告营销面临着更为复杂的媒体环境，但也为多屏互动整合营

销提供了契机。对此，广告主应根据自身状况和目标受众需求，有机整合新旧媒体渠道，采取灵活多元的广告投放策略，从而获取更好的传播效果。

3. 广告信息策略：内容为王，软化隐性

在信息极度过剩并快速更新的数字媒体时代，传统的硬广告越来越无法有效地吸引受众目光，更能引起消费者兴趣的是那些可以提供独特的内容价值的软广告。因此，广告主或品牌营销人员应充分把握"内容为王"时代消费者对内容质量的更高要求，改变以往硬性推送产品信息的广告方式，将产品或品牌信息合理嵌入受众感兴趣的软文中，使消费者在潜移默化中接受并认可品牌广告信息。

软文宣传的广告信息策略对专业性较强的领域更具价值，可以在向消费者分享有价值内容的过程中使他们潜移默化地建立起对产品的认可和信任。以脑白金为例，保健品的专业性较强，多数消费者并不了解保健产品中的众多专业名词和概念，因而对产品本身的功能也就持保留和质疑态度。

针对这一情况，脑白金在初期开拓市场时，采取的一个关键策略是通过《美国人睡得香，中国人咋办》《人体内有只"钟"》《夏天贪睡的张学良》《宇航员如何睡觉》《人不睡觉只能活五天》等科普性软文吸引受众目光，将脑白金产品的相关信息合理融入这些科普文章中，以此增强消费者的认可和信任。

除了软文宣传，隐性广告或植入式广告也是吸引受众目光的有效方式，如当前很多电视剧或电影中男主角打电话时出现的华为、苹果或其他智能手机品牌 LOGO 的特写镜头。此外，"以消费者为中心"的体验经济时代，充分满足用户更高层次参与互动诉求的事件营销、互动营销等创新性广告营销模式，也越来越受到各方追捧。

4. 效果传播策略：重视第二传播，寻找舆论领袖

在互联网消费社会中，人们的行为习惯、消费心理、消费特质和偏好等都发生了诸多变化。比如，以往人们的消费行为大多是价格敏感、感性冲动的，而收入水平的不断提高和频频被曝光的产品质量问题，促使消费者越来越趋于理性，注重性价比和产品品质，与品牌或商家推送的广告信息相比，消费者更加相信熟人朋友分享的产品或服务体验。

在新媒体环境下，消费者产生的巨大变化，要求广告营销首先要全面洞察消费者，实现用户精准画像，然后从目标受众体验出发制定最佳的广告营销策略，高度重视"第二传播"和关键意见领袖（key opinion leader，KOL）在品牌营销中的重要作用。

"第二传播"是相对于"第一传播"而言的。"第一传播"是广告主或品牌营销人员将相关产品信息推送给目标受众，实现广告分发；"第二传播"则是目标受众获取并认可产品或品牌信息后，将这些内容主动分享传播给更多人的广告信息扩散过程，既为受众带来了更高层次的参与互动体验，也为品牌创造了良好的口碑效益。

在"第二传播"中，KOL 对产品实际销售及品牌形象的塑造扩散具有关键性作用。KOL 不仅拥有众多粉丝，还能够引导和影响粉丝的产品选择与消费决策。因此，在进行广告营销时，广告主、营销人员应努力寻找与产品或品牌特质相符的关键意见领袖，借助关键意见领袖的号召力和影响力实现广告信息的"第二传播"，促成更多购买行为，

提高广告达到率和销售转化率。

随着互联网、移动互联网的发展成熟，微博、微信等各类新媒体不断涌现并迅速普及，对传统的媒体广告环境、市场需求、传播模式等带来了颠覆性的变革。那么，在数字化新媒体时代中，广告主应采取何种广告营销策略来应对新媒介环境和市场需求的挑战呢？在新媒体冲击下，广告市场呈现出以下变化。

1）新媒体的"蛋糕"越来越大

随着互联网全面渗透融合到社会生产生活的各个方面，能充分体现用户主体性、满足受众参与互动诉求的新媒体广告持续保持强劲发展的态势，市场规模不断增长。比如，《中国移动互联网发展报告（2023）》中提到，截至 2022 年底，我国智能手机用户总数达 14.53 亿户。

从媒体广告传播的角度来看，与报纸、广播相比，智能手机的信息呈现方式更丰富生动；与电视、电脑相比，智能手机则具有便携性和普及性的优势。因此，智能手机成为广告投放的重要场所，并对以往的媒介格局、广告技术、传播路径等产生颠覆性变革，为品牌广告营销带来了新的市场机会和想象空间。

2）新媒体与传统媒体在竞争中走向合作

当前来看，新媒体持续保持强劲的发展态势，不断抢占更多受众和市场份额；而报纸、广播、电视等传统媒体则发展疲软，甚至陷入困境。不过，新旧媒体之间虽有竞争，但却并非一种"你死我活"的零和博弈关系，而是各有优势和独特价值——传统媒体具有专业性和内容资源优势，新媒体则在渠道资源、用户互动性等方面有独特价值，这使新媒体与传统媒体的合作联动有了可能性和前提条件。

当前来看，新旧媒体的合作方式大致包括以下三种。

（1）新媒体渠道，旧媒体内容：主要是将传统媒体中的内容通过新媒体渠道呈现给受众，如《广州日报》推出的《手机炫报》，《北京青年报》推出的彩信报，新华社将旗下的《新华每日电讯》《中国证券报》《半月谈》等传统报刊中的内容筛选整合到《新华手机报》中等形式。

（2）新媒体助力传统媒体：最经典的案例是二十年前湖南卫视的《超级女声》选秀节目，观众可通过手机短信、QQ 等方式为自己喜欢的选手投票，从而借助新媒体的参与互动优势打造出一个现象级的电视节目。

（3）新旧媒体合作打造新媒体：如腾讯与重庆日报报业集团联合打造的重庆城市生活第一门户网站大渝网，已成为重庆民众获取本地新闻资讯和生活信息的最有效媒体平台；《解放日报》报业集团联手摩客网推出的国内第一份免费互动多媒体报纸《摩客时报》，也受到众多都市白领的青睐。

3）传播模式由中心扩散到多点互动

受众消费心理改变了互联网数字化媒体时代，受众的主体性价值越发凸显，他们不再是被动的信息接收者，而是主动参与内容生产传播过程，充分表达自我诉求，获得更高层次的价值体验。

由此，广告传播模式也从"中心扩散"变为"多点互动"，以往被动接收信息的受众变为品牌信息传播扩散的重要力量，互动营销、口碑营销等创新广告营销模式越来越受到广告主的关注和青睐。

新媒体的崛起及新旧媒体的联动融合，既为人们带来了全新的社会生产方式，也对受众的消费心理产生了变革重塑。新媒体环境下，注意力碎片化、需求波动化、内容饱和化，单一媒体平台越来越难以长久吸引受众目光，广告营销人员只有不断地有机整合不同媒体资源实现跨媒体、跨屏幕、跨网络的互动整合营销，才能获得更好的广告传播效果。

4.3 大数据背景下电商广告变革与重构

在新媒体应用及发展过程中，最关键的两点是融合与创新。融合主要指内容资源及技术手段方面的融合；创新则以融合为前提，不仅如此，创新还能够驱动新媒体的发展，使其呈现出旺盛的生命力。

新媒体的快速发展对广告业态，尤其是电视广告行业产生了深远的影响。具体来说，新媒体改变了广告的传播方式，从单向推送转变为双向互动，使得广告商能够更精准地触达目标受众。同时，新媒体提供了更多元化的广告形式，如横幅广告、原生广告、视频广告等，丰富了广告的呈现方式。此外，新媒体还带来了社交化广告的趋势，通过社交媒体的分享和传播，广告信息可以更好地扩散和影响受众。

对于电视媒体而言，新媒体的崛起意味着它们需要与网络媒体进行市场竞争。电视媒体在传统媒体时代占据主导地位，但随着网络媒体的快速崛起，电视媒体面临了观众注意力分散和广告拦截技术普及的挑战，这使传统电视广告的效果受到了一定影响。目前，在新媒体蓬勃发展的时代背景下，不少传统广告企业依然裹足不前。固执保守的态度没有使其摆脱发展困境，而是使传统广告业进一步丧失了市场竞争力。在这种情况下，传统行业不仅要应对与公关行业之间的竞争，还要与新媒体平台及相关企业展开激烈的市场争夺，使其分身乏术，无法扭转局面。

随着各类新媒体平台的崛起，用户的注意力更加分散，用户生产内容也得到迅速发展，这些因素都增加了广告传播的难度。在这种情况下，新媒体广告公司要提高营销针对性，就要对受众群体进行精细划分。

如今，已经有一部分新媒体广告公司在大数据应用的基础上有效提高了营销针对性，但并未真正实现精准化营销。之所以会出现这样的问题，主要是媒体平台统计的用户个人信息无法保证其真实性，大数据在传播领域的应用仍有待发展。从广告行业发展的角度对用户原创内容进行分析，这种内容生产方式能够有效吸引用户参与信息传播，但如果在传播过程中出现问题，产生不利于广告主的信息内容，则会带来严重的负面影响，导致目标受众对企业产品及品牌的认可度降低。

新媒体对广告行业的影响，还体现在改变了其传统的利益分配方式。新媒体时代尚未到来时，就有很多网络广告公司无法平衡好广告主收益与自身收费之间的关系，而新媒体传播使这些企业面临更多的问题。以微博广告为例，由于微博平台的信息更新速度非常快，广告投放之后若得不到目标受众的关注，则无法达到推广目的。在这种情况下，广告公司应该选择合理的收费方式，对包括信息阅读量、广告主收益、信息发布频次等在内的各类收费标准进行考量。为了适应新媒体给广告行业带来的改变，使自身发展更加适应新的市场环境，企业应该建立合理而成熟的利益分配机制。

4.3.1 精准挖掘消费者潜在需求

从市场营销的角度来分析，广告的制作离不开对潜在消费者的信息获取、信息分析及在此基础上进行的信息传播。因此，相关企业迅速意识到了大数据在传播领域的重要性，并大力开展数据应用。下面我们从广告营销的层面对大数据的应用及实践进行分析，促使广告营销跟上新媒体的前进步伐，体现其经济及社会价值。

何为大数据？不同的人对此有不同的理解方式，权威专家李国杰认为，大数据是指规模庞大到无法通过传统信息技术和处理方法在可接受时间内完成有效采集、管理分析及深度处理的数据集合。知名咨询公司麦肯锡则将其理解为，大数据为运用典型数据库软件无法完成对其庞大体量进行获取、分析、存储的数据集合。

关于大数据的定义，侧重点不同，其表达方式也不同。从宏观角度来分析，尽管不同定义方式的切入点不同，但其共性则包括，展现出大数据体量庞大、诞生自网络环境、拥有较高的参考价值、不同数据的组成与结构相同等特点。综合不同的定义方法，在这里将大数据的概念归结为：大数据是在网络时代下，运用软件工具获取、分析、存储及管理的海量数据集合，大数据应用能够帮助我们全面、准确、深入地了解事物，并将数据分析结果作为自身行动的有效参考。

美国第二大零售商塔吉特百货是较早应用大数据技术进行消费行为和需求预测并借此抢占销售先机的公司。

面对竞争日益激烈的母婴零售市场，塔吉特为及时准确把握孕妇群体的消费需求和变化、抢占营销先机，对超市中所有顾客的购物消费数据进行采集整理，进而通过建模分析发现了孕妇群体的一些消费规律。比如，处于第二个妊娠期的孕妇在购买护手霜产品时大多会选择无香型护手霜；孕期前二十周，很多孕妇都会购买补充钙、镁、锌的保健品等。基于孕妇在不同阶段的商品消费数据，塔吉特构建了一个"怀孕预测指数"，可以准确预测孕妇消费群体的孕期情况和消费需求，从而提前向孕妇推送最适宜的产品促销信息，获得市场先机。

全球零售巨头沃尔玛百货公司在对美国消费者的购物数据进行分析时发现：每到周末，啤酒和尿不湿都会卖得很好，销量高于工作日，且两者具有一定的关联性。通过深入分析消费者行为，沃尔玛发现这种现象是由周末家庭生活模式造成的，家庭主妇常常会在周末独自外出活动，而丈夫则留在家里边照顾孩子边喝啤酒看球赛。

根据这一新发现，沃尔玛创造性地将两种看似毫不相干的产品：啤酒和尿不湿放在一起进行组合促销，结果大部分男性在购买啤酒时都会同时购买旁边的尿不湿，从而借助交叉组合销售实现了啤酒和尿不湿两种产品销量的共同增长。

4.3.2 实现传统产业智能化重构

在移动互联网时代，不论是人类本身的各种行为动作还是众多机器设备的运转，都在不断产生海量的有价值的信息，而通过对这些大数据信息的挖掘分析，有助于实现精准预测极端天气、创新癌症疗法等目标。因此，大数据成为一种愈发重要的资源，能够帮助人们"发现看似不相关的内容之下隐含的相互关系"，从而获得新的机会或突破。

从商业角度来看，大数据也是一种重要的商业资本。产品研发、价格设定、营销推广、交易支付等每一个商业化流程都会产生大数据。对这些大数据信息进行挖掘分析，可以帮助企业精准定位目标受众，全面了解用户的特质和需求，实现精准营销，拓展新的市场机会。

需要注意的是，大数据技术的核心关注点不是数据本身，而是消费者，需要遵循移动互联网"以人为中心"的内在逻辑。同时，大数据应用的主要价值也不是发现数据中的因果关系，而是通过深度挖掘非结构化数据背后的隐含联系，发现新的商业规律、创造新的商业价值。

大数据技术也为传统商业注入了新的活力，推动传统产业的信息化、智能化重组，为商业价值带来更广阔的想象空间。比如，致力于成为"有趣、有味、有料的生活空间和体验的引领者"的花样年地产公司，就积极利用大数据技术提供精准高效的社区服务，使传统的物业公司转变为智能化的社区服务平台。

具体来看，花样年地产公司首先将业主日常生活中的各种行为转化成大数据信息，并按照时间顺序将这些行为数据存储到技术后台，完成业主数据收集。其次当业主需要相关服务时，社区服务平台便可通过分析该业主的行为大数据做出相匹配的服务决策。

比如，当业主想要借款时，如果后台行为数据分析显示其信用记录良好，则该业主不用担保便可以从物业公司获得贷款。除了通过电脑端或移动端等线上社区平台获取各种便捷服务外，业主也可以在平台中进行各种互动和反馈，表达自己的想法和诉求，而每一次的互动反馈又会产生新的大数据，并可能为企业带来新的商业机会。

由此，利用大数据技术，使传统线下实体社区重塑为一个提供多元、个性、便捷服务的线上社区服务平台，在为业主提供更优质服务的同时，也为房地产物业公司带来了更多新的商业机会。

美国电视剧《纸牌屋》曾风靡全球 40 多个国家，吸引了大量拥趸者。该剧是流媒体服务商奈飞（Netflix）基于大数据分析投资拍摄的第一部原创电视剧，其热播背后体现的是大数据在实现产品精准定制方面的巨大价值。

在《纸牌屋》正式拍摄前，Netflix 便利用大数据技术对庞大的用户群体进行了全方位研究，分析了 3000 万次网站用户的视频体验数据，如用户在观看一部视频过程中的暂停、后退、快进等行为；同时，对 400 万条用户留言评论、观看视频的时间及不同播放终端的使用情况等数据进行整理分析，从而全面获取用户的内容诉求和痛点。

《纸牌屋》是第一部通过"大数据"智能算法进行精准定制化创作的电视剧，这是该剧能够获得广大用户认可和青睐的根本所在。

4.3.3 传统广告营销的数字化变革

传统市场营销大多根据人口统计数据和目标受众的生活方式等信息进行消费市场

细分，这一情境下的广告营销行业核心竞争力也主要体现在广告策略、广告创意和媒介购买力方面。然而，数字化媒体时代的到来使广告营销面临着更加复杂的传播环境，需要重塑以往的市场细分逻辑和营销路径。

移动互联网的发展成熟、数字化媒体的快速崛起和手机等智能终端设备的广泛普及，一方面带来了海量的数据信息，大数据技术应用成为必然；另一方面，消费者注意力越来越呈现出碎片化、移动化、场景化的特质，注意力成为稀缺资源。

碎片化的传播环境、注意力获取难度和成本的不断攀升，对广告营销的精准性提出了更高要求，广告营销需要从以往的"广而告之"转变为"准而告之"。数字媒体时代，如何及时获取并有效分析消费者的实时行为数据、与品牌的互动数据等各种消费大数据，实现目标受众的精准画像，成为广告营销面临的一大难题。

要精准定位目标消费者，广告营销必须以数据驱动为核心，积极利用大数据技术明确以下问题：消费者接触品牌广告信息时的行为特征；品牌广告中哪些内容或因素能够触动消费者，引起他们的心理共鸣；在营销传播中品牌如何与消费者进行沟通互动；哪些 KOL 能对目标消费者产生较大影响；品牌可通过哪些渠道和形式与这些 KOL 进行有效沟通……

在数字媒体环境下，广告营销面临着获取消费者需求、沉淀消费者数据的双重压力，需要积极利用大数据技术进行以下转变。

①从如何寻找消费者，转变为挖掘消费者在不同碎片化场景中的实时消费需求。

②从基于传统媒体的单向度的信息传输，转变为借助各种数字化媒体与消费者进行实时沟通互动，从消费者需求和体验出发提供最适宜的场景解决方案。

③推动消费者与品牌从单纯的商业"买卖"关系升级为互信共赢的伙伴关系。

大数据时代，传统广告模式已无法应对商业环境、传播结构、市场需求的巨大变化。数字媒体时代的广告营销必须以大数据技术为依托，深度挖掘社会化媒体平台中的"弱关系"，全面准确地获取目标消费者需求路径和行为特质，提高广告营销的精准性和互动性，从而获得更好的营销传播效果。

当前，广告营销行业正加快进入社会化营销和大数据营销时代，营销主体也从以往的专业媒体人和广告人转变为具有社会化营销理念的数字营销服务提供者。对于品牌与消费者的关系构建与维护，应在传统市场调研、深度访谈等的基础上，积极利用大数据技术收集分析不同社会化媒体平台中的消费者行为大数据，实现科学合理的决策。

数字媒体时代的广告营销还应做好品牌创意传播的过程管理——关注并引导品牌信息在各社交媒体平台中每个节点间的流动方向，并深度分析影响品牌信息被社交平台中消费者关注和分享的各种因素。

对数字广告营销服务商来说，最重要的是收集、整合、沉淀消费者各种行为数据，同时不断增强"讲故事"的能力，并树立全媒体、多渠道、互动性传播的广告营销理念，以提升广告营销传播的投资效益。

4.3.4 大数据广告营销策略

1. 加强挖掘以大数据为支撑的新型广告技术

如今，企业已经能应用先进的软件技术，对网络运营过程中产生的数据资源进行获取与分析，然而，这种技术应用除了能够为广告传播提供基础性数据资源、为企业的营销活动提供参考价值外，并未将网络数据应用与广告传播融为一体。企业只有做到这一点，才能提高整体运营效率，在短时间内把握市场需求，提交广告创意，完成广告设计，并进行广告投放，最后对广告效果进行科学评估。

为此，企业必须在大数据应用的基础上，对广告技术进行深入挖掘，在发挥国内互联网广告现有优势的同时，进一步提高其营销精准度，能够将企业相关信息在短时间内传递给目标受众，并使其成为国内互联网广告的发展方向。

2. 加强网络空间中大数据在广告整合传播中的应用

网络技术的高速发展为人们带来了诸多便利。在移动互联网时代下，网络用户的数量不断增多，他们利用网络平台，满足自身在娱乐、社交、资讯获取等方面的需求。随着各类社交媒体的兴起，用户的注意力趋于分散，若企业依然采用传统营销手段与营销技术，则难以将分散的受众群体集中到自己的平台上。然而，身为广告公司，就要通过开展营销活动，实现信息的大范围传播，并使受众认可其价值理念。

在这种情况下，企业需要在营销传播过程中充分发挥大数据的价值，对潜在消费者进行精准定位，对其相关数据进行获取与分析，据此选择相对应的营销方案，并推出一系列的推广活动，利用网络平台的优势进行信息扩散，将分散在不同领域、不同媒体平台上的用户集中到一起。

3. 重塑以大数据为"纽带"的新媒体广告运作体系

实际上，为广告传播提供有效的数据参考只是大数据应用价值的一部分，除此之外，大数据的应用还能实现对分散用户的聚合，对传统的广告运营模式进行彻底的变革，促进新媒体广告运作体系的诞生。在这一方面，国外的一些在大数据应用基础上发展而来的广告公司表现得尤为突出。

例如，营销自动化公司 Radium One 会对社交网络平台中的用户信息及互动关系进行获取与分析，从中挖掘某一类消费者具有的共性特征，为产品或品牌匹配相对应的消费者群体，在此基础上进行信息传播与推广，实现信息的大范围触达，并进行精准营销。在这种营销推广模式实施过程中，大数据发挥着重要的作用。现阶段，国内广告公司需积极借鉴国外企业的优秀经验，采用新媒体广告的传播方式，发挥大数据的连接作用，充分利用网络平台的优势进行广告投放并致力于达到理想的传播效果。

综上所述，伴随着网络媒体的快速发展及用户规模的不断壮大，大数据的价值逐渐凸显并在许多领域得到应用。身处大数据时代下的广告公司需认识到大数据的重要性，在大数据应用的基础上，深入开发新的广告技术。同时，还要注重对网络空间中数据资源的获取，通过数据分析及应用推动企业的营销，还要依托大数据对传统广告运作模式进行改革，从整体上促进国内新媒体广告的发展，助力企业营运效率的提升。

4.4　社交大数据背后的广告营销攻略

4.4.1　群体智慧引发的数字营销创意

在当代广告传播领域，大数据正在引发一场智能广告革命。在智能广告环境下，4A广告公司不再是知名广告的主要生产者，智能系统将超越 4A 广告公司自动生成大量传播范围极广、传播效果极好的广告。

近年来，脸书的广告收益正迅猛增长，据其发布的财务报告显示，2022 年总收入同比增加 22%，达到 860 亿美元，其中广告业务收入增加 21%，达到 842 亿美元，表明脸书的大部分收入来自出售广告空间。

脸书如此之高的广告收益得益于其高精准的、能代替传统广告代理公司的广告系统，在该系统中，广告客户只需将产品照片上传到数据库，只要用户登录脸书，系统就会根据用户的兴趣自动生成广告，再根据用户"关系图谱"的数据分析精准地投放广告。

在拉里·韦伯看来，大数据涵盖的内容非常丰富，包括企业信息化的用户交易，社会化媒体中的用户行为、用户关系及无线互联网中的地理位置数据。大数据能获取用户在社交网络中的踪迹，智能广告则可以利用这些数据对用户进行深入研究，从而实现广告的精准投放。关于这一点，托马斯·克伦普的理解是：人是数字的本质，所以，数据挖掘就是对人类自身进行分析、研究。

在大数据的作用下，社交广告越发流行。中关村互动营销实验室联合普华永道、秒针营销科学院、北京师范大学新闻传播学院共同发布《2022 中国互联网广告数据报告》指出，2022 年全年中国互联网广告收入为 5088 亿元人民币，TOP10 企业分别为阿里巴巴、字节跳动、腾讯、百度、京东、美团、快手、小米、拼多多和微博。

在社交媒体领域中，智能广告将逐渐摆脱"广告"的身份，转变成"故事"或"游戏"。比如，在腾讯智慧峰会上，奥美集团日本区的董事长播放了一段酷似魔幻电影片段的视频：安静的巴黎、神秘的大门，在神秘的地点聚集了 60 名前来找寻巴黎水的客人，讲述了一个奇幻的寻宝故事。

从形式上来看，智能广告正在朝无形与强互动方向不断发展，借助大数据，用户产生了很多自发性的智慧，并最终形成了营销创意。现如今，在整个数字生态链中，媒体扮演了一个非常重要的角色，直抵销售环节。

在互动广告领域，耐克一直保有非常好的创意。耐克曾推出这样一个微信活动：用户上传一张自己喜欢的鞋样图片，耐克会根据图片生成相关图样，如果用户满意就能直接付款购买，做到了真正的定制化。在日本，用户只需对着电脑摄像头模仿耐克 Free Run+这款鞋子的造型做鬼脸就能参加耐克发起的奖励计划，造型最相似的作品就能获得耐克提供的购物券。

对于营销人员来说，追踪消费者花费最多的场所，对其进行定位，在不干扰消费者的情况下为其创造更多价值是一个永恒的课题。对于消费者来说，只有那些能赢得他们喜爱的东西才是他们真正需要的东西，而消费者最喜欢的东西则是他们自己创造的东西。在智能媒体时代，消费者的创意构建了一个规模庞大的智能网络，这是一种群体智慧，也是企业创意的缘起之所。

4.4.2　社交大数据挖掘与精准投放

在 2010 年世博会期间，爱立信公司为组委会提供了人流信息采集服务，该服务就是利用运营商无线网络上的信息对人流密度进行有效判断。在现实生活中，这种监测数据的应用范围正在不断拓展，尤其是在商业领域。比如，某人想在王府井附近开一家餐厅，爱立信公司就可以选择一处人流比较集中的路段对数据进行采集、分析，获知该区域的消费者类型，为餐厅选址及定位提供科学的建议。

现如今，这种选址方式正在被麦当劳、肯德基等大型快餐企业使用。在大数据应用方面，辅助公司选址只是其中一种应用，最早在商业领域中使用大数据的企业是美国塔吉特超市。

塔吉特超市为了留住孕妇顾客，参考"迎婴聚会"登记表构建了"怀孕预测指数"，对顾客的怀孕情况进行较为精准的预测，以提前将母婴用品的优惠广告推送给顾客。之后，塔吉特超市又用这种精准地广告投放方式推广其他类型的商品，8 年的时间，塔吉特超市的销售额提升了 230 亿美元。由此可见，塔吉特超市利用大数据精准投放广告的实践无疑是成功的，在此之后，类似的经典案例层出不穷。

对于市场营销来说，广告轰炸战略逐渐失去了用武之地。以雀巢为例，2012 年，在大中华区市场上，"笨 NANA"的销售额排名第二。雀巢认为"笨 NANA"取得如此成功的销售结果的原因是社交媒体对"笨 NANA"的热议（产品上市前 5 个月，雀巢利用微博引导人们对"笨 NANA"进行讨论），让其营销方式摆脱了传统的电视广告营销。企业以社交网络为平台开展客户服务，可以实时收集用户对产品的意见，有则改之，无则加勉，提升顾客的满意度，同时也推动产品不断完善。

事实上，在大数据的作用下，整个营销行业的工作方式都在不断改变——对隐藏在消费者背后的海量数据进行深入分析，对用户需求进行有效挖掘，为用户提供个性化的营销方案。而这一切工作的首要任务就是采集用户数据，也就是找到人、找对人、花对钱，对于社交媒体营销来说这些工作至为关键。

其中，找对人就是明确用户定位，在智能媒体时代，随着众多社交元素的介入，在社交手段的作用下，智能媒体的价值将逐渐显现出来。对用户感兴趣的话题、有意愿交往的人等数据进行挖掘，能有效提升智能媒体的商业价值。除此之外，社交媒体还能根据用户需求有针对性地为其提供内容，剔除无用内容，实现信息的精准投放。

4.4.3　基于社交的分析与沟通策略

社交媒体一边挖掘群体智慧，一边挖掘用户数据来制定有针对性的沟通策略。用户上传的视频、音乐、图片，发表的评论往往隐藏着他们的消费倾向。从本质上来看，社交媒体就是以维系情感为目的的交流互动，将在营销的过程中发挥重大作用。

比如，顾客想买一台笔记本电脑，按照传统的购买方式，顾客会先阅读媒体信息，然后前往实体店查看、试用，最后做出购买决策。但是在社交媒体环境中，顾客可以直接跳过企业预设的信息，通过社交媒体与移动终端的方式获取其他顾客对产品的评价，在不受企业广告营销活动影响的情况下做出理智的购买决策。

在这种情况下，通过社交网络定向投放广告就成了企业开展营销活动的必然之选。

耐克在 2012 年奥运会期间推出了一个 High Touch 富媒体活动，对用户账户与耐克微博之间的关系进行深入解析，根据用户关注的运动有针对性地为用户推送富媒体广告，如果用户没有关注特定的运动，耐克就会为其推送另外一套广告。

未来，智能广告将朝四个方向不断发展，分别是视频广告方向、微博广告方向、无线广告方向和展示广告方向。对于中国的网络广告来说，视频贴片广告与富媒体广告将成为推动展示广告持续增长的主要动力。

2013 年，腾讯推出一款需求方平台（demand-side platform，DSP）广告投放系统——"腾果"，该系统是一个以点击效果付费为基础，以参与竞价的方式获取广告展示机会的广告服务平台。在未来的智能广告时代，该系统将成为最主要的运营平台。

此外，腾讯还推出了一个全新的社交策略——MIND3.0，通过观察、分析、挖掘用户行为数据明确各个用户族群的特征，使用差异化标签从营销层面将品牌与受众联系在一起。比如，将成熟妈妈与新生儿妈妈划分为两个族群，通过大数据分析得出差异化的结果。成熟妈妈属于理智型的玩乐女性，喜欢玩游戏、听音乐、看古装剧，喜欢通过 QQ 群、日记、鲜花工坊与他人互动交流；新生儿妈妈属于社交型辣妈，对数码产品的关注度比较高。

人们分享的内容越多，所产生的决策依据就越多。现如今，社交网络正在想方设法地激发人们分享个人生活的热情。为此，脸书发布了一款大数据产品——时间轴，在用户注销账号的最后一刻，脸书会利用时间轴对用户的注销行为进行分析，找寻用户内心想法的规律，对注销页进行改造，用情感打动用户。通过这种方式，脸书将注销率降低了 7%。

由此可见，企业与用户之间的交流方式正在发生翻天覆地的变化，并且接受这种变化的企业数量正在逐渐增多。某调研机构对美国市场营销人员做了一次访问调研，近 2/3 的受访者表示，正是受大数据挖掘需求的推动，他们才在广告营销领域应用数据管理平台。

现如今，受大数据系统的影响，全球广告业都发生了巨大的变化，未来，这种改变将朝制造业、零售业、科技等各个行业延伸。在信息爆炸时代，超过 95% 的信息都会被消费者忽略，只有不到 5% 的信息能在消费者脑海中留下印记。而在智能广告时代，社交媒体的作用不只是让人们记住来自社交网络的各种信息，还包括催生消费者潜在的消费需求，让消费者的消费曲线变得清晰、明显。

C4-1 启发思考题

1. 通过案例所描述的联通在线公司所处的竞争环境，思考联通在线公司为什么要开展新业务，实施新的营销策略。

2. 什么是大数据精准营销？联通在线公司对大数据精准营销策略有何初步构想？

3. 在大数据精准营销模式下，联通在线公司的目标用户是谁？

4. 联通在线公司对目标用户进行大数据精准营销的具体实施步骤有哪些？

5. 在目标用户购买行为结束后，联通在线公司又是如何通过大数据来维系用户的？

6. 结合案例，对于传输信息过量造成用户抵触，造成营销传播不畅的问题，请问您有什么建议？

C4-1 四海之内觅知音，精准营销促发展——联通在线公司的大数据精准营销[①]

C4-2 启发思考题

1. 请结合 SWOT 论，分析张维创立的乡约菜菜有哪些优势和劣势？

2. 请结合 STP 理论和目标市场策略分析乡约菜菜是如何确定其目标客户的？

3. 请结合 4P 理论分析乡约菜菜是如何针对目标市场设计产品和服务营销活动的？

4. 请运用迈克尔·波特理论分析乡约菜菜的精准营销符合哪种竞争战略，并分析乡约菜菜如何设计"一村一街点对点"的商业模式？

5. 请结合案例分析乡约菜菜如何整合资源促进商业模式创新迭代？

C4-2 乡约相守："草根'团购'"的精准营销之路[②]

即测即练

自学自测　扫描此码

---

① 楼旭明，刘立，孙中原，等. 四海之内觅知音，精准营销促发展——联通在线公司的大数据精准营销. 中国管理案例共享中心，西安邮电大学经济与管理学院，MKT-1100.

② 孙艳华，舒波，杨亦民. 乡约相守："草根'团购'"的精准营销之路. 中国管理案例共享中心，湖南农业大学商学院，MKT-1047.

第 5 章

电商运营与数字化推广

5.1 传统广告的数字化转型

在数字化营销与运营的时代大背景下，一个最重要的问题是企业从哪里能够找到目标消费者。不夸张地说，对于很多企业而言，这个问题不仅决定了数字营销部门的生死，还决定了企业的生死。

数字营销的从业者可能有一个共同的理想——希望每个广告、每个推广既不会打扰到消费者，还成为能被消费者认可的有用信息。想要完全消除广告对消费者的打扰是不可能的，但我们可以想办法把广告尽量投放给那些更可能对这个广告感兴趣的消费者。例如，啤酒的广告应该尽量投放给男性，而化妆品的广告应该尽量投放给女性。

广告业者一直在这方面做着大量的努力。在互联网出现之前的实体世界中，化妆品的广告常常出现在一些综艺节目上，汽车广告常常出现在飞机上的屏幕中，新开的餐厅广告传单会在写字楼间被发放……

但在互联网出现之后，如果能够获取每个消费者的数据，并且能够基于这些数据选择消费者进行精准的广告投放，那么"不知道是哪一半广告费被浪费了"的问题似乎就可能有新的解决方式。

本章介绍如何用数据来实现更具针对性的营销投放，从而实现更好效果的引流拉新。

5.1.1 合约广告和非合约广告

在学习数据驱动的数字化推广之前，我们先来看传统广告的投放情况。传统的广告投放，无论是互联网广告还是线下广告，都有一个十分重要的讲究，那就是排期。

排期本质上是一个交货单，即在什么时候、什么地点会展示什么广告。按照排期执行的广告成为合约广告或者保障性投放广告。

合约广告是最传统的广告形式：在投放前谈好合约，定下排期，然后按照排期投放广告。如果出现排期执行失误，广告发布商就按照出现失误的点位，在之后对广告主进行补偿——赔款或者在新约定的时间内重新投放。

合约广告的计费方式有多种，最常见的是按日计费（cost per day，CPD）和按时间计费（cost per time，CPT）。合约广告诞生伊始就是按照约定的广告位和投放时间进行计费的，广告位越好，价格越高，同样，投放的时间越长，价格也越高。

合约广告的另一种计费方式是按千次展示计费（cost per mile，CPM）。CPM 是最初的衡量流量价格的度量，即使是 CPD 广告，也会被换算为 CPM 来衡量。除了 CPD、CPT 和 CPM 外，按每次点击计费（cost per click，CPC）也是极为重要的计费方式，即每获得 1 次点击需要花费的成本，但它更多地用于非合约广告计费。

简单地讲，非合约广告就是不需要排期的广告。在线下，非合约广告是很难想象的，但在互联网中很快诞生了最早的非合约广告——搜索引擎竞价排名广告。

搜索引擎竞价排名广告并不是真的没有合约（任何交易都需要合约），很多广告主采购搜索引擎竞价排名广告用的是一种被称为"年框"的方式，即承诺自己一年的消费金额。但是，广告本身在什么时间、在什么位置、以什么样的创意展示，没有一个预先的排期来定义。在签订了合约之后，广告主才能选择自己想要竞价的关键词、投放的时间，以及上传自己的广告创意。

如今，大量的互联网广告都在采用非合约广告的方式进行投放，不只是搜索引擎竞价排名广告，还包括很多展示类广告。

非合约广告得以存在并且不断壮大的核心的原因是数据驱动。互联网上的推广，尤其是展示类广告从合约广告到非合约广告的变化，是数字广告生态的重大转变，这个转变的影响会持续若干年。

5.1.2 实时竞价广告和程序化合约广告

在介绍实时竞价广告之前，有必要先了解什么是广告交换平台。与广告网络联合媒体不同，广告交换平台不仅联合媒体，还联合广告网络。这些拥有广告资源的媒体和广告网络统一用供应方一词来指代。广告交换平台就像一个大市场，这个市场为供应方提供了一个用于展示自己的广告资源的界面，如果一个供应方想要销售自己的广告资源，它就直接在这个界面中登记自己的广告资源即可。这种新的售卖渠道和便捷性让供应方趋之若鹜，所以在广告交换平台上一时间积累了大量的供应方，广告位更是浩如烟海。你可以把广告交换平台想象成淘宝，供应方就是卖家，广告位就是卖家销售的商品。

有了广告交换平台，广告主只需跟广告交换平台打交道，在平台上自主选择广告位。不过，除了广告主，广告主的广告代理商也是广告交换平台的需求方，甚至广告网络也可能是广告交换平台的需求方。这不难理解，因为广告网络为了丰富自己的"库存"，在自己不具备某一类媒体广告资源时，会在广告交换平台上购买该类媒体广告资源。

竞价不是一个新事物。例如，搜索引擎竞价排名广告的计价方式就是通过竞价来实现的。广告在用户搜索结果中的排名总体上是由广告主愿意出的价格来决定的，如果广告主希望自己的广告有更好的排名，那么广告主需要给出更高的价格。

广告交换平台上的广告被称为实时竞价广告，它与搜索引擎竞价排名广告的区别在于其竞价的出价是实时的。实时竞价还意味着广告无法拥有一个按照排期执行的合约，所以实时竞价广告只能是非合约广告。

这种实时竞价的非合约广告的英文是 real time bidding，简称 RTB。RTB 的原理如下：广告主按照 CPM 或 CPC 竞价模式出价，如果用户来到网站，有一个广告位支持 RTB 广告，就意味着该广告位对用户而言是空白的，其位置上不会展示任何广告。

但是广告主通过某种方法获得了用户的数据，A 广告主发现用户符合他的目标受众的定义，B 广告主也看到了用户，也认为用户是他的目标受众。A 广告主和 B 广告主都想在这个广告位上对该用户展示各自的广告，于是 A 广告主和 B 广告主需要展开竞价：假设 A 广告主出价 CPM = 2.6 元，B 广告主出价 CPN = 2.75 元，从理论上来说，B 广告主赢得了竞价。然而在 CPC 竞价模式中，出价高者不一定能赢得竞价，因为这种竞价模式下还有一些其他因素会影响广告的展示，如广告质量，但 CPM 竞价模式中一般不考虑广告质量，就是价高者得。

如果 B 广告主赢得了这个展示机会，那么他的广告将会马上出现在广告位上，用户就可以看到 B 广告主的广告了。但这个竞价过程不能太久，否则用户只会看到一片空白，所以 RTB 技术协议规定竞价过程不能高于 100 毫秒。在这么短的时间中，RTB 要完成了解用户的喜好、竞价、竞得、广告上线等一系列过程。

要在这么短的时间内完成这些操作，必须通过大量计算机程序的相互配合，所以 RTB 广告是典型的程序化广告。

虽然 A 广告主失去了这次展示广告的机会，但是他还有再次竞价的机会，而且广告交换平台也不会因此向 A 广告主收费。在 RTB 机制下，广告主可以合理分配自己的预算，也能够根据受众的数据来确定是否将广告投放给某个用户，而且在投放广告之后可以根据效果的好坏和竞争情况随时调整自己的出价，广告的选择和投放都是可控的。

RTB 离不开广告交换平台，广告交换平台是一个交易所，而广告网络是中间商。广告网络通过直接销售广告位来获取利润，尽管广告交换平台销售的也是广告位，但是广告主不需要像在广告网络上一样购买这个广告位并按 CPT 方式付费，广告主在广告交换平台上购买的是广告位上的展示机会，而这个机会只有在目标受众出现时才需要去争取。因此，从这个意义上来讲，广告主购买的并不是广告位，而是目标受众。

因此，RTB 突破了只能按照广告位计算价格的传统广告方式，而让广告第一次从广告位转变为目标受众，这个巨大的变革对广告主而言堪比射箭进化为导弹技术。

RTB 看似完美，但凡事都有两面性。功能强大的广告交换平台是一个专业的、实时的、程序化的交易所，但并不是每个广告主都是专业的广告经纪人。RTB 看似很有意思，但实际操作起来技术复杂、界面烦琐，而且如何出价也是个大学问。更何况还有多个广告交换平台，各个广告交换平台中的广告位储量都是天文数字。

RTB 是一类重要的程序化广告，也是其他数据驱动的程序化广告的"始祖"。几乎所有的数据驱动的广告都是非合约广告，而随着数字广告技术的发展，有些合约广告也能被程序化。虽然大部分合约广告仍然不能程序化，但部分合约广告现在已经或正在被程序化。

程序化广告，无论它是不是合约广告，都具有共同的重要特点。

1. 程序化广告都是动态广告

所谓动态广告，是指广告内容并非事先固定上传，而是在受众终端的广告位加载时，于 100 毫秒甚至更短时间内即时生成的。

动态广告的实现，源于一种被称为 Ad Serving 的广告技术。该技术是指将储存数字广告的内容存放在一个专门的广告内容服务器上，而不是将广告内容提前上传到广告位。在广告获得请求时，将广告内容从服务器上实时调用出来，并展示在广告位上的相关技术和解决方案。广告技术一般不是由广告主自己提供的，也不是由媒体提供的，更多是由第三方服务机构提供的。

2. 程序化广告都需要受众的实时数据

受众的数据，特别是个体级颗粒度的数据在非合约广告上的投放非常关键。否则无论是 DSP、广告主还是广告技术服务商，都无法判断是否该对这个受众投放广告，或者是否修改参与竞价。

在现实中，并不可能在所有的时候都能获得个体级颗粒度的数据，那么退而求其次，人群包也能有效地被应用在程序化广告的投放上。

为程序化广告提供数据不可能由人工进行，而是需要一个技术性的解决方案，这就是下一节中介绍的数据管理平台。

3. 程序化广告一般不支持 CPD 或 CPT 方式

程序化广告几乎支持所有按量计费的方式，包括 CPM、CPC、按用户行为计费（cost per action，CPA）、按销售量计费（cost per sales，CPS）方式，但不包括 CPD 和 CPT 方式。原因是按照时间付费的广告，必须约定广告位，而广告位一旦固定，时间也就固定了，广告主就无法选择受众。

当然，有一种情形除外，那就是不选择受众，而是根据不同的受众，广告主提供不同的素材。例如，在相同的广告位上，对女士提供美妆品广告、对男士提供剃须水广告、对老人提供养生产品广告等。这仍然属于程序化广告，也是唯一支持 CPD 或 CPT 方式的程序化广告，但这样的程序化广告对广告主有较高的要求。

这三个特点是程序化广告最重要的特点，但并不是所有的程序化广告都需要竞价，优先交易方式（PD）就是一种不需要竞价的程序化广告。

在程序化合约广告方式下，广告位资源是在广告投放前就锁定的，但在优先交易方式下，广告位资源具有不确定性的特点。这种不确定性并不是指广告位不能被锁定，也不是指广告价格不能预先谈好，而是指这个广告位上的曝光量不能预先保证。

优先交易方式是 RTB 伴生的一种广告投放方式，因为有些广告主不想进行竞价，但又想尝试 RTB 投放方式，而另外一些媒体也乐意把他们用于 RTB 的广告资源中的部分广告位优先让广告主选择。

5.1.3 数字广告的数据管理平台

在介绍了名目繁多的广告投放场景和方式后，可以得出一个不容置疑的道理——数据贯穿所有的投放场景和方式，是这些广告得以正常运作的必要条件。而要想使这些数据发挥作用，就必须通过一个数据应用系统，即数据管理平台（data management platform，DMP）。

DMP 的定义并不复杂，它的本质就是一个有输入、输出接口的数据库，核心思想是记录。

DMP 的名字有些大，从字面上来理解，它是管理数据的工具，但 DMP 其实隐藏了它的定语，这个定语就是数字化营销，即数字化营销 DMP。在数字化营销领域中，广告投放和互联网营销的相关理论上都是 DMP 所涉及的范围。只要是程序化的广告，就一定都需要 DMP 的支持。

因此，DMP 具有几个核心特征。

①它能够收集不同营销触点上的数据，如果遇到不能收集数据的营销触点，那么它也能够整合第三方提供的数据。

②它能够通过这些数据建立不同的消费者的特征，即建立消费者属性标签。

③它能够依据不同的消费者属性标签及消费者触点上的数据，将具有同样特征或数据的消费者筛选出来，并组合成特定人群。

④它能够分析特定人群的触点数据和属性数据，进而判断已经执行的营销决策是否合理，或者为即将执行的营销提供策略支持。

⑤它能够将它生成的特定细分人群及相关数据输出给营销执行机构（如媒体、广告投放技术服务商、广告动态创意服务商等），实现相关人群营销触达（如广告投放）。

以上就是标准意义上的 DMP 的含义。简单而言，DMP 就是一个围绕人的数据的系统：收集数据——整合数据——打标签——将人群细分为群组——输出为策略（或输出为人群包）——程序化广告投放应用。

DMP 的主体部分是一个巨型的数据仓库，而这个仓库中的数据，由于要应用在程序化广告投放上，因此它所包含的数据就是消费者的 ID 及其对应的兴趣数据消费者的数据其实浩如烟海，显然不是广告主的第一方数据能够覆盖的，因此 DMP 中数据的主要是公域数据，并且主要应用于营销前端，因此它也主要是前端数据。

但 DMP 不能只是一个数据库，它还必须有数据输出的接口，无论是 API 方式的接口，还是系统对系统直接对接的接口。

DMP 还要具有运算功能。运算什么呢？消费者属性标签。DMP 的消费者属性标签是通过它收集到的消费者的数据主动运算生成的，除了要做给消费者打属性标签的运算，还需要做另外一种运算——人群放大（look-alike）。

DMP 还必须有一个用户操作界面，该界面的主要作用是让数字化营销从业者能够对人群数据进行操作，而最主要的操作是根据标签选择广告想要定向的目标受众。

最后，DMP 可能还有一个报表模块，虽然不是所有的 DMP 都有这个模块但很多广告主对此都有需求。报表模块用来统计广告投放之后的效果，其中一个非常重要的效果是广告在投放之后究竟触达到了哪些人、这些人的数据情况如何、这些人的属性标签是否与预期的目标受众的属性标签吻合或相近。

虽然 DMP 是一个数据工具，但从应用角度来看，它的核心功能是选择人群，而选择人群的核心规则是根据消费者属性数据的组合。

DMP 中的消费者属性有多种类型，所以能够支持更多属性的 DMP 更具有灵活性，也能够实现更加细分的人群选择。

除了作为广告投放的数据支持系统，DMP 还可以用来衡量品牌广告的投放效果。这项功能来自 DMP 所包含的人群标签和人群画像数据。

当一次品牌广告投放结束后，广告覆盖人群的画像可以通过 DMP 得出，可以将这个画像与目标人群的画像进行对比，从而判断这次投放覆盖的人群是否有效。

look-alike 是 DMP 中数据应用中的一项重要功能，也是数据驱动的一个极为重要的应用。它的思想来自一个营销理论：那些与已经购买我们商品的人群相近的人群，也很可能会购买我们的商品。

DMP 需要做的是寻找那些跟已经购买商品的人群相似的人群，并说明相似度，而这些被找到的人群数量往往比已经购买商品的人群数量大很多，所以 look-alike 功能在国内被叫作人群放大。

look-alike 的算法一般常见的有四种。

①简单相似性算法。这类算法是指直接找具有相同标签或者具有多个相同标签的人群。其缺点是很难实现大规模的计算，只适用于小规模、少属性的数据。

②基于逻辑回归的相似性算法。这类算法在面对大规模 DMP 时也适用，计算速度快，但准确度相对较低。

③聚类相似度算法。这类算法的核心思想是找到消费者属性在特征空间中距离更近的一群人。这类算法需要预设的聚类数据量较大、覆盖面大且质量较高，同其他算法相比，这类算法的可读性较好但准确度偏低。

④机器学习算法。机器学习算法通过构建复杂的模型来学习用户特征之间的关系，从而预测与目标人群相似的潜在用户。例如约束图 look-alike 算法，通过构建用户之间的关联图，能够更精准地捕捉用户之间的复杂关系。

成熟的 DMP 背后的 look-alike 算法一定是这些算法的迭代应用，先用简单的算法圈定比较相似的人群，再用复杂算法做更为细致的人群属性比较。

5.1.4　实时应用程序广告

实时应用程序广告（real time API，RTA）是一种中国本土的广告方式。

RTA 广告是为了解决广告主想用自己的数据进行投放，但又不愿意将自己的数据传送给媒体这一矛盾而诞生的。

当媒体探测到某个消费者的数据符合某个广告主的定向条件时，媒体就会在广告主竞价之前将这个消费者的 ID 通过 API 传递给广告主，广告主会将这个消费者的 ID 与自己的 DMP 中的数据匹配，作出是否参与竞价的决定，并把这个决定通过 API 反馈给媒体。

不仅是竞价广告，非竞价广告也可以采用 RTA 广告方式，只不过在非竞价广告的模式下，广告主反馈的不是是否参与竞价的决定，而是是否要向这个消费者展示广告的决定。无论是否需要竞价，RTA 广告必须在 100 毫秒以内完成。

RTA 广告方式需要广告主能够在预竞价阶段快速判断这个消费者是不是自己需要的。广告主不仅要有一个装满了受众数据的 DMP，还需要具备快速检索和反馈的能力。可以看出，RTA 广告方式对广告主有很高的要求，具体要求如下。

①广告主要有大量的日活跃用户（daily active user，DAU）。如果 DAU 很少，就意味着媒体传递给广告主的消费者 ID 能与广告主建立的 DMP 中的 ID 匹配概率很低。广告投放需要规模，如果只能匹配很少的用户，广告投放就失去了意义。如果 DAU 少，即使用户绝对数量大也无济于事，因为除了 ID 的数量，广告主还需要有足够的用户活

跃行为来圈定不同用户构成的细分人群。

②广告主要有很强的数据能力。例如，广告主要有能记录用户行为和细分用户人群的 CDP 或者 DMP。此外，广告主还要能够与媒体做 RTA 的对接和相关设置。

③投放量要大且持续。如果只是小规模投放广告，并且投放频率很低，那么采用 RTA 广告方式的效果还不如更简单地上传数据做 look-alike 的投放。

因此，并不是所有广告主都适合采用 RTA 广告方式。

对品牌广告主来说，如果建立了自己的 CDP，并且能够实时收集自有触点上的用户 ID 和行为数据，就拥有了能够与媒体对接实现 RTA 广告投放的技术可行性。但是，即使品牌广告主建立了 CDP，其数据的体量与 RTA 广告投放的需求相比可能依旧差距极大。

对另一些广告主而言，RTA 广告方式就很适合它们。比如，携程就很适合采用 RTA 广告方式。携程的 DAU 大，数据处理能力强，广告投放既频繁又极具规模。RTA 广告方式实现了利用广告主的数据更精准地选人，能进一步减少浪费，提高目标人群的精准度，从而取得更好的投放效果。

5.1.5　个人信息保护

数据驱动在数字化营销与推广中的作用十分重要，与此同时，数据隐私被侵犯也成为公众最关切的问题之一。当你经常收到大量骚扰电话和垃圾短信的时候，你很难不愤怒，到底是谁窃走了我的隐私数据？

这种愤怒的情绪可能会蔓延，并且扩展到对所有营销行为的质疑上，尤其是针对互联网上的精准营销行为。

可是，群体的情绪和事实的真相往往有较大的差异。本节会介绍在数据驱动的营销中，个人信息保护的红线、合规及存在的潜在问题。

个人信息的保护主要集中在两点：第一，什么是个人信息，什么不是个人信息；第二，怎么使用个人信息才不会侵犯个人信息权利。

2012 年发布的《全国人大常委会关于加强网络信息保护的决定》第一条规定："任何组织和个人不得窃取或者以其他非法方式获取公民个人电子信息，不得出售或者非法向他人提供公民个人电子信息。"

2015 年通过的《中华人民共和国刑法修正案(九)》明确提出，在履行职责或者提供服务过程中获得的公民信息出售或者提供给他人的应当重罚。

2017 年通过的《中华人民共和国民法总则》明确表示个人信息受到法律保护确立了个人信息的独立民事权利地位。

还有一些法律规定了侵害个人信息的量刑、适用法律等，这里不一一列出。

虽然法规不少、条款繁多，但总结起来还是个人信息和处置个人信息这两个方面。

对于个人信息具体指什么，不同的法律条款的表述相近但不完全一样，目前关于什么是个人信息，仍然存在解释空间和争议。

中华人民共和国工业和信息化部在 2011 年年末发布的《规范互联网信息服务市场秩序若干规定》明确将"可识别性"作为个人信息认定的核心规则，并规定除了法律、行政法规等另行规定，收集、使用、提供个人信息必须征得个人同意。这是第一次明确对个人信息进行定义，并且与目前大家常用的定义非常类似。

中华人民共和国最高人民法院、中华人民共和国最高人民检察院、中华人民共和国公安部在 2013 年联合发布的《关于依法惩处侵害公民个人信息犯罪活动的通知》中明确公民个人信息包括能够识别公民个人身份和涉及公民个人隐私的信息、数据资料。同样强调了"能够识别"四个字。

同样是在 2013 年，由中华人民共和国工业和信息化部发布的《电信和互联网用户个人信息保护规定》规定个人信息包括用户识别信息和用户使用服务时间、地点等信息。与前面的法规相比，该法规增加了用户使用服务的时间和地点等信息说明这些信息同样是暴露个人隐私的敏感信息。

2016 年通过的《中华人民共和国网络安全法》（自 2017 年 6 月 1 日起施行）规定个人信息是指"以电子或者其他方式记录的能够单独或者与其他信息结合识别自然人个人身份的各种信息"。这个定义进一步明确了一种情况，即单一信息虽然不能识别个人身份，但是可以由多个类型的信息结合起来实现个人身份识别的，同样属于个人信息。

自 2020 年 10 月 1 日开始实施的《信息安全技术个人信息安全规范》对个人信息也有定义，这个安全规范实际上是国家标准，而不是一般意义上的法律。但是一个已经生效的国家标准，是各个企业都应遵守的。但也请注意，由于国家标准不是法律，因此不遵守这个标准并非违法，更不意味着犯罪。《信息安全技术个人信息安全规范》对个人信息有较详细的定义，即以电子或者其他方式记录的能够单独或者与其他信息结合识别特定自然人身份或者反映特定自然人活动情况的各种信息，包括姓名、出生日期、身份证号码、个人生物识别信息、住址、联系方式、通信记录和内容、账号密码、财产信息、征信信息、行踪轨迹、住宿信息、健康生理信息、交易信息等。

2021 年 11 月 1 日开始施行的《中华人民共和国个人信息保护法》规定，个人信息是指以电子或者其他方式记录的能够单独或者与其他信息结合识别自然人个人身份的各种信息，包括但不限于自然人的姓名、出生日期、身份证号码、个人生物识别信息住址、电话号码等。

这些法律对个人信息的定义具有一致性，即可识别到个人的信息，无论是单独出现的，还是信息集合，只要能够识别到这个人，都属于个人信息。例如，电话号码、身份证号码、电子邮箱、姓名、住址这些信息毫无疑问是个人信息。而武汉大学信息管理学院 2019 级的来自四川成都的身高 1.82 米的男同学，同样也是个人信息，因为这个信息是一个集合，同样能够定位到这个个体。

指纹、面容、DNA 信息等生物识别信息也属于个人信息，而且属于必须高度保护的个人隐私信息。这一类需要高度保护的个人隐私信息在《信息安全技术个人信息安全规范》中被称为个人敏感信息，《信息安全技术个人信息安全规范》对个人敏感信息也做了详细说明。

个人信息有两个很重要的特征，识别性和关联性。能够直接识别出具体个人的，属于个人信息；不能直接识别，但是由具体的个人在其活动中产生的信息（如个人位置信息、个人通话记录、个人浏览记录等）能和这个个人关联起来的，也是个人信息。

人群画像因为无法具体到个人，所以不再属于个人信息。但是，具体到一个电话号码的个人画像毫无疑问是个人信息。

但是，一个很重要的问题是，我们在数据驱动中必须用到或者常常会用到的国际移动设备识别码（international mobile equipment identity，IMEI）、广告客户识别码（identifier for advertising，IDFA）、媒体访问控制地址（media access control address，MAC）地址等，是否属于个人信息？

除了《信息安全技术个人信息安全规范》，其他的国家法规并没有给出清晰的定义。这部分信息是否属于个人信息，并没有定论。但从谨慎的角度来讲，把这部分信息当作个人信息比较保险。

那么，在实际情况中，有几个特别在意的 ID 大家是如何被处理的呢？

①第一个 ID 是 IMEI。目前，比较可信的趋势是它会成为被保护的个人信息，Andriod 端 App 采集 IMEI 很普遍，未来这种方法可能不再可行。目前行业在推出类似于苹果的 IDFA 这样的操作系统级别的虚拟 ID，Andriod 机上称为 OAID。这或许是一种解决这个问题的方法。

②第二个 ID 是 iOS 上的 IDFA。IDFA 本质上是操作系统级别的虚拟 ID，但不排除有些国家也认为它是个人信息。目前，还没有它是否属于个人信息的法律答案。当然，随着苹果 iOS 操作系统升级到 14.0 版本以上，苹果手机上的 IDFA 已经不太具备实用价值，这个问题的答案也不太重要了。

③第三个 ID 是 cookie。cookie 是否属于个人信息？目前法律对于 cookie 是否属于个人信息没有明确答案。cookie 本身很容易被删除、更新或者禁用，似乎不如 IMEI 之类的硬件标志敏感，但其确实具备关联性特征。

任何经营活动都难免涉及个人信息，哪怕是开一个小商店，在消费者付款时也会记录消费者的付款账号和手机号。所以国家也并不禁止使用个人信息，而且要求对个人信息的使用要符合国家法规的要求。

合规有多个需要注意的要点，其中最为核心的一点就是明示告知，并得到消费者的同意。

得到消费者的同意是使用个人信息的起点，消费者的同意包含三个类型：默认同意、明示同意和授权同意。根据《信息安全技术个人信息安全规范》，我国认可明示同意，对授权同意较为不认可，对默认同意完全不认可。

默认同意是指服务的提供方与消费者有一个服务协议，但不需要消费者看到，也不需要消费者选择同意或者不同意。基于这个默认同意协议，只要你使用了这个服务，你就等同于默认同意将你的个人信息提供给服务的提供方。国家相关法规已经不认可这种授权方式。

明示同意应确保个人信息主体是在其完全知情的基础上自愿地、具体地、清晰明确地同意提供个人信息。一旦获得了明示同意，在协议范围内使用个人信息就是合法的。App 一般以一个明显的弹窗来提示个人信息的收集和使用，要求消费者选择"同意"或"拒绝"，有些 App 允许消费者部分同意。

在很多不便于获取明示同意的场景中，消费者通过授权给数据收集方收集和使用个人信息数据的权利。例如，在一个电话号码表单上，消费者主动留下了自己的电话号码，并且进行了提交。这个主动提交的动作相当于授权给数据收集方收集和使用电话号码。授权同意具有很大的争议，目前并无定论是否合法合规，但从总体趋势来看，授权同意已经不太被认可为有效的消费者同意。

5.2　传统广告公司的数字化转型

5.2.1　互联网企业的数字广告模式

大数据技术的发展成熟及其与新媒体的深度结合，推动了国内传统广告产业的颠覆性变革——越来越多的广告主和品牌将广告营销的"主战场"转移到新媒体平台上，使数字广告呈现爆炸式增长态势，从而加快推动传统广告业的数字化转型、升级，大大提高了我国广告产业的国际竞争力。对此，互联网巨头、传统营销集团和专业数字广告公司均不断参与进来，依托各自优势深耕布局数字广告业务，并大致形成了三种数字广告运作模式与发展战略。

数字广告公司的核心竞争力主要包括三个方面：大数据资源、技术资源和广告创意能力。在这方面，依托大型互联网企业的数字广告公司具有天然优势，其可以分享互联网企业的资金、技术、大数据等各种资源优势，同时互联网企业聚合起的海量客户资源使其本身就是一个有效的广告分发媒体平台，可以为数字广告公司带来众多目标受众。

具体来看，依托大型互联网企业的数字广告发展模式主要包括三种。

1. 大型互联网企业自建的数字广告公司

大型互联网企业聚合积累了海量的用户资源，因此，从营销角度看其也是一个优质媒体平台。大数据时代，互联网企业自建数字广告公司，不仅可以充分挖掘发挥自身的广告媒介平台优势，拓展企业营收渠道；还能够依托在用户大数据资源和技术方面的优势，实现精准广告投放，提高广告营销效果，从而获得广告主青睐。

较为典型的是互联网巨头谷歌，作为全球最大的搜索引擎平台，其利用自身的大数据资源和技术优势积极打造联盟广告平台，成为世界最大的在线广告服务公司，联盟广告平台收入在谷歌的总收入中的占比接近 50%。

再比如，阿里集团旗下的"阿里妈妈"线上营销平台，依托阿里集团强大的用户资源、大数据资源、技术资源等，帮助广告客户实现目标受众精准画像，优化广告营销方案，通过搜索营销、展示营销、佣金推广、实时竞价等多种方式完成广告精准投放，提高广告营销效率与效果，并帮助客户构建多元化的流量变现模式，从而获取更多商业价值。

2. 大型互联网企业并购的数字广告公司

除了自建数字广告公司外，大型互联网企业也可以通过并购的方式布局数字广告业务。这既有利于快速提升互联网企业的数字广告营销能力，也有利于数字广告公司通过分享互联网企业的大数据资源与技术提升自身专业能力。

1）快速提高互联网企业的数字广告营销能力

比如，2014 年 12 月，凤凰传媒旗下的凤凰数媒子公司计划投资 3.465 亿元收购上海数字传漾广告有限公司 66%的股权。后者是一家"大数据平台+乙方代理"模式的精准互联网营销公司，拥有互联网精准营销、技术服务、程序化广告交易平台三大业务板块，能够帮助凤凰传媒快速提升数字广告营销能力，助力其数字出版产业和互联网广告业务的跨越式成长。

2）依托双方优势互补合作搭建大数据营销平台

比如，2015 年 1 月，阿里集团宣布将通过战略投资的方式控股易传媒（AdChina），后者将与阿里旗下的另一全网营销平台阿里妈妈共同推动数字营销程序化的发展与普及。

作为国内领先的整合数字广告平台，易传媒在互联网广告技术、用户数据解决方案、受众管理系统等技术产品方面具有行业领先优势；而作为国内互联网巨头的阿里巴巴，则在大数据、云计算、用户资源等方面具有优势。二者通过数据打通和优势互补，可以搭建一个端到端的数字广告技术和大数据营销基础设施平台，从而向广告主、品牌和第三方机构提供更好的数字广告营销服务，增强客户的流量变现能力，获取更多商业价值。

3．大型互联网企业之间构建的战略联盟

大型互联网企业以战略合作的方式共同布局数字广告业务，有助于打破"信息孤岛"，实现双方大数据资源的互联共享，进而依托跨屏幕、跨平台、跨网的大数据分析技术，从人口属性、兴趣爱好、消费行为等多个维度对用户进行族群划分和细分定位，实现更精准的目标受众画像，大幅提升数字广告营销的精准性和转化率。

比如，2014 年 10 月，阿里集团与视频播放网站优酷土豆集团达成全面战略合作关系，打通双方大数据，实现优势互补，共同推动国内广告营销的数字化转型升级。为此，优酷土豆与阿里旗下的阿里妈妈在线营销平台依托强大的大数据技术优势，分别推出了精准营销服务方案"星战计划"和开放数据管理平台"达摩盘"。

5.2.2　自建型、并购型与独立性

1．自建型

大数据时代，媒介环境、传播结构、广告技术、受众需求等的巨大变化颠覆重塑了传统的广告运作模式——从购买媒体平台的广告位和流量转向购买受众、从侧重"广而告之"的大众传播变为追求"准而告之"的精准传播、对广告传播效果的评估也从模糊化走向可视化、数据化和实时化。

随着数字广告越发展现出强劲的生命力和价值想象空间，其在广告主营销传播预算中的占比越来越大，从而推动了传统大型营销集团进行数字化转型，不断深耕数字广告业务，提升数字广告营销代理能力。

依托丰富的广告营销传播经验，大型营销传播集团主要通过自建或并购专业数字广告公司的方式布局数字广告业务。

大数据时代，随着广告主将越来越多的预算投入到数字媒体平台中，传统营销传播

集团必须充分认识到数字广告产业发展的必然趋势，积极组建自己的数字广告公司，以不断提升自身的数字营销代理服务能力，实现数字化转型升级。自建数字广告公司包括两种方式。

（1）在集团内部成立专门的数字营销部门或数字广告公司，积极培育、招聘数字广告营销人才，为广告主提供优质的数字营销代理服务。

比如，广东省广告股份有限公司早在 2008 年就成立了网络营销互动局，围绕网络媒体采购这一核心业务，不断提升自身在数字广告策划、创意、技术等方面的服务水平。2012 年 6 月，又投资组建了全资子公司广东赛铂互动传媒广告有限公司，全面加速集团在数字广告产业领域的步伐。

（2）传统营销传播集团进行全方位变革重塑，彻底转型为数字广告公司。对传统营销集团来说，数字营销是一种完全有别于传统广告营销的新思维、新模式、新领域，也是大数据时代广告业发展的必然趋势。因此，传统营销传播集团必须变革传统的广告思维与运作模式，积极进行网络化、数字化转型，推动广告策划创意与新技术、新市场的有机融合，从而有力应对大数据时代的新媒体冲击，增强自身竞争力。

比如，作为中国本土公共关系领域的知名品牌，蓝色光标传播集团在 2013 年 10 月就开始加快向数字广告与整合营销服务全面转型，将旗下的蓝色光标公共关系机构改为"蓝标数字"（蓝色光标数字营销机构）。

依托蓝色光标传播集团的资源与技术优势，"蓝标数字"通过打造业务发展系统、客户服务系统、数字解决方案系统、资源合作系统四大业务板块，为广告主和企业客户提供了优质的一站式数字广告营销服务解决方案。

2. 并购型

随着我国广告市场逐渐进入以资本并购与联合为主要特征的产业扩张阶段，传统广告市场格局将在数字广告的冲击下被颠覆重构。从国际广告市场竞争的角度来看，数字广告产业的迅猛发展弱化甚至消解了国内广告公司与国际广告公司之间的差距，将两者拉到同一位置。大数据时代，谁能首先实现数字化转型升级，建立数字广告营销核心优势与竞争力，谁就能在未来的广告市场中占据主导地位。

对传统大型营销集团来说，面对不可逆转的数字广告发展大势，除了在内部组建数字广告机构或子公司外，还可以通过外部资本并购与联合等方式积极布局数字广告业务，增强自身的数字营销代理服务能力。近两年，国内广告行业的并购案例多数都发生在数字营销领域，主要包括两种方式。

（1）传统营销传播集团收购数字广告公司少数股份，将自身业务与数字广告业务进行对接，为广告主或企业客户提供数字整合营销服务。

比如，2014 年 12 月，蓝色光标传播集团以收购和增资的方式分别获得北京璧合科技有限公司与北京掌上云景科技公司 25% 和 24% 的股权。北京璧合科技有限公司是一家依托大数据技术提供跨屏程序化广告投放策略和技术解决方案的互联网广告营销技术公司；北京掌上云景科技公司则在移动互联网广告服务方面处于国内领先水平。

此外，蓝色光标集团还通过旗下的全资子公司香港蓝标参与精硕科技（AdMaster）

和晶赞科技（Zamplus）的 C 轮融资，分别获得两家公司 11.69% 和 14.29% 的股权。精硕科技是国内领先的营销大数据解决方案提供商和独立第三方大数据管理平台，专注于大数据挖掘、分析与管理；晶赞科技则是互联网专业数据服务供应商，能够为旅游、汽车、教育、电商等各领域提供专业性的大数据解决方案。

通过对数字广告公司的资本投资，蓝色光标集团实现了传统业务与数字广告业务的有效对接，快速提升数字广告营销服务水平，从而充分满足了新媒体环境下企业客户日益增长的广告程序化购买、移动广告营销、大数据分析与管理等需求。

（2）营销传播集团收购数字广告公司多数股份，将后者转变为自身的控股子公司或全资子公司。比如，2014 年 10 月，广东省广告股份有限公司通过战略收购上海恺达广告公司的方式深化自身的数字广告业务布局。后者是目前国内规模最大的互动整合营销和移动互联网营销平台，能够为广告主和企业客户提供优质的数字整合营销服务。

3. 独立型

除了互联网巨头和大型营销传播集团，独立型的数字广告公司也是数字广告产业的重要参与力量，发展势头越发强劲。与互联网企业和营销传播集团相比，数字广告公司本身就是数字广告产业发展的结果，具有更专业的数字营销代理服务能力和更大的商业价值想象空间，因此，越来越受到国内外资本市场的青睐。

独立型数字广告公司既有众多专业性的数字营销人才，又在专业的程序化广告软件和大数据分析管理等方面具有优势，可以为各个行业、互联网媒体等提供专业性的数字广告营销服务，其发展战略主要包括两种路径。

1）通过融资方式增强规模实力

数字广告公司的发展需要专业人才、专业广告软件、大数据分析管理工具等的研发培育，而这些显然离不开大量资金的有力支撑。因此，数字广告公司以融资方式进行规模扩张主要出于以下两个目的。

（1）吸引风投资本，为公司吸引专业数字营销人才、研发专业数字广告软件和大数据分析管理工具提供充足的资金支持。比如，亚洲领先的大数据广告公司威朋（Vpon）在 2014 年 7 月的 B 轮融资中，获得了诸多顶尖金融巨头和亚洲知名资本千万美元的投资。公司将通过这些资金扩大研发规模，探索大数据在移动广告中的应用，加快移动数据领域布局，提升移动数据分析管理能力，从而为广告主提供更优质的数字广告营销服务。

（2）数字广告公司吸引大型互联网企业或营销传播集团投资，借助后者在客户、平台、大数据、广告策划创意等方面的资源优势实现自身跨越式成长，包括收购少数股份和收购控股两种情况。不过，无论哪种情况都需要保持数字广告公司运营的独立性，如此才能实现优势互补，推动双方数字广告营销服务能力的共同提升。

2）与互联网媒体深度合作

随着广告市场需求的多元化、个性化和受众的族群化和垂直细分，大数据时代下的数字广告公司需要不断提升自身的大数据获取、挖掘、分析、管理与应用能力，精准刻画目标受众画像，帮助广告主和企业客户实现精准广告营销。

对此，数字广告公司应通过与互联网新媒体的深度合作获取更大规模的大数据资源，从而为广告主提供精准受众分析、精准广告投放、精准广告效果评估等更优质的专业服务，不断拓展自身的数字广告业务。

从合作对象的规模来看，数字广告公司与互联网媒体的深度合作主要分为两类。

（1）数字广告公司与大型互联网媒体的深度合作。大型互联网媒体拥有海量用户，在大数据规模和质量方面具有优势，能有效提升数字广告公司的大数据获取、挖掘、分析、管理与应用能力，为广告主提供精准广告营销方案。比如，百度和360的搜索大数据、腾讯和新浪微博的社交大数据、阿里巴巴和京东拥有的电商交易大数据等，都是数字广告公司提升自身服务能力所需的重要大数据资源。

通过与这些大型互联网媒体的深度合作，数字广告公司不仅能获取用户的性别、年龄、职业、收入水平等基本信息，还能了解用户的社交行为、兴趣爱好、消费特点等多维信息，从而实现更精准的目标受众画像，帮助客户提高广告投放的精准性和营销效果。

比如，阿里巴巴控股易传媒、360控股上海聚效广告平台，都是通过融资控股的方式实现数字广告公司与大型互联网媒体的战略合作，从而既加快了大型互联网企业的数字广告业务拓展，也有效提升了数字广告公司的大数据广告营销代理服务水平。

（2）数字广告公司与中小型互联网媒体的深度合作。随着程序化广告购买逐渐成为数字广告市场的主流需求，数字广告公司也必须持续增强自身的程序化广告分析与购买能力。对此，可通过与大量中小型互联网媒体展开深度合作，有效对接中小媒体和数字广告两个长尾市场，进而依托大数据分析，将最合适的广告在最适宜的场景推送给最合适的受众，实现精准广告投放。

比如，国内领先的智能手机广告平台多盟，通过整合优质的智能手机应用和广告资源，并依托大数据分析技术为广告主和应用开发者搭建了一个数字广告服务平台，帮助二者获取更多商业价值。通过与众多App媒体（超过7万个）的深度合作，多盟已成为国内移动数字广告领域的领航者。

大数据时代，新媒体环境既为我国广告产业带来了新的发展机遇，也提出了更高要求和挑战。在数字广告产业蓬勃发展的情况下，大型互联网公司、营销传播集团和独立型的数字广告公司纷纷在数字广告领域深耕拓展，通过融资、并购、联合等多种方式进行优势互补，共同提升数字广告营销服务能力，从而加快推进数字广告产业的成长成熟，增强我国广告行业在未来国际广告市场中的竞争力。

5.3　移动互联网时代的广告传播——移动广告

5.3.1　移动广告受众特征：自主性、精准化和社交化

1. 自主性

近几年，融合了无线网络、新一代通信技术等诸多技术的移动互联网以不可阻挡之势迅速席卷全球，并引发了各个产业的革命。智能手机的快速普及，为人们进入移动互联网奠定了坚实基础，流量从PC端向移动端转移，并催生出了面向各种细分领

域的海量 App 应用产品。在移动互联网引发的巨大变革浪潮面前，广告业同样迎来转型升级期。

在未来，智能手机、平板电脑等移动终端将会成为人们使用互联网的主流工具，移动营销将会成为企业提高产品销量及品牌影响力的核心营销方式。由于用户使用流量偏好的影响，在移动端投放广告将比在传统媒体及传统互联网端上投放广告更具性价比。尤其是广大消费者在移动端所表现出来的参与信息传播过程中的积极性，将会为企业的广告营销带来极大的便利。

对于广告商来说，媒介革新不仅给人类生活及工作带来深远影响，更为关键的是，广告市场也变得更具想象空间。从诸多的移动互联网广告实践案例来看，社交媒体广告、游戏植入广告、LBS 定位签到广告等移动广告已经展现出了巨大的潜在价值，而且目前已经初步建立起了相对完善的产业链。

和传统媒体广告及传统互联网广告相比，移动互联网广告变得更为精准、实现了营销人员和广告受众的实时互动、更容易引发用户的主动传播，而且解决了营销效果难以考核的痛点。

对于广告受众，除了大众普遍认知的目标受众和诉求对象，即产品或服务的潜在消费者之外，部分业内人士还认为，那些通过媒介接触广告信息的群体，也就是广告的媒介受众同样属于广告受众的范畴。而本文分析的重点是在移动互联网时代背景下，广告受众在行为特征、人群属性层面的改变，是否会将广告产品或服务的潜在消费对象作为广告受众进行分析。

世界著名传播学者丹尼斯·麦奎尔指出，引发传播革命的，绝非简单的信息传播方式革新，或者目标群体在不同媒介中停留时间的变化，正如很多科技革命一样，传播革命的直接驱动力是技术突破。而传播革命所引发的广告受众变革，是多种综合因素影响的结果。影响广告受众变革的因素包括生活方式及消费理念的转变、技术及硬件设备推广普及、内容规模的快速增长、宏观政策调整等。

广告受众的广泛参与是互联网广告的典型特征，不仅参与广告内容生产，而且参与广告内容传播。在广告内容生产层面，广告受众的参与催生出了新的广告模式——用户生产广告（user generate advertising，UGA），这种广告能够将用户的原创内容和企业产品及品牌信息融合起来，实现创作者、企业及媒体间的合作共赢。广告受众不再只是被动地信息接受方，而是在广告的生产、传播、消费等一系列环节中拥有了更多的话语权。

移动互联网的崛起，UGA 广告模式得到了进一步发展。在传统互联网时代，用户制作广告内容尤其是视频内容的成本相对较高，从拍摄到上传视频内容有一定滞后性，这些问题在移动互联网时代得到了很好的解决，广告内容生产及传播的成本大幅度降低、信息来源更为多元化，为用户制作优质的广告方案奠定了坚实基础。

在移动互联网媒介环境中，广告受众生产并传播广告的 UGA 广告模式得到了大规模推广普及，尤其是智能手机、平板电脑等移动终端产品更新迭代的周期越来越短，性能越发强大，与视频相关的各种 App 应用层出不穷，为移动互联网媒体不断走向成熟提供了强大推力。

2. 精准化

精准化主要体现在对移动广告受众的细分，以及新受众群体的挖掘。从社会演进的方向来看，生产力及经济发展水平的不断提高，使人们的消费选择更为多元化，生活方式和价值理念也变得更为个性化，在此基础上形成了不同特性的细分群体。

比如，对于智能手机等移动终端产品，人们的选择就出现了明显的差异化，苹果、三星、华为、小米、魅族、vivo 等诸多手机品牌都有自己的忠实粉丝。性别、年龄、职业、收入、受教育程度等诸多因素都可能影响人们的消费选择，从而导致细分群体越来越多。

从网络媒体的发展情况来看，互联网时代和移动互联网时代的受众群体细分也有所不同。以前，我国的网民主要集中在受教育程度、经济发展情况、收入水平较高的发达地区，而如今国内网民则主要集中在受教育程度、经济发展情况及收入水平处于中低水平的地区。互联网基础设施建设的不断完善，以及移动终端的推广普及，使网络媒体成为一种大众消费品。

对大部分人来说，购买计算机并非一件多么难的事情。但和计算机相比，智能手机具有更强的私密性，不同的手机用户可能在品牌选择及消费习惯方面有着明显的差异。广告受众对内容产品的消费更个性化，营销人员需要针对不同的受众群体定制生产内容。

移动互联网终端的技术特性，为企业对广告受众进行精准定位打下了坚实基础。新技术及统计工具的应用，使营销人员通过移动互联网追踪用户行为成为可能。在对目标群体的网络行为进行分析后，可以为之描绘用户画像，从而实现广告内容的定制化生产及传播。这种情况下，营销人员视角下的广告受众将变为一个个小众群体甚至是个体，在确保最终的营销效果的同时，还能改善用户体验。

受众长尾化也是移动互联网广告受众细分的重要体现。各行业的各个细分领域的App 应用层出不穷，使受众长尾化的特征越发凸显。在打破了时间与空间限制的移动互联网时代，长尾市场受到了业界的广泛关注。长尾理论的逻辑在于，当产品的流通空间足够广泛时，那些销量较低或需求较低的小众市场在整合后，其市场份额能够达到或超过少数畅销品所占据的市场份额，使企业切入小众市场同样能够获得较高的利润回报。

挖掘长尾市场商业价值的基础是存在利基市场，而且能够以较低的成本和目标群体对接。具体到移动互联网领域，即受小众市场需求的驱动，以及 App 开发及发行门槛的大幅度降低，促使 App 市场越发长尾化。

比如，在网民低龄化背景下，庞大的儿童市场吸引了越来越多的创业者及企业切入儿童互联网领域。智能手机及平板电脑的推广普及，提高了儿童互联网企业开发App 应用产品的积极性。行业热度的持续增加，又吸引了在资本及技术等方面具有明显领先优势的互联网巨头，包括百度、腾讯、阿里在内的互联网企业，都对儿童互联网市场表现出了极高的兴趣，纷纷推出了婴幼儿教育、儿童游戏、亲子旅游等各种移动互联网产品。

容易冲动消费的女性消费群体向来是企业界关注的重点，随着微信支付、支付宝等移动支付工具的推广普及，再加上二维码技术的应用，为女性用户群体随时随地使用移动终端购物消费提供了极大的便利，针对女性用户群体开发的蘑菇街、美丽说、米奇网及聚美优品等 App 应用也大量涌现。

在生活水平不断提升的背景下，人们的需求也会变得愈发个性化，再加上企业为了实现差异化竞争而不断探索新领域，必然会导致广告受众愈发精细化。而面对这些个性化的细分群体，营销人员需要分析其消费心理、购买力、兴趣爱好等诸多数据，从而实现精准营销。

3. 社交化

受众社交化体现了人们在社交圈内交流互动的同时，也促进了企业广告信息的传播推广。在人们的生活及工作中，社交工具已经成为一个重要组成部分，无论是使用频率，还是使用时长，都处于较高的水平。电商、搜索等各种互联网应用产品都在尝试增加社交模块，从而延长用户停留时间、改善用户体验、通过增值服务获取新的利润来源等。

智能手机等移动终端具备随身携带性、操作便捷性等特征，为社交工具的快速发展提供了有力支持。而掌握了社交传播原理的营销人员，利用人们在社交媒体中的社交及娱乐等方面的需求，使广告信息传播的范围及效果得到了进一步提升。在社交媒体中投放符合目标群体需求的广告，可以使其主动在社交圈内对广告信息进行传播及推广，这是基于人与人之间的信任关系，因此，这种营销方式远比王婆卖瓜式的硬性推广要有效得多。

移动互联网时代的广告受众之所以会具有社交化的特点，主要是由广告受众的人群属性决定的。这些受众群体较为年轻，具有较高的受教育程度，购买力也有所提升，他们愿意在社交圈内向自己的好友推荐优质产品及服务。当广告内容迎合消费者需求，而且具有较强的感染力时，广告受众的人群属性及社交媒体的强大影响力，会促使企业实现精准营销，并提高用户黏性。

箭牌益达极具创意的"酸甜苦辣"系列广告，被营销从业者视为移动互联网广告的经典之作，制作该广告的广告商也获得了"中国最杰出广告宣传作品代理机构"的奖项。"酸甜苦辣"系列广告是用多个不同时期播放的广告片段组成的完整故事，此前，这类广告在公益广告中应用较为普遍，在商业类广告中案例较少。

"酸甜苦辣"系列广告在带动产品销量的同时，更提高了品牌价值。而用户主动在社交媒体的分享传播，无疑是该广告取得成功的重要基础，那些乐于接受新鲜事物的年轻群体对这种极具创意、好玩有趣的广告传播尤为积极。

既有营销价值，又有娱乐价值，这是广告信息能够在社交媒体中广泛传播的关键所在，在"酸甜苦辣"系列广告中，益达的产品及品牌被融入故事中，人们在了解故事、传播故事的同时，不知不觉地被影响消费决策。当然，能策划出这种优质的广告方案，需要营销人员充分发挥自身的创造力，并精准分析用户需求。

5.3.2　广告主体：从单一到多元

媒体是广告的主流载体之一，其发展对广告传播产生了深远影响。而移动互联网的崛起，使媒体发生了颠覆性变革，广告传播也因此步入转型变革期——作为广告主体的广告组织，扮演着制定、实施并调节广告方案的角色，各种类型的广告业务是其主要收入来源。在传统媒体时代，广告公司无疑是广告市场中的主体，由于其具有较高的专业性及营销资源，赢得了企业界的广泛认可，并通过提供广告代理服务而获取了高额的利润回报。

在进入互联网时代后，虽然市场中出现了网络广告营销商，但广告公司并未受到太大冲击，其仍在广告市场中居主导地位。而移动互联网崛起后，这种情况发生了极大的改变，移动营销爆发出了巨大能量，广告公司在移动营销领域丧失了主导权。在广告领域，可以为广告主提供移动广告服务的广告主体包括以下几种。

①传统 4A 广告公司旗下的广告机构，典型代表是电众数码、奥美世纪等。

②以数字营销为核心业务的广告代理商，典型代表是新意互动、华扬联众等。

③同时提供移动广告业务和传统互联网广告业务的网络广告商，典型代表是互动通、易传媒等。

④专业的移动营销公司，典型代表是力美广告、亿动传媒等。

除广告企业，互联网企业同样能够提供移动营销服务，而且由于这些企业在用户数据及媒体平台方面具有绝对领先优势，所以往往能够取得良好的营销效果。除了电商出身的阿里、搜索出身的百度、社交出身的腾讯外，58 同城、今日头条、大众点评等互联网公司在移动营销方面也拥有强大影响力。

我们不难发现，移动营销的主导权已经被互联网企业所控制，与拥有用户数据及平台资源的互联网企业相比，传统广告公司能够依赖的是其多年的从业经验。可以预见的是，随着移动互联网的进一步发展，广告主体将会越发多元化，从而为广告主提供更为丰富多元的选择。

5.3.3　广告信息：从单向到双向

从本质上看，广告属于信息传播的范畴，从消费者的角度来看，广告是其信息来源之一。但由于专业知识、审美观念等因素的存在，导致广告主和消费者之间存在着信息不对称问题。

传统媒体时代，报纸、杂志、电视、广播等媒体呈现的信息相对有限，在格式、时长等方面也存在一定的限制，而且只能从广告商向消费者单向传播，从而使消费者的信息需求不能得到充分的满足，缺乏足够的信息为其制定的消费决策提供有力支持。

进入传统互联网时代后，网络媒体信息呈爆发式增长，而且传播渠道十分多元化，消费者和企业之间能够进行双向传播，打破了广告时长、容量及成本等方面的限制，信息不对称问题得到有效改善。之所以会发生这种转变，主要是由于以下三个方面的因素。

（1）大数据技术的商业化应用，引发了人类社会的颠覆性革新，海量的离散数据被整合起来，为人们的生产生活提供有效指导。事实上，大数据技术作为一种通用技术，其对人们的日常生活、商业及社会都有着深远影响，将会促使信息甚至是价值透明化。在大数据技术提供的强有力支撑下，广告信息能够充分满足用户的个性化需求，并为广告的完全信息传播奠定坚实基础。

（2）作为移动终端接入互联网的核心入口及主流方式，App 应用提升了移动互联网信息的专业性，更加有利于提升用户对信息的专注度。App 通常是针对某一群体的需求而开发，主要是为该群体提供专业内容及服务，其能够充分保证信息的专业性，而且由于它能够满足用户在某一方面的需求，因此对用户有较高的吸引力，更加有利于广告的完全信息传播。

（3）二维码的应用为线上与线下的深度融合提供了有效途径。二维码能够让消费者在线下场景中十分方便地连接互联网，通过诸多媒体平台来获取想要的信息。营销人员能够极大地拓展产品及品牌信息，或者根据用户的个性化需求为其提供定制化内容。从消费者的视角看，使用二维码可以获取信息，或者是得到优惠券等。

也就是说，消费者可以用较低的时间成本获取专业内容，满足自身的信息消费需求，并结合地理位置信息分析产品的性价比，最终制定适合自身的消费决策，这也为广告的完全信息传播提供了广阔的发展空间。

5.3.4　传播媒体：从多屏到跨屏

媒体是广告信息传播的重要载体，在科学技术的快速发展下，各种形式的媒体大量涌现，使广告主能够通过更多的渠道投放营销信息。

传统媒体时代，作为主流传播媒体的报纸、杂志及电视，再加上楼宇广告、电梯广告、公交及地铁站广告等户外媒体，是广告信息的主要传播载体，单向传递、一对多传递是其主要特征，广大民众通过有限的媒体渠道获取同质化信息，而且缺乏选择权。

互联网的出现打破了这种局面，信息传播渠道更为多元化，而且使消费者能够与企业进行互动，有效改善了用户体验。和电视、报纸、杂志相比，计算机对人们的吸引力更强，能让企业有更多的机会向目标群体传播广告信息，而且信息容量与时长也没有限制。

移动互联网的崛起，使得广告信息接收终端突破了时间与空间的限制，在没有计算机的移动场景中，也能通过随身携带的智能手机、平板电脑等移动终端接收广告信息，并实时提供反馈建议。企业与消费者之间的实时沟通交流，使双方更容易建立信任感，对营销推广产生十分积极的影响。

话语权得到有效提升的消费者会根据自身的需求选择合适的媒体，便捷、易操作的移动终端在吸引用户关注方面具有明显领先优势。所以，广告媒体需要从传统媒体时代的多屏传播，转变为利用各种应用 App 的跨屏传播。

移动阅读、移动视频、移动杂志等 App 应用是将传统媒体和移动互联网跨屏融合的产物；移动搜索、移动电商、移动网站等 App 应用则是将传统互联网和移动互联网跨屏融合的产物等。这些应用产品专注于自身所在的领域，根据用户的个性化需求为其提供专业而完善的服务，并与用户进行交流互动，不断提高用户活跃度及黏性，从而吸引更多的广告主投放广告。

媒体之间的跨屏融合也能释放出巨大的价值。比如，通过户外广告电子屏为用户随身携带的智能手机提供二维码，用户扫描二维码后可以获得促销打折信息、领取代金券等。此时，户外广告电子屏就与智能手机屏形成了良好的联动效果，有效地扩大了户外广告媒体的覆盖范围及传播精准度，对广告信息的传播具有十分积极的影响。

5.3.5 受众群体：从小众到精众

借助媒体来获取广告信息的群体既是广告对象，也是广告信息的受众。在传统媒体环境中，广告对象是大众群体，企业只需在垄断性的报纸、杂志、电视等传统媒体上投放广告就可以实现大范围的传播推广，那是由于当时的信息获取渠道太过单一，所以，在这些传统媒体上投放广告往往可以取得良好效果。而随着人们个性化需求的不断提升，媒体市场也出现了面向小众群体的专业杂志、专业频道等。

在进入传统互联网时代后，信息传播渠道垄断被打破，人们可以自由地获取自己感兴趣的信息，从而使媒体进一步细分，面向细分群体的小众传播逐渐成为主流。在这种背景下，企业在投放广告时，更容易找到目标群体，在降低营销成本的同时，也有效提升了营销效果。

在进入移动互联网时代后，智能手机开始成为人们生活及工作的重要组成部分，而且它具有较强的私密性，传统互联网时代的计算机可能同时被多个人使用，但手机却是专属的，用户具有绝对控制权。与此同时，消费升级驱动使人们的个性化需求集中爆发，所以，移动互联网时代的广告对象从小众转变为个体。

为每个用户定制广告信息，在掌握目标群体整体特征的同时，又要关注个体的差异性。通过移动定位服务系统、移动互联网、传感技术、大数据、云计算等技术手段，可以获取用户的实时状态信息，并结合智能手机为其推送定制内容来满足其动态需求，当然，获取并应用这些用户数据必须确保是在不会泄露用户隐私数据的基础上的。

广告对象从大众到小众再到个体，是媒体变革与消费需求变化下的必然选择。在个体需求被愈发重视的局面下，App 应用开发进入快速增长期，围绕人们的个性化长尾需求，开发相应的 App 来满足其需求，各行业的细分市场得到了进一步拓展，给创业者及企业带来了前所未有的重大发展机遇。

当个体成为广告对象后，企业的广告营销变得更为精准、高效，能够通过为用户定制内容（需要强大的智能算法提供支持）来影响其消费决策，使企业和消费者建立更为密切的连接关系，为消费者提供优质的产品及服务。

5.3.6 广告效果：从精准到匹配

广告对产品销量、品牌知名度等方面产生的影响就是广告效果，是广告目标完成度的直接体现。影响广告传播的因素十分复杂，从而给广告效果的预测及评估带来了一系列挑战。传统媒体时代，广告信息传播是一种单向线性传播方式，广告在广告对象中的到达率及接触率是考核广告效果的核心指标。比如，报纸广告通常采用发行量及阅读率来考核；电视广告则主要通过毛评点、收视率来考核等。

在进入传统互联网时代后，得益于互联网的双向传播的特征，消费者在接受广告信息的同时，还可以对广告信息进行评论、分享等，并且会在网站后台留下痕迹，从而为广告效果考核带来了极大的便利，企业可以了解自己投放的广告是否会对目标群体产生影响。

对广告主来说，最为理想的状态是在合适的时间将合适的广告内容推送给合适的广告对象。要想达到这种效果，需要根据网络中的用户数据分析目标群体的个性化需求，并快速高效地生产出其感兴趣的内容。从诸多的实践案例来看，在传统互联网时代，这并不具备落地基础。

进入移动互联网时代后，互联网企业尤其是平台型企业掌握了海量的用户数据，并且基于大数据、云计算、人工智能等技术水平打造出了强大的信息系统，从而能够对目标群体进行"一对一"地营销推广。与此同时，互联网企业可以通过为消费者创造特定的内容消费场景，来精准发掘用户的个性化需求，并通过 App 应用来推送满足用户需要的个性化内容，这将有效提升营销精准度。

通过掌握用户位置、行为，并结合时间、天气等因素，可以分析用户当前的精神状态，预测其对广告内容的接受度，从而决定是否推送广告及推送什么形式的广告，这能够有效改善用户体验。

比如，发现用户在购物中心搜索服装时，门店营销人员要及时为其推送位置信息、代金券等；用户搜索美食街附近的停车位时，在为用户提供停车位信息的同时，还可以提供各餐厅的桌位信息、美食信息等。对消费者来说，他们希望能够以较低的时间成本购买到真正适合自己的产品及服务，营销人员能否充分满足这种需求，就成为广告能否达到预期效果的核心所在。

5.4　移动广告主要类型（Ⅰ）——HTML5 广告

5.4.1　HTML5 广告的概念、内涵和特性

万维网对 HTML5 的定义是：HTML5 是 HTML 版本诞生十年来，移动互联网开发标准的一次巨大的飞跃，是万维网与 WHATEG 联合开发的结果，将成为 HTML、HTMLDOM、XHTML 的新标准，不仅能用来对移动互联网内容进行展示，还能引领移动互联网进入一个成熟的应用平台，在这个应用平台上，视频、音频、动画、图片与电脑的交互都能实现标准化。

HTML 的全称是 hyper text markup language，意思是"超级文本标记语言"，是一种在互联网的基础上形成的网页编程语言，诞生于 1994 年，发展到现在已经成了网页编程的行为规范。HTML5 有诸多特性，如本地存储、网络多媒体、设备兼容、三维图形与特效、层叠样式表三级（cascading style sheets level3，CSS3）、性能与集成等，具有以下优点。

1. 公开的网络标准

HTML5 是几百家公司联合开发的结果，是一项公开的技术，这些公司的每一个公开的标准平台都可以访问万维网数据库，从中寻找资源，同时，万维网也可以通过 HTML5 在每个平台上实现。

2. 多设备跨平台

多设备跨平台指的是以 HTML5 的设备兼容性为依据，使各大互联网公司旗下的设备能实现有机结合。简而言之，使用 HTML5 制作的网页版的 App 既可以在微信上打开，也可以在微博上打开，还可以在脸书上打开，甚至还可以通过封装技术发送到应用商店或谷歌游戏中去，因此，HTML5 备受人们追捧。

3. 自适应网页设计

在制作网页的过程中，如果制作人按照一定的尺寸制作图片，或许通过 21 寸的电脑显示出来的内容比例与排版恰到好处，但通过 14 寸电脑很有可能只能显示网页的中间部分，网页四周的很多内容都无法显示出来，并且排版会显得过大，视觉效果不佳。但通过自适应网页设计，这些问题都能得以解决。

那么什么是自适应网页设计呢？简单来说，自适应网页设计指的就是以智能手机、平板电脑的尺寸为依据对网页大小按比例进行调整，自动适应不同版本、不同尺寸的智能手机与平板电脑，让其在不同媒介上呈现出同样的内容，只是尺寸大小不同而已，让屏幕效果达到最佳。

4. 即时更新

在 App、浏览器使用的过程中用户经常会遇到版本更新问题，版本更新意味着要重新下载、安装，非常耗费时间。而使用 HTML5 制作的网页版 App 能实现及时更新，其更新速度极快，只需一个刷新页面的时间就能实现更新。

2014 年 10 月，HTML5 标准制定工作宣告完成，标准正式定稿，标志着一种新的语言代码问世，随后，各大浏览器纷纷在技术层面进行了升级，HTML5 长达 8 年的探索宣告结束。从 2010 年开始，苹果从不支持 Flash 到支持 HTML5，到脸书大力推行 HTML5 标准，再到 2015 年 1 月，谷歌将优酷的默认格式更换为 HTML5，将 Flash 广告代码转换为 HTML5，再也不支持在含有 Flash 格式的设备与浏览器上投放广告，标志着 HTML5 进入了全面爆发阶段。

结合移动互联网广告的发展，在智能手机尚未出现的 2003 年，手机的功能非常单一，主要功能只有通话和短信，人们与移动端广告接触的形式多为短信、彩信、手机报等，形式比较单一，移动端广告的发展比较落后。后来，进入移动互联网时代之后，借助通用分组无线服务模式（general packet service，GPRS），人们可以通过手机浏览器浏览网页新闻，登录网页版 QQ。

后来，随着科技迅猛发展，塞班系统开始流行，在智能手机的驱动下出现了各种类型的 App，并产生了"富媒体"一词，各种音频、视频结合在一起丰富了广告形式，横幅广告、信息流广告、展开广告随之出现，成为一个时代的标志。但是这些广告多属于单向信息传播，缺乏交互性，因此产生了诸多问题，开始逐渐被市场淘汰。

德国的移动应用营销平台 Trademob 从点击量方面对移动端横幅广告、信息流广告、展开广告开展了数据调查，对全球 600 多万次的广告点击次数进行研究，发现广告的无效点击率为 40%，误点率为 22%，欺诈性点击率为 18%，真正有效的点击率只有 20%，由此可见，从广告投放与所产生的效益方面来看，广告价值的实现非常不易。

移动端广告市场有巨大的发展潜力，HTML5 代码将手机端的视频、音频、文字平台连接在一起，让移动互联网广告从本质上实现了变革与创新，媒体互动与视频、音频、动画效果相结合的时代已然到来。

随着经济迅速发展，人们生活水平逐渐提升，手机端广告将实现迅猛发展，根据最新统计数据，2023 年全球移动广告市场规模预计将达到 1.4 万亿美元，同比增长 17.5%，其中，移动广告收入占比将达到 55% 以上，户外、报纸等固定广告所占份额将逐渐下降。无论网络程序语言如何开发，以移动端为主的趋势已然形成。

5.4.2　HTML5 广告的制作与投放

HTML5 给移动端广告带来的变革主要表现在三个方面：一是制作方式；二是广告投放形式；三是广告投放人群。下面，我们就从移动互联网广告制作角度切入对 HTML5 在广告方面产生的变革进行分析。

1. 本地储存拓展储存空间

HTML5 的本地存储特性指的是以 HTML5 App cache 技术为基础，用 HTML5 制作网络版的 App，将本地存储大小限制从原有的 4KB 拓展为 5MB。这就意味着，移动互联网的广告容量越来越大，内容越来越丰富，画面感与震撼力越来越强，启动时间与联网速度变得越来越快。并且，只要用户有过 HTML5 制作的网页版 App 的浏览经历，待浏览器关闭之后，用户浏览过的信息就能通过全息存储器存储下来，为页面共享。这就表明，移动互联网广告的平面图片或 GIF 动图将变得越发丰富。

2. 设备兼容性降低广告制作费用

HTML5 的设备兼容性指的是在 HTML5 制作的网页与外界之间连接无数条数据线，将浏览器与外部资源直接联系在一起，使不同设备之间的数据无须使用数据线就能实现直接交换。HTML5 制作的网页拥有很强的跨平台性，可以在微信、微博、脸书等多个平台上打开。过去，广告主要想在不同的平台发布同一则广告，由于平台之间的代码不兼容，所以需要使用不同的浏览器或 App 打开。

比如，某品牌无法将淘宝平台上的广告页面直接搬到京东或亚马逊平台上，因为它们之间的兼容代码不同，如果照搬就会导致乱码。但是 HTML5 设备有非常高的兼容性，使用 HTML5 制作的广告页面可以随意地搬到 UC 平台、Opera 游戏中心或脸书上，有效地降低了广告制作的成本。

3. 从静态广告到动态广告，从平面广告到三维广告

现阶段，横幅广告、信息流广告、展开广告等移动互联网广告采用的都是平面广告的形式，他们之间的差异主要体现在插放形式与图片大小方面。HTML5 代码能将视频、音频迅速结合起来，使资源兼容与代码变得更加简单，有效减少了资源跨域。以平面作品创作为基础，HTML5 使用 CSS3 对图片进行分割，加入三维、旋转等效果，让原先的静态广告变成动态广告，让原先的平面广告变成三维广告。

受这种广告形式的吸引，用户会主动进入广告界面，之后用户首先会听到音乐，接着会主动体验一些 Flash 效果或小游戏，成为广告受众甚至是广告传播者，从而提升广

告的传播效率。比如，央视春晚推出的整点抢红包活动，用户打开微信的"摇一摇"功能就能参与活动抢红包，这个活动就产生了非常好的广告互动效果。

借 HTML5 定制页面构建抢红包场景，用户使用手机"摇一摇"或扫描二维码就能和朋友分享自己的成果，而朋友也能通过分享页面的链接参与到活动中来。在和广告活动互动的同时，用户还扮演了传播者的角色，推动广告实现了广泛传播。

移动端广告的投放形式有以下几种，分别是展开广告、插屏广告、积分墙、App 内的横幅广告设计和信息流广告。这些广告投放形式的广告投放都有一定的针对性，如信息流广告必须以社交类 App 为载体，积分墙广告必须放在下载类软件中等。这些广告有一个共同点，就是他们之间相互独立，广告投放形式无法转换，类似于户外的广告牌，广告位置及尺寸固定，必须按固定的样式进行投放。

如果将上述广告比作一个个孤岛，那么 HTML5 就是由一个个孤岛组成的陆地，是一个超级 App。使用 HTML5 制作的网页版 App 是一个 App，也是一个浏览器的集合，展现形式不分浏览器、App 与系统，通过任何一个浏览器或者 App，甚至是手机上的 QQ 都能观看 HTML5 广告。也就是说，对 HTML5 广告来说，整个社交媒体都是它的传播平台，其围绕浏览器形成了一种多屏互动方式，具有非常明显的优势。这种广告形式打破了原有的规则，尺寸不再固定，智能手机将成为主要渠道的入口。

从本质上看，HTML5 就是一种网页语言，它可以加入代码开展系列追踪，还可以收集非常精准的数据。通过精准的数据能设计一系列特定的场景，在特定的场景中实现广告的精准投放，并且受众会主动与广告交互，或者主动与朋友分享广告信息，从而提升广告效果。比如，根据用户发表的朋友圈内容，微信平台可判断该用户的生活水平与生活阶段；在春节这种特定场景中，广告主可面向特定人群开展抢红包活动，还可以面向游戏爱好者制作小游戏进行交互等。

2016 年 2 月 26 日，脸书发布了一个以特定产品为核心制作的 HTML5 网站——交互式 HTML5 网站广告，网站展示了视频、图文、幻灯片等诸多内容，用户通过点击或滑动屏幕可获取需要的产品信息或品牌信息。在同一天，微信朋友圈也推出了 HTML5 网站广告发布平台。

总而言之，每个时代都有自己的标志，HTML5 为广告主开展移动营销提供了一个契机。在"移动+社交"的传播时代，具有简单、灵活、快捷、炫酷等特点的 HTML5 广告营销丰富了受众的感官体验，吸引了绝大多数用户注意，进而将价值转化变成了现实。现如今，不只互联网公司与移动互联网公司认识到了 HTML5 广告的价值，传统企业也开始关注 HTML5 广告，HTML5 为移动互联网广告带来了巨大的变革。

5.5 移动广告主要类型（Ⅱ）——App 广告

5.5.1 App 广告的特点与价值

现如今，移动互联网实现了迅猛发展，人们对智能手机的依赖度越来越高，推动广告方式发生了巨大的改变，越来越多的广告商将移动端视为了广告投放的主方向。随着移动互联网时代的发展，移动广告营销的价值逐渐显现了出来。

随着媒介形态不断发展，从独具号召性的传统广告到具有关联性的互联网广告，再到精准性的移动应用广告，广告已切实融入人们生活，成为一个时代发展的主要"地标"。而随着互联网时代的到来，再加上大屏触控移动终端的流行，在各类操作系统基础上开发的移动 App 成了一种全新的广告载体，在"第五媒体"领域，移动应用广告衍生出了一个广阔的蓝海市场。

移动应用广告（App 广告）是移动应用与广告的结合体。移动应用广告通过在移动应用程序中投放促销信息或品牌信息来开展营销，从平面、桌面到平台化整合实现了跨越式发展，具备了精准性、互动性、位置性、长尾性等特点。

新技术不仅会催生新应用，还会使传统的广告模式发生巨大的改变。受移动互联网技术的推动，相较于传统的广告模式（文字、弹窗、横幅等）来说，互动视频、广告条、品牌应用等新兴的广告模式更生动，吸引力更强，更容易被用户接受。

现如今，在移动终端基础上发展起来的 AR 技术、二维码、LBS（定位）、近场通信等新技术正处在探索阶段，在这些技术的作用下，移动广告现有的发展模式将得以显著改变，发展前景将更加广阔。

在移动互联网时代，广告行业利用新技术对广告模式进行创新，通过为客户提供差异化的内容使其长尾化、个性化、多样化、碎片化需求得以满足。比如，在未来，近场通信技术将取代条形码与二维码，与 LBS 技术结合使用将引领广告营销模式的创新。

随着触屏技术的发展，App 广告与触屏技术相结合，能在很大程度上增强广告的互动性与趣味性。比如，将传统的点击打开广告页面转变为手指滑动打开广告页面，利用智能手机的重力感应特性，让用户摇动手机、激活互动。可口可乐就利用智能手机的重力感应特性开发了一个有趣的小游戏，当用户摇动手机时，瓶子中的泡沫就能喷涌而出，为用户带来强有力的视觉冲击。

另外，利用 3D 技术展示商品细节，将其与智能手机的触屏功能、重力感应功能结合，能有效提升交互体验，使移动手机广告变得更有趣。同时，触屏交互设计还能将智能手机的独特性能充分体现出来，让用户在交互的过程中获得惊喜感，让广告更有感染力。

1. 广告受众

中国互联网络信息中心于 2017 年 8 月发布的第 40 次《中国互联网络发展状况统计报告》显示，截至 2017 年 6 月，我国手机网民规模达到了 7.24 亿人，使用智能手机上网的网民在全部网民中的占比达到了 96.3%。在广告领域，相较于电视广告与传统的网络广告来说，超过 55% 的用户更喜欢移动广告，超过 45% 的用户会注意移动广告。

通过对这些数据进行分析我们可以得出以下结论：第一，App 广告受众规模庞大，市场发展前景异常广阔；第二，作为重要的智能手机应用，App 广告渗透到了人们生活的各个领域，与人们的工作、生活密不可分；第三，App 广告更容易被受众接受，其中蕴含的价值更容易被受众挖掘、感知。

另外，根据 Adtouch 广告平台分析，中国智能手机用户的学历大多在大专以上，商务人士、白领是主要使用人群。这一结果说明，智能手机用户群体的经济能力比较强，思维比较活跃，思想比较开放，对出现在手机应用程序上的广告信息的接受度比较高，App广告效果更加明显。

2. 广告载体

1）App应用程序能满足用户的核心需求

App应用程序主要有四类，分别是通信和社交网络应用程序、娱乐类应用程序、系统及效率型应用程序、网络游戏类应用程序。对这几类应用程序进行分析可以发现，这些应用程序都使受众在社交、休闲娱乐等方面的核心需求得到了有效地满足，引发了受众的高度关注。除此之外，App应用程序还能根据海量的用户信息对用户需求进行预测，以非常人性化地方式帮用户解决问题。从这方面来看，App应用程序极具价值。

2）App广告形式非常丰富

广告主可以根据手机用户的属性信息对App的广告形式进行科学的设计，实现精准营销。比如，近年来异常火爆的手机族群论（手机族群包括折扣族、搜索族、微博族、签到族等）为App广告的精准投放提供了科学依据。

3）在多媒体表现、位置服务、互动性等方面极具优势

相较于传统的广告载体来说，智能手机在多媒体表现、位置服务、互动性等方面极具优势。智能手机与互联网金融等增值服务相结合，既能实现精准营销，又能推动更多受众转换为消费者，提升转化率。比如，移动广告可以以用户喜好、位置、时间等信息为依据，快速、准确地为用户提供能够满足其需求的广告，并同时为其提供移动预订及支付服务。

3. 广告效果

根据权威调查显示，手机广告在广告认知、品牌认识、品牌美誉、信息关联、品牌预购五个方面的沟通效果比PC端广告要好很多。并且，App广告中的链接还能将广告宣传发展为产品试用或购买，使企业品牌与消费者的关系更加密切。

同时，用户的口碑传播与连锁效应还能有效拓展广告的传播范围。另外，通过移动广告平台，广告主能对广告投放数据进行全程监测、分析，还能以数据分析结果为依据优化广告发布策略，如广告投放时间、地点、媒体、对象、区域等。

1）持续效应+实用性

只要用户在自己的智能手机或平板电脑上下载App，只要能接入互联网，App广告就能显示出来。并且，只要用户使用App，App广告就会主动出现。从这方面来看，App广告的覆盖率比较广，持续性也比较好。

另外，某些App广告具有很强的实用性，能为人们的工作与生活提供诸多有益的帮助。比如，在饮食搜索领域，通过大众点评App，用户可以看到附近的餐馆及网友给出的评价，甚至某些App还能根据用户的饮食偏好为其推送更精准的信息。

2）精准定位

因为手机用户具有唯一性，所以手机App广告能以受众定位、时间定位、区域定位、媒体定向为依据对企业的目标用户进行精准定位。相较于互联网广告，手机App广告显然更加精准。手机App广告可以以用户所处地理位置、手机机型、手机操作系统、手机价格、手机品牌等信息为依据投放广告。以苹果手机为例，因为苹果手机的价

格都在 4000 元以上，因此苹果可以以价格为依据对受众进行精准的划分，开展定向投放，这就是手机 App 广告的价值所在。

移动互联网时代是一个"技术为王"的时代，在这个时代背景下，谁能利用移动技术不断地推送符合用户需求的应用广告，谁就能在市场竞争中占据有利地位，重构广告市场格局。未来，LBS、NFC、语音识别等移动新技术将引领移动应用广告发展，颠覆现有的广告市场格局。

比如，云服务将成为移动应用广告领域的一大商机。数据分析将通过对海量、碎片化数据的整合来对广告投放条件进行分析。交互性指的就是文字、横幅等传统广告模式将被淘汰，互动富媒体广告将使用户产生更优质的广告体验。未来，使用移动搜索功能搜索产品与服务的人数将持续增加，搜索技术仍处于关键地位。贴合用户指的就是以时空的移动定位特点为依据，贴合用户行为对广告进行精准投放。

3）独占效应

在 PC 广告时代，一个屏幕汇聚了众多广告，使广告效果大打折扣。而在移动应用广告时代，App 广告的排他性非常强，一则 App 广告可以独占一个屏幕。

比如，在宝马系上市期间，宝马公司一边抢占有道词典的触发式广告，一边以有道词典的受众互动平台为支撑在其客户端首页的"每日英语"中植入广告，通过邀请用户参与"英语题目"将其品牌信息与有道词典的日常应用互动功能相融合，开展内容植入式推广。通过这种方式，每天最少有 10 万人次参与答题，宝马公司的有效查询次数也增加了 5000 次。

内容创新要遵循商业标准优先原则。这里的商业标准不是广告平台或开发者制定的，而是通过产品销售，受利润驱动形成的，深受市场导向的影响。现阶段，知识性、交互性较好的 App 备受手机用户青睐，如专注于葡萄酒知识的 App 深受城市白领的欢迎，而葡萄酒品牌就可以借助这类 App 传播品牌信息。

从企业的角度来看，以知识性 App 为入口进行传播，调动受众情感，引发受众共鸣，将产品特性与消费者的认知度结合在一起，能让产品信息、品牌信息与消费者生活实现深度融合，让消费者在学习葡萄酒知识的过程中接触到品牌信息，从而增强消费者对品牌的记忆。

总而言之，App 广告营销就是以技术催生创意，以创意激发情感，用情感吸引消费者参与，将线上与线下结合打造一个立体化的营销策略，使用户享受到更加优质的广告体验。

5.5.2　App 广告的制作技巧与策略

当移动互联网的应用在世界范围内普及开来，依托手机平台出现的第三方应用软件纷纷崛起，并对人们的生活产生深刻影响。广告主则将移动 App 视为重要的推广渠道，并通过布局 App 进行更大范围的品牌推广。

可见，企业在品牌营销环节面临激烈的竞争，而要在竞争中掌握更多的主动权，就要使自身发展符合移动互联网时代的主流，把握移动时代下需注重的营销重点，凸显企业的差异化竞争优势。

1. 拥有规模庞大的优质 App 群

金创景传媒有限公司推出移动广告服务平台——in Apps，能够为企业及广告主提供符合其需求的营销方案，并帮助企业进行品牌推广。该公司拥有规模庞大的 App 媒体资源且具备可靠的质量保证，公司以媒体资源库的方式对各类优质 App 进行管理，具体类型如阅读类、资讯类、社交类、游戏类等，其总体类型规模超过 40000 款，在一天之内，其营销传播信息的页面浏览量可达 2 亿次，能够帮助企业在不同媒体平台进行品牌推广。

2. 类型丰富的广告传播方式

in Apps 平台拥有类型丰富的广告传播方式，能够满足企业在营销推广方面的多样化需求，具体方式有互动广告、横幅广告、视频广告等，广告主及企业应在把握自身产品特征及发展需求的基础上，找到与自身产品及品牌相匹配的广告形式，有效增强广告本身的传播效果及感染力。

3. 针对性的广告投放

传统模式下，广告主在通过互联网企业进行营销推广的过程中，存在严重的资源浪费现象，之所以出现这样的问题，是因为其营销推广缺乏针对性。对广告主而言，要实现精准营销是非常困难的。针对这种情况，App 广告平台则能够为其提供有效的解决方案。金创景传媒有限公司在综合考虑媒体特征、网络运营商、消费者行为习惯、用户偏好的基础上制定广告投放方案，能够根据不同时间、不同的手机品牌、用户偏好、消费习惯等调整营销策略，从而实现精准营销与定向营销，减少资源浪费，为企业带来更多的利润，并帮助企业实现成本控制。

4. 分步骤实现的移动营销

金创景传媒有限公司在 App 广告平台运营过程中，始终追求实现精准营销与定向营销，并致力于完善各个环节的运营，提高整体运营效率。其移动营销过程分为如下三个阶段：首先，金创景传媒有限公司会对客户的发展情况及具体需求进行把握，瞄准目标受众群体，进行准确定位；其次，金创景传媒有限公司会根据目标受众的特征，决定通过哪些 App 平台进行推广，并实施精准营销；最后，为达到理想的营销效果，金创景传媒有限公司的 App 广告平台会帮助企业对营销过程进行监管，发现操作过程中出现的不足，在出现问题后及时进行纠正，增强广告传播效果。通过以上三个阶段的运营，为移动营销保驾护航。

随着移动营销的快速发展，企业逐渐认识到 App 移动广告传播的价值，面对激烈的营销竞争，只有那些能够吸引用户关注的企业才能在竞争中占据优势地位。

5.6　以优质内容为核心的原生广告模式

5.6.1　原生广告的发展与特征

早在 1963 年，现代广告大师大卫·奥格威就发现，相较于"广告化"的广告来说，"编辑式"的广告更能吸引受众注意，更容易被人们观看、阅读。因此，广告人要学习杂志那种图文编排手法，尽量规避常规的广告版面设计。

直到现在，即使科技实现了迅猛发展，智能设备得到了普及应用，但在广告市场上，极富创意且能广泛吸引消费者注意的广告依然是稀缺资源，尤其是在移动设备上，这类广告一旦出现就会备受广告主与媒体出版商的追捧。

在这种形势下，风投家 Fred Wilson 率先提出了"原生广告（native advertising）"这一概念，其对这一概念的描述是：原生广告是一种发源于网站及 App 用户体验的盈利模式，广告内容是驱动力，实现了对网站及 App 可视化设计的整合。简而言之，原生广告就是融合了网站、App 本身的广告，是网站、App 内容的一部分，其典型代表有谷歌的搜索广告、推特的推式广告（tweet）和脸书的赞助故事类广告（sponsored stories）。

维基百科对原生广告的定义是：在用户体验中，广告商试图以为用户提供有价值的内容来吸引用户注意，这虽然是一种付费广告，但从表面上看与正常内容无异，而原生广告就是这样一种互联网广告形式。

原生广告有很多形式，如视频、文章、图片、音乐或其他媒体等。正如"一千个读者心中有一千个哈姆雷特"一样，一千个人眼中也有一千个原生广告。在展示形式方面，原生广告要根据媒体的上下文环境选择合适的展示形式。

原生广告强调要与周围的产品内容相融合，该特性在移动端得到了充分体现，既不会使用户与移动 App 交互的连续性受到影响，又能保证用户体验达到最佳。

原生广告受广告内容驱动影响，对网站及应用本身的可视化设计进行了有效整合。原生广告的广告形式具有一定的隐藏性，不会被受众一眼看穿，也不会对应用的正常操作产生干扰。总体来看，原生广告具有三大核心特征。

①视觉整合：将广告与视觉体验融合，不再与网站或应用相独立。

②用户主导：不干扰用户对应用或在网站中的正常活动。

③内容吻合：广告内容要有实际价值，要与平台内容相符。

在这三大核心特点中，前两大特点是当前各类原生广告的卖点，而第三个特点却总是被广告人忽视，这是原生广告现存的一大缺陷。

很多广告仅在设计形态上与原有平台相近，广告内容与直接反应广告别无二致，只不过形式上有所伪装而已，因此，这种广告不是真正的原生广告，而是"诱导性广告"或"伪原生广告"。

5.6.2　原生广告的本质与属性

从本质上来看，原生广告就是内容营销，隶属于内容驱动型社会化营销研究范畴。另外，原生广告具有数字化基因，是广告营销领域的一大发展趋势，是社交媒体领域最有商业价值的一个方向。

2012 年，原生广告一词开始出现，在国外的研讨会上有人以"原生广告"为主题进行演讲，甚至出现了一个专门的职业——原生广告媒体创意代理商。之后，在 BuzzFeed 等网站的助力下，原生广告迅速火爆起来。既然原生广告没有权威的、确切的定义，那么我们就从原生广告的本质、属性出发对其进行了解。具体来看，原生广告有以下几大属性。

1．平台属性

原生广告的英文是 native advertising，其中 native 的意思是"本地的，土著的，与生俱来的"。比如，native speaker 指的是讲本民族语言的人，同理，native advertising 就是本地的、本平台的广告。也就是说，原生广告与其诞生的平台有着高度契合性，每个平台都可以制作自己的"原生广告"。

BuzzFeed 总裁对原生广告的理解是：当内容被赋予某平台的特点及属性，以该平台的版本呈现出来时就是一种原生广告。比如，同一内容，在 Twitter 平台，它是一条推文；而在脸书，它是一条信息；在 BuzzFeed，它就是一则报道。

由于原生广告与平台的关系非常紧密，其中涉及数据挖掘与分析技术的使用。原生广告最理想的状态就是以社交平台沉淀的用户数据为依据，描绘用户画像，精准地推送广告。因此，不同的用户看到的原生广告是不同的，这就是原生广告难以实现批量复制的主要原因。

2．内容属性

从本质上来看，原生广告就是内容营销，为平台受众量身定制个性化的内容是原生广告面临的最大的难点。原生广告不仅要通过内容将品牌信息、情感与诉求呈现出来，引发用户共鸣，还要在不打扰用户的基础上推送内容，为用户带来一种价值体验。

3．社交属性

由于原生广告具有内容属性与平台属性，所以它自然而然地就具备了社交属性。基于原生广告的社交属性，用户可以与原生广告互动，并参与其中。以微信朋友圈中的信息流广告为例，很多用户看到信息流广告都会进行评论，所以当某一用户在自己的朋友圈看到这则广告时，就能看到五花八门的评论。如果该用户也进行评论，就实现了与原生广告的互动。这种广告会不断地在用户间流转，不会传播到某一用户之后就结束传播。

5.6.3　原生广告模式的核心三要素

原生广告因其与非广告内容的相似性，提升了用户的阅读和交互体验。所以，原生广告能让品牌悄无声息地渗透到用户中，让用户对品牌与产品进行深入了解，产生极好的营销效果。在移动互联网迅猛发展、信息碎片化趋势越发明显的当下，具有鲜明的移动互联网属性的原生广告为移动互联网营销带来了一条新路径。

1．融入媒体环境

融入媒体环境指的是要摒弃传统的以广告主的身份出现在受众面前的广告思路，用媒体与受众沟通的方式来与消费者沟通，如视觉感受、沟通语境等。简单来说就是，广告主要转换身份与角色，用媒体的方式、态度和消费者互动、交流。在人人都是自媒体、人人都有传播功能的移动互联网时代，广告主这种角色转变是必然的。

以微博的原生广告为例，微博平台上的原生广告就是一条微博，与媒体环境相融合转变为媒介内容，用户以接触媒介内容的方式就能接触广告。实践证明，这种信息植入方式（将信息植入用户感兴趣或正在进行的事情中）能减少对用户的干扰，提升信息的转化率，降低用户的跳出率，在最大程度上被用户接受。

2. 用户自主选择

简单来讲，传播主要有两种类型，一种是主动传播，另一种是被动传播。主动传播要对用户的资讯模式进行考虑，被动传播则要对用户的生活空间进行考虑。其中，主动的资讯传播就是原生广告。

原生广告强调用户的自主选择，尊重用户的主观能动性，认同用户的兴趣与价值观并为其服务，反对将某种价值观或商业意图强加给用户。因此，原生广告无论借助何种载体传播，都不能干扰用户，影响用户体验。为了做到这一点，原生广告就必须迎合当下的场景，扎根于生活，做到"应景""接地气"。

以楼宇媒体广告为例，这类广告在用户的生活圈中传播，最好的传播方式就是结合当下的生活热点以通俗易懂的语言传播给用户。对于广告营销来说，如果相关人员能将原生广告的内容与形式、线上与线下结合在一起，广告营销就能取得极好的效果。

3. 提供价值内容

原生广告传播的内容往往是对用户有价值的内容，并非简简单单的广告信息。在移动互联网时代，原生广告的这一特征更加明显。原生广告与移动社交媒体相结合，移动社交媒体用信息流呈现内容，因此，为了能最大限度地吸引用户，最好将广告放在信息流前端或中间。这类广告既要前后连接，还要与好友兴趣密切相关。

在新媒体时代，新技术、新终端不断涌现，移动互联网技术不断发展，媒体不断分散化，信息日趋碎片化，用户日益自主化，大数据、云计算在各行各业逐渐渗透……在这种形势下，营销环境的变化越来越快，为了紧跟时代发展的步伐，更好地引入互联网思维，企业必须提高对原生广告的重视，更好地利用原生广告。

5.6.4　原生广告模式的四大流派

现如今，原生广告已成为各大营销论坛与会议的热议话题，业内人士对原生广告的价值已经有了较为深入的认识，或者说是已经对当前的营销困局有了深入认识，在这种情况下，原生广告就成了营销向前发展的基石。经过几年时间的发展，原生广告已脱离概念层面向实践层面发展。现阶段，原生广告大致可分为四大流派，分别是媒体派、社交派、应用派、平台派，具体分析如下。

1. 媒体派

媒体是内容承载者，有较强的内容生产能力与传播造势能力，所以，媒体派原生广告的运用就是以内容为导向，与媒体属性相结合，其典型代表就是凤凰网。凤凰网将原生广告的理念泛化，并提出了原生广告发展的五大方向，分别是娱乐化、新闻化、事件化、全媒体化与人文化。

将营销与当下的热点话题与新闻相结合，为其附加娱乐色彩与人文色彩进行传播，这是一种非常具有代表性的媒体手法。从实践方面来看，这种媒体手法可归纳为四点——

找概念、请名人、讲故事、做传播。

由此可见，这类原生广告对媒体的借势能力与造势能力有很高的要求，其最理想的状态就是可以借媒体优势获得最好的传播效果。在整个过程中，"找概念"这个环节非常重要，在明确了概念之后，才能满足广告主的传播诉求，并与用户产生共鸣。在明确概念之后，后续环节也能有序落地，否则整个营销方案就会失败，难以使"让原生营销走进生活"这一理念落地、实现。

2. 社交派

有人认为，近两年，随着微信及微信朋友圈的出现及发展，用户纷纷从微博流向了微信，微博表现出了衰颓之势。事实上，微博所面临的市场环境确实如此，但微博并没有衰颓，而是保持了稳定发展。

自诞生以来，微博积累了大量信息，这些信息涵盖了用户基本属性、用户关系、用户兴趣、用户的地理位置等多个方面，为信息流原生广告的制作奠定了坚实的基础。微博刚推出信息流广告时受到了无边的谩骂，发展到今天，谩骂之声已悄然止息，其原因有二：第一，用户习惯了信息流广告；第二，凭借数据挖掘与广告产品改进，微博增进了广告信息与用户兴趣之间的联系，使用户体验得到有效改善。如果微博能留住用户，并且让用户规模保持稳定增长，那么其社交原生信息流广告就能获得广阔的发展空间，对于用户来说，广告的原生属性就可以越来越明显。

除微博以外，微信朋友圈也在 2015 年开放了广告，与微博不同的是，微信朋友圈广告几乎备受欢迎，用户将广告当作"好友论坛帖"，将"点赞"与"评论"视为一种乐趣。导致这种现象出现的原因有两点：第一，对于用户来说，这种广告形式比较新鲜；第二，微信严格把控广告质量，广告内容的原生属性比较明显，能带给用户非常友好的体验。未来，原生广告实现规模化生产之后还能否做到这两点尚有待观察。另外，现阶段，微信朋友圈尚未对数据进行深度挖掘，值得期待。

3. 应用派

在移动互联网迅猛发展的背景下，产品开始朝着细分、垂直、融入用户生活等方向不断发展。正因如此，近年来，用户手机中出现了各种垂直领域的应用，有的是移动端的新品，有的是从 PC 端转移到移动端之后的产物。相较于综合门户、社交平台等产品来说，垂直领域的应用更能满足用户在某个领域的必要需求，使用户逐渐认识到产品的独特价值，正是在这种产品特性的驱动下，原生广告才得以发展。

垂直应用的原生广告与媒体内容化不同，产品化特征应更加明显。比如，有道词典的产品特性是满足用户学习外语的需求，其原生广告就与这种产品特性相结合，以"每日一句""双语例句"等产品为基础落地，形成集词、句、图、文等内容于一体的原生广告结构，明确广告主传播信息与用户接收信息的结合点。

以双语例句为例，广告主希望能借助该产品来传播品牌理念与产品特性，用户希望能通过该产品学习单词的使用方法，双语例句结合二者的需求将广告主的产品信息与品牌信息融入例句之中，用户通过查询、学习这类例句就能实现原生广告的传播。这类原生广告的关键在于把握产品特性，依照产品驱动原生广告的思维量身定制原生广告产品，将广告主传播与用户需求衔接在一起。

4. 平台派

由于原生广告有强烈的与用户需求结合的需求，需要和用户紧密联系在一起，需要定制化生产，再加上广告格式多种多样、标准难以统一，所以，很多人都认为原生广告很难实现平台化、规模化，这是广告平台推广原生广告面临的最大问题。

尽管如此，原生广告的平台化产生了规模效应，相较于单一的用户产品来说，综合广告平台落地到各个用户产品中很难做到真正意义上的"原生"，但通过环境融合、数据挖掘、精准投放，在一定程度上做到原生还有一定的可能性。

lnMobi 早在 2014 年就在中国推广其原生广告平台，并为此投入了大量的人力、物力，但结果并不理想。除外来平台 InMobi 外，国内的艾维邑动、Yeahmobi 也在大力推广原生广告平台，但这两大平台将主要精力放在了海外市场，国内的原生广告平台尚未引起开发者与广告主的兴趣。

正因如此，某平台利用有道词典多年来探索原生广告积累的经验，将其与有道智选 DSP 广告平台积累的技术相结合，推出了国内第一个真正意义上的原生广告平台，以推动原生广告在更多垂直领域的应用中得以有效应用，借此对原生广告进行深入探索，拓宽原生广告的发展空间。总而言之，原生广告的平台化正处在起步阶段，还需要很长一段时间发展，还有非常广阔的发展空间。

现阶段，市场上原生广告的呼声非常大，但真正落地并被用户接受、被广告主认可的原生广告非常少，原生广告要想实现广告主、用户、产品多方共赢还需要很长一段时间，还需要解决很多问题，其中最关键的问题就是如何让广告主与广告公司认可原生广告。

在实践过程中不乏诸多对原生广告不理解、坚持使用传统硬广告的广告主，但也有很多广告主愿意了解、认识原生广告，在对原生广告的价值有了较为全面、深入的认识之后，会积极配合。甚至还有广告主对原生广告表现出了超高的接受度，主动对横幅等硬广告进行改革，将其创造成原生广告，使产品与平台特性结合制作富有创意的广告，这种整合营销与过去那种"一个声音""统一创意"的整合营销完全不同。

在移动互联网碎片时代，在原生广告的驱动下，差异化整合营销时代即将开启，以传播大框架的统一为前提，根据媒体及产品平台的特性制定与其特性相符的广告创意，将成为未来营销的一大发展趋势，值得期待。

5.6.5　国内外原生广告布局

在广告形式与理念创新方面，横幅广告、搜索关键词、视频等传统数字广告没有取得多大的突破，使互联网广告的精准性与互动性受到了极大的制约。另外，对于多样化的硬件与操作系统来说，碎片化媒体资源的整合也是一大挑战。

原生广告的用户群体规模非常庞大，用户的忠诚度也比较高，在用户体验方面取得了重大突破。《广告杂志》广告专家奖得主丹·格林伯格曾表示：原生广告的市场潜力至少为 100 亿美元。在规模如此庞大的市场上，任何一方都想占据一定的市场份额，获得一定的广告营销利润，各大巨头更是加快了布局步伐。

1. 脸书

在互联网广告尚未兴盛的 2011 年，脸书就推出了一种广告模式——赞助故事（sponsored stories），借助这种广告形式，广告主可将特定的活动内容经过用户"点赞""签到"的方式变成一条展示给用户好友观看的广告。该广告能将分享者、点赞者的姓名、照片、点赞内容、评论展示出来，除此之外，还会将相关的图片及链接展示出来。微信在 2015 年开启的朋友圈广告与这种广告模式非常类似。

相较于脸书传统的右侧广告栏广告来说，这种广告模式产生的营销效果更好，不仅给广告主带来了丰厚的投资回报，还给脸书带来了不菲的收益。但是，2014 年年初，脸书就关闭了赞助故事模式。

虽然 Sponsored Stories 被关闭，但脸书依然能利用用户数据为广告主服务。2013 年下半年 FBX 面市，标志着原生广告开始与实时竞价模式融合。为了适应脸书的这一调整，各主流需求方平台都添加了标题、缩略图等原生内容，对创意元数据给予支持。

2. 谷歌

谷歌的搜索推荐就是一种原生广告。除此之外，谷歌收购的手机广告平台 AdMob 曾对其原生广告进行小范围测试，AdMob 原生广告的视觉效果能与应用的视觉效果保持一致。借助原生广告，AdMob 不仅能将谷歌广告客户的广告通过自己的应用展示出来，还能对广告进行自定义，使其外观、功能和应用的外观、功能保持一致。

3. 推特

推特的原生广告在其收购了移动广告公司 MoPub 之后实现了落地、发展。无论是移动应用的开发者还是广告主，都能通过 MoPub 获取原生广告解决方案，在 MoPub Marketplace 开展原生营销。

在广告主资源引入方面，通过这种一站式的解决方案，开发者可以有三种选择：第一，引入现有的广告主客户；第二，为开发者旗下的其他 App 制作营销广告；第三，引入 MoPub Marketplace 平台上的第三方广告主。除此之外，开发者还能以自身需求为依据自由地选择原生广告形式，如 App 下载推荐、消息列表中的赞助信息、原生的 tweet 式广告等。

4. 雅虎

雅虎的原生广告与移动搜索服务实现了深度融合，与传统的 PC 广告相比，原生广告对品牌的认知度提升了 279%，品牌相关搜索提升了 3.6 倍，品牌访问率提升了 3.9 倍。

广告主将广告创意内容交给雅虎，就能利用雅虎的原生广告多媒体组装套件实现原生广告的创作，同时这则原生广告还能在 PC、手机、平板电脑等多个终端设备上投放。除此之外，原生内容还能在雅虎的内容信息流中出现，如雅虎电子杂志、雅虎体育、雅虎金融及与雅虎合作的各个网站中。

5. 腾讯

在国内的原生广告市场上，微信朋友圈的原生广告可以说是一个经典案例。自 2015 年 1 月 25 日微信朋友圈原生广告出现以来，关于"微信朋友圈信息流广告触发百亿原生广告市场"的讨论就不绝于耳，投放的广告不仅深受广告主青睐，还受到了用户的热烈追捧。

在广告投放期间，微信朋友圈中关于宝马、vivo、可口可乐的讨论异常热烈，这虽然离不开微信之前的预热，但也与微信广告内容具备了原生广告的所有要素，为用户提供了良好的体验。据了解，微信对合作品牌做了严格筛选，设置了一个比较高的广告投放门槛，并且只为品牌广告主服务。在如此高要求的条件下，腾讯自然而然地就能生产出高品质的原生广告。

即便如此，微信原生广告也面临着一大难题，就是如何应对规模化之后产生的信任危机。如果这一问题得不到有效解决，微信的原生广告就很难实现规模化生产，对未来的发展无益。

另外，2014 年 12 月，广点通移动联盟也上线了原生广告，目前与其达成深度合作的 App 已有十几家，广告曝光量已达到了千万级别。利用腾讯海量的用户数据，广点通能对数据进行深入挖掘，从而实现广告的精准投放。

广点通的原生广告投放在手机上的 QQ 空间，形式为信息流。2014 年底，广点通对信息流广告重新做了定义，将其定义为联盟生态中的一种原生广告样式。广点通移动联盟借手机 QQ 空间信息流广告的运营经验，以 SDK 的方式为广告主提供标准统一的原生广告，同时也给开发者提供了充足的发挥空间，渲染广告样式，使其与广告播放环境实现高度融合。

6. 百度

百度于 2015 年 4 月 5 日推出了原生广告，宣称站长只需选择符合网站内容的文本与图片样式，稍微对其进行润色，就能让广告与网站内容融为一体，从而获取丰厚的收益。

5 月 20 日，百度对内容推荐平台 Taboola 进行战略投资，这个平台拥有 5.5 亿名用户，月推送信息条数多达 2000 亿条。Taboola 能利用预测技术对地理位置信息、社交媒体趋势等数百条实时信息进行分析，从而有针对地向用户推荐符合其需求的内容。

6 月 8 日，百度收购日本原生广告公司 popIn，获得控股权。利用 READ 技术，popIn公司能对用户对某一内容的接受程度进行科学的衡量，得出比较准确的结果，以提升内容推荐的有效性。在完成收购之后，借助 READ 技术与内容推荐技术，百度大数据将得以进一步完善，广告投放精度将得以进一步提升。

7. 凤凰网

凤凰网在 2013 年的中国国际广告节上提出原生广告，并为此构建了一个以"人"为中心，以媒体形态为基础的品牌内容的营销体系。针对原生广告，凤凰网高层曾提出五大发展方向，分别是新闻化、娱乐化、事件化、人文化、全媒体化。

凤凰网的原生广告营销要经过找概念—请名人—讲故事—做传播这一过程，这类原生广告对媒体借势与造势能力有很强的依赖，无法实现规模化生产，并且任何一个环节没有做好都有可能导致整个方案无法实现。

8. 新浪微博

早在 2013 年，新浪微博就开通了原生自助广告系统，这是一套精准的广告系统，主要为中小企业提供服务，能在微博广告系统中开展广告技术管理与微博创意管理，还能对投放的广告进行实时监控，开展数据管理。

企业投放传统的品牌广告可能会一次性获取很多用户，一旦广告不再投放，用户数量就会迅速下降。相较于传统广告来说，原生广告的每一次投放都有直接意义，所以，原生广告吸引了世界各地的巨头前来布局。

5.6.6　原生广告案例解析与实践

经过几年时间的发展，原生广告领域出现了一些优秀的案例，具体分析如下。

1. 微博的"达人私信推送"

新浪微博的信息流广告与推特的 promoted tweets 极其相似，能以用户信息及关系图谱为依据实现广告的精准定向投放，为用户提供与其相关的广告内容。事实上，新浪微博的信息流广告存在很多问题，有些广告纯属垃圾广告，令人反感。但不可否认的是，信息流广告是微博实现商业价值的一条有效路径。

相较于微博的信息流广告来说，微博的"达人私信推送"功能更受用户欢迎。举个例子，微博认证的护肤专家冰寒会定期以私信的方式向其粉丝推送一些护肤类文章，文章内容非常专业，对各类护肤品的评价非常客观，能帮粉丝增长很多护肤类知识，含有极高的价值，所以其文章备受用户欢迎。

2. 微信的"所读即所买"文章

对于微信朋友圈的信息流广告，很多人都非常熟悉，除这类广告之外，微信公众号的"所读即所买"文章也是原生广告。

比如，微信公众号的"清单"，它对自己的定位是理想生活用品指南——人的满足感的高低不取决于家中堆放物品的多少，人们追求的是以合理的预算打造一种极致、完美的理想生活，清单就是为这种理想生活的实现提供指导的理想生活用品指南。基于这一定位与核心理念，清单以优质的内容将产品与用户连接在一起，帮产品找到它的主人，或帮用户找到适合自己的产品。

从这个方面来看，清单就像一个网上杂货铺，用艺术的方式对日常生活用品进行诠释，为高品质生活、理想生活的实现提供方案。

近年来，这种类型的微信公众号越来越多，聚焦某个利基领域，拥有高忠诚度的、高质量的粉丝群体。现如今，与这类微信公众号合作的用户越来越多，以借此生产符合目标用户需求，能被目标用户接受的原生广告。

5.7　原生广告是否有效的关键指标

近几年，原生广告受到了企业界的广泛认可，纷纷将其应用到产品及品牌的营销推广中。而投放原生广告后，需要对其效果进行实时监测，从而帮助营销人员对营销方案不断优化调整，确保最终能够取得预期效果。具体来看，对原生广告进行考核的指标主要包括以下几种。

5.7.1　网站流量数据

事实上，开展原生广告活动和销售漏斗模型的逻辑具有较高的相似度，争取通过广告内容网罗更多的目标群体，确保最终能够获得足够的转化量。所以，网站流量就成为原生广告的一大重要的考核指标。从实践来看，影响原生广告流量的因素主要包括以下几种。

①搜索引擎的关键词优化。

②内容本身的质量。

③企业公众号的关注人数。

④发布原生广告的渠道或平台的流量等。

那么，企业如何对原生广告发布页面访问量进行有效统计呢？从技术角度上看，在互联网领域，对页面访问量进行统计并非难题，对企业而言，最为关键的是理解监测页面访问量背后的逻辑。

如果是在企业官网、自开发的 App 应用中发布原生广告，很容易通过后台系统或者专业分析工具掌握流量数据。而选择在其他渠道，如微信、微博、网络社区等渠道中发布原生广告时，作为企业级用户，平台本身会为客户提供流量统计数据。当平台不提供这类数据时，企业也可以监测推荐流量数据。推荐流量数据指的是原生广告页面中的网页链接为企业官网、网店等页面带来的流量。

目前，营销从业者广泛使用的第三方流量统计工具主要包括：51.la、CNZZ、Google Analytics 等。App 应用 Analytiks 是一种适用于手机终端的页面流量统计工具。

当发现页面访问流量处于较低的水平时，就需要营销人员对营销方案进行优化调整。比如，调整营销内容、选择更多的投放渠道、举办点击参与抽奖活动等。

5.7.2　用户参与数据

用户参与度也是考核原生广告营销效果的一个重要指标，通常会细化为用户停留时长、评论数、分享数、反弹率、放弃率等具体指标。如何提高用户参与积极性呢？很多营销从业者会对此感到十分困惑：为何有的原生广告内容会被用户细细品味并主动分享，而有的原生广告却被用户一目十行甚至直接略过呢？之所以会出现这种情况，用户参与积极性无疑是关键所在。影响用户参与积极性的因素主要包括以下几点。

①广告内容富有趣味性，吸引用户沉浸其中。

②广告内容有较高的价值，能够降低用户购物时间成本、提供用户感兴趣的信息等。

③广告页面布局合理，能给用户带来良好的阅读体验。

在考核用户参与指标时，可以利用 Google Analytics 统计工具对以下几个指标进行统计：平均浏览时间、页面放弃率、用户评论数等。

有时，原生广告会出现空有点击量，鲜有用户参与互动的情况，当出现这种情况时，营销人员应该反思是不是出现了以下几个方面的问题。

①未进行用户界面优化，如图片模糊、背景色刺眼等。

②内容不符合目标群体的个性化需求。

③内容篇幅过长，容易让人失去耐心。

④内容结构安排不合理，用户找不到主要论点。

⑤内容缺乏可读性，不能为用户创造价值。

以 Crazy Egg、Mouseflow 为代表的点击追踪工具，为企业提供了一种对用户在网页中的行为进行实时监测的有效途径。在考核原生广告用户参与指标的过程中，营销人员可以使用这种工具来分析用户行为，找到用户没有参与互动的原因，从而对营销方案进行完善。

5.7.3 用户分享数据

用户分享也是衡量原生广告营销效果的一大重要考核指标。营销人员需要统计用户将内容或链接分享到微信、微博、贴吧、网络社区、视频网站、门户网站等社会化媒体中的数量。

不过考虑到部分用户可能仅是将内容收藏或者进行转发，而没有真正阅读或者希望以后阅读，这样虽然会统计到较高的用户分享数据，但营销效果可能达不到预期目标。所以，营销人员需要将其他考核指标和用户分享指标搭配使用。

一般说来，用户分享数据越高意味着营销内容的社会影响力越大，转发、分享、评论等数据在一定程度上反映出了原生广告的社会影响力。

国内两大现象级社交媒体平台微博和微信都提供数据统计服务，在这两大平台上发布原生广告时，可以有效统计相关数据，从而考核原生广告的有效性。微博提供的数据统计服务包括个体账号与企业账号两种，微博数据可以让个体账号获取覆盖度、活跃度、传播力及粉丝分析等数据；数据中心、微风云等则是为企业账号提供数据统计服务的有效工具。微信为了满足用户的数据统计需求，专门开发了微信公众平台数据统计功能，营销人员可以获取的数据包括：用户分析、图文分析及消息分析等。

在海外业务的企业发布原生广告时，可能会使用脸书、YouTube、推特、Instagram等平台，此时，对原生广告的用户分享数据进行统计时，就可以使用第三方统计工具sysomos、simply measured 等。

5.7.4 反向链接数据

通常来说，人们之所以选择引用、链接网页内容，是因为它有一定的价值，能够提升自身的说服力，能给人带来一定的乐趣等，因此反向链接（从其他网站链接原生广告）数据，对原生广告营销效果考核也非常关键。毋庸置疑的是，反向链接能够给原生广告带来更高的访问量，提高内容的专业性与权威性。

那么怎样才能吸引用户链接原生广告呢？这需要营销人员在设计原生广告时注重

以下几点。

①实用性。当互联网用户在链接内容时，总是更加倾向于链接那些对自己有用的内容，这些内容能够帮助自己解决生活或工作中遇到的问题。

②权威性。专家学者、知名教授、各行业领袖、权威机构发布的内容向来容易被人们所引用。

③鼓舞人心、富有正能量。积极向上、提升人们动力的内容也容易被引用或链接。

④有趣味性。在统计数据中，娱乐性较强的内容在被链接排行榜中高居榜首。

⑤有话题性。如果文案的视角独特、观点新颖，很容易引发人们在社交媒体上的讨论，从而提高原生广告被链接的概率。

当然，营销人员需要对网民的反向链接进行管理，这样才能确保原生广告链接产生积极影响。管理反向链接最为关键的一点就是确保原生广告在权威及合法的网站被链接。非法网站会威胁网民的财产安全，当原生广告被链接在这类网站后，不但不会提高营销效果，反而会给企业形象带来负面影响。而缺乏权威性的杂牌网站容易被搜索引擎过滤，很难产生促进原生广告点击量的效果。

Google Webmaster Tools、Google Analytics 等第三方统计工具，可以让营销人员了解哪些用户、网页等引用了原生广告的内容。而想要了解反向链接能否创造商业价值时，则需要用到 SEO SpyGlass 这种专业反向链接流量监测工具。

5.7.5　用户转化数据

顾客转化率是原生广告营销效果的直接体现，被成功转化的流量成为企业的注册用户甚至是付费用户、产品购买者等。顾客转化率主要取决于企业能否让用户清晰地感受到原生广告想要激发的用户行为。比如，使用更加醒目的设计强调注册或购买链接等。

与此同时，保持内容和营销目标的一致性，对促进顾客转化也有良好的效果。当营销目标是为了提高品牌知名度时，应该在内容中加入品牌故事、创始人创业经历等信息，而不是产品打折促销信息。

那么，营销人员如何对顾客转化率进行管理呢？顾客被成功转化意味着目标用户进行了某种对企业开展业务十分重要的行为，如关注公众号、收藏店铺、朋友圈转发等。当分析顾客转化率数据时，可以通过 Google Analytics 工具来获取以下数据：网站流量、注册用户数、购买用户数。

对身处于移动互联网时代的企业来说，广泛撒网式的营销推广，不但会造成营销成本大幅度增加，而且会因为精力及资源的过度分散导致最终无法达到预期目标。能够对接目标群体开展精准营销尤为关键，而针对目标群体特性而定制生产的原生广告无疑为企业提供了一种有效的营销方式。

当然，在实施原生广告方案的过程中，还要对其营销效果进行实时监测，以便对营销方案进行实时优化。为了确保原生广告营销效果考核的全面性、真实性，应该结合上述多个考核指标。

虽然很多平台或第三方机构开发出了数据统计工具，而且能够免费使用，但单一的工具可能无法有效满足企业需求，而同时使用多种统计工具后，很容易出现数据混乱、统计结果出现较大偏差等方面的问题。所以，在技术及人才储备方面有一定的优势的企业，应该在开发企业官网或者 App 应用时，尝试开发能够对用户数据进行统计的功能模块。

C5-1 启发思考题

1. 分析淘宝直播这一新兴的"电商＋直播"的模式是如何兴起的。

2. 结合案例材料分析淘宝直播从开始到疫情前是如何打开直播电商市场的。

3. 在面临众多平台的同质化竞争和突发的疫情时，淘宝直播又是如何实现突破并走出困境的？

4. 结合案例材料，分析淘宝直播为何能够持续成功，其核心要素是什么。

5. 拼多多、京东等其他电商平台是如何借鉴淘宝直播的成功经验发展的？

C5-1 淘宝直播：技术创新引领电商商业模式新篇章①

C5-2 启发思考题

1. 京东是在什么环境和背景下提出"无界零售"？如何理解"无界零售"？

2. 京东基于"无界零售"做出了哪些战略变革？

3. 基于战略变革，京东如何布局其线下线上市场？

4. 京东电商的发展转型对于其他企业有什么经验启示？

C5-2 京东电商发展转型之路②

即测即练

自学自测　扫描此码

---

① 蒋石梅，杨贤龙，杨玉娇，等. 淘宝直播：技术创新引领电商商业模式新篇章. 中国管理案例共享中心，河北工业大学经济管理学院、北京理工大学管理与经济学院，EPSM-0446.

② 苗淑娟，肖义男，牛宗雯. 京东电商发展转型之路. 中国管理案例共享中心，吉林大学大学管理学院，STR-1112.

第 **6** 章

电商运营中数字营销流量效果分析

前几章介绍了数据驱动所带来的新的数字化营销方式。不过，新的问题也随之产生，我们如何知道引入的流量一定是好流量，而不是质量低劣的流量呢？这不仅关系到流量本身的获取成本，以及我们围绕流量所付出的精力，还关系到机会成本——流量失效，营销满盘皆输的风险。

因此，我们需要对流量的效果进行分析。所有的流量，无论我们是否真的投入了真金白银，我们都不能对它们敷衍了事，而需要分析并且优化这些流量的表现，从而帮助我们拥有提升流量质量的能力，并为后面逐步转化这些客户打好基础。

流量效果的数据分析是数字化营销与运营最重要的部分之一。

分析流量的效果，主要的分析对象是流量渠道，也常被称为流量源头。流量渠道的效果分析和优化工作包含如下内容。

第一，对流量进行标记，以确保所有流量都是可识别的，且符合不重不漏的原则。当然，理想的情况是所有流量都能有准确、细致的标记，但实际上由于种种原因并不一定能够将流量百分之百地精确辨识，因此我们追求在条件允许的情况下尽可能做到准确标记。

第二，在对流量进行准确标记的基础上，对流量渠道的直接表现进行衡量。这项工作是营销推广负责人最熟悉的工作。而那些我们常常见到的专有词，如投资回报率、投产比、转化率、CPC、CPA、跳出率等，也是这项工作最常用到的度量。所谓直接表现，是指各个流量渠道所能直接带来的营销推广的可计量效果。

第三，在对流量渠道的直接表现进行衡量之后，我们还需要对流量渠道的绩效表现做更深入的衡量。尽管这并不是对所有的营销推广都适用，但对绝大部分多渠道推广的情形还是适用的，且意义相当重大。这类分析即归因分析，这类分析用的模型也被称为归因模型。在归因领域中，最为重要的度量是渠道共同的转化目标，而归因模型本身则是分析不同渠道共同作用于同一个转化目标时，相互的关系与各自的价值。

6.1 流量渠道的数据采集

要对流量渠道进行分析和优化的前提是能够采集到流量渠道的相关数据。这些数据不仅包括前端数据，还包括后端数据，从而能以更全面的视角评价流量渠道。

不过，即使把上面的数据都收集全了，也可能会失败，因为最大的挑战可能不在于能否收集到流量渠道的相关数据，而在于能否准确地区分流量渠道。

例如，我们常常会诧异于一些含混的或者莫名其妙的流量来源给我们带来了不少用户甚至不少转化。如果不对这些流量进行辨识，我们的分析和优化就无从谈起。因此，流量渠道的数据采集，实际上分为两个部分。

第一个部分，准确地对流量渠道进行辨识，分辨的颗粒度越小越好。这是需要特别注意的部分。

第二个部分，追踪流量背后的用户行为，追踪的用户行为越全面越好。

由于数据分析工具基本都具备基于流量来源的细分用户行为统计功能，因此在第一个部分做好的基础上，第二个部分便不再是难题。所以本章特别介绍第一个部分应该如何实现。

6.1.1　流量标记方法

利用 Link Tag 标记流量源头是各种流量追踪方法中最为基本的，也是最为重要的一种。这种方法不仅适用于网站的流量来源监测，也同样适用于 App 下载来源的监测。

Link Tag 是在流量源头（如各种广告）的链接加上的尾部参数，这个参数就像附着在链接后面的标签一样，因此而得名。这些参数并不会影响链接的跳转，但能标明这个链接所属的流量源。

Link Tag 不能单独起作用，它只是网站用户行为分析工具或者 App 用户行为分析工具的一项功能。Link Tag 是流量分析的基础，要严肃地分析流量，无论是常规分析，还是归因分析，都需要使用 Link Tag 方法。其中包括了四个维度：广告所处网站位置（utm_source），广告具体形式（utm_medium），具体创意内容（utm_content）和营销活动名称（utm_campaign）。除了四个维度外，还有个专用于关键词的标记（utm_term）。

在没有设置 Link Tag 时，用户行为分析工具在默认设置下都能在一定程度上识别流量的来源，但识别的颗粒度不够好。

在默认情况下，用户行为分析工具不能分辨流量具体来自哪个入口，只能统计到站点级或者网页级的颗粒度。利用用户行为分析工具（如谷歌分析、百度统计），我们可以了解这些广告能为我们的网站带来多少流量，但我们看不到具体每个广告各自产生了多少流量。因此，流量数据的颗粒度只能到网站级，因为用户行为分析工具默认只能记录流量源头所在网站的域名，而无法自动识别更细分的入口各自带来的流量。

只要流量来自同一个网站上的不同链接或者同一个 App 上的不同链接，如果不做 Link Tag 的设置，就只能得到一个笼统的，来自某网站或者某 App 的数据，而不能细分到具体每个链接各自带来了多少流量。

除了上面的弊端外，直接利用网站端的数据工具的默认设置监测流量来源也有丢失流量来源信息的可能。由于网站端的数据工具默认追踪的是流量来源的来路信息，即引荐来源，而引荐来源可能存在莫名其妙丢失的情况，网站端的数据工具就会记录这些流量来自"无主之地"，即把它们记录为直接流量。

如果是从 App 上链出的链接，那么也有可能不能记录 App 的信息，从而被记录为直接流量。

为了能够准确跟踪并区分流量源头，我们必须使用 Link Tag 方法。这种方法不是某个用户行为分析工具所独有的，而是几乎所有主流的用户行为分析工具都能提供的。

只要加了 Link Tag，引荐来源就不再起作用，也就不再需要担心因为没有捕捉到引荐来源而把流量源头直接归到直接流量中。利用 Link Tag 方法，用户行为分析工具会实现不同类型广告的监测，能够更深入地了解具体哪个来源带来了更好的流量，或者哪种形式的广告效果更好。

6.1.2　搜索竞价排名流量采集

为了准确追踪搜索引擎竞价排名流量在网站上的表现，以及这些流量在进入网站之后的各种行为和转化等，使用 Link Tag 对不同的关键词带来的流量进行准确追踪是一个很好的方法。

过去，来自搜索引擎关键词的流量能够被网站用户行为分析工具在默认设置情况下追踪到。所谓能够追踪，是指如果你的网站部署了主流的网站用户行为分析工具，可以在工具报告中看到具体的各个用户搜索词带来了多少用户、访次、跳出率等。

百度自然搜索关键词的流量可以被网站用户行为分析工具捕捉并识别，我们不需要做额外的设置，用户搜索词及对应的流量指标都被网站用户行为分析工具自动记录下来。

从 2011 年 11 月开始，在关键词中出现了"未提供"项目，在当时没有占很大的比例，但随着时间的推移，这个比例逐渐增大，如今，使用谷歌分析查看自然排名的关键词报告时，只能看到极少量的关键词，其他几乎显示为"未提供"或者"未设置"。也就是说，使用谷歌分析不能直接看到网站的自然搜索流量的搜索词来源了。

这给我们优化搜索引擎营销带来了重大影响。

解决这个问题的方法是利用 Link Tag 方法。借 utm_term 这个字段，将你投放的关键词预先写在关键词链出的 URL 中。

由于关键词类型的广告不是展示类广告，而 utm_content 是给展示类广告用的，因此 utm_content 这一项就不要加了。一般而言，utm_term 是专用于关键词广告的，而 utm_content 是专用于普通广告（如展示类广告）的。

利用 Link Tag 方法，能够对付费竞价排名的关键词进行准确追踪，但要注意几个问题。

第一个问题，我们自己添加的 utm_term 是我们投放的关键词，但并不是用户的搜索词。比如，我们设定"utm_term=理财"，而用户搜索的是"什么理财好"，在这种情况下，你在付费搜索报告中仅显示来自关键词"理财"的流量，而不会显示来自搜索词"什么理财好"的流量。

第二个问题，由于自然搜索无法自己添加 Link Tag，因此各个关键词的具体流量通过网站用户行为分析工具也无法分辨。

6.1.3 信息流广告流量采集

信息流广告的策略是"人群定向+创意+文案+着陆页"的不同策略组合。所以对信息流广告的追踪需要满足对这 4 点策略的追踪。

着陆页通过链出的链接 URL 就可以区分，而人群定向、创意和文案则需要利用 Link Tag 加以区分。用 utm_term 描述文案，utm_content 描述创意，utm_campaign 定为信息流广告（feedads），utm_source 定为对应的信息流媒体，如头条、baidu-feeds。

还有一个 utm_medium 留给人群定向，相对于创意和文案而言，人群定向较为灵活，而且同一个创意和文案有可能会不断调整定向以面对不同的人群，所以 utm_medium 需要不停地进行调整。所以可以使用人群定向的核心点也就是定向逻辑来建立 Link Tag，如"地理位置 + 兴趣词"，实际上是要找某个地区有某类兴趣的人群。这种方法简单，但是有不够细分的风险，避免这种情况的方法只有一种，那就是做更多的广告计划去实现更细致的人群定向细分。

有一点需要注意，Link Tag 方法无法用于信息流广告媒体和搜索引擎自己提供的着陆页，因为着陆页不是你自己服务器上的页面，也无法放置自己的监测脚本代码。

6.2 细分流量渠道的评估与分析

我们在做好流量的准备标记后，就可以等着数据慢慢进入口袋，在一段时间后，数据逐步积累，即可利用数据对不同来源的流量价值进行分析。

6.2.1 流量渠道的衡量指标

如果说对流量进行标记是准备工作，那衡量流量的价值就是一项核心的工作，这项工作因数据使用者的研究角度和研究方向而异，任何拿到数据的人都对流量的价值有自己的看法。换言之，流量渠道的衡量指标并没有统一的标准。本节我们就从营销活动的常规角度探讨流量渠道的衡量指标，用两类指标来分析流量渠道的价值。

第一类：流量的质量，包括流量规模、跳出率、停留时间、与网站或 App 的互动程度等。

第二类：流量的产出，即单纯地看这个流量产生了多少销售转化或者下载量、粉丝转化量、转发量。

当然还会有其他的指标，如每个流量渠道后的用户忠诚度等。

6.2.2 流量渠道的产出分析

流量渠道的产出分析最受人们重视，毕竟任何生意都会考虑投入产出比。投入产出比对于所有细分的流量渠道来说，都有其投资回报（return on investment，ROI）。流量渠道的成本为投资，流量渠道带来的销售货值（gross merchandise volume，GMV）作为回报或产出。在数字营销领域，ROI 一般被称为广告支出回报比或广告费用效果比（return on advertising spending，ROAS）。

流量渠道的成本数据不难获得，一般而言，其计算周期为周或者月。流量渠道的产出也不难获得，大部分用户行为分析工具都具有转化检测功能，有些还具有相当完善的电子商务检测功能，并且检测到的数据都可以基于流量渠道进行细分。一旦拥有了流量渠道的成本和产出数据，就很容易得出流量渠道的成本与产出之间的关系。

不同的流量渠道有不同的 ROAS，有的管理者往往会选择 ROAS 较低的渠道，这样的做法可能会带来一些问题。在数字营销优化的过程中，简单、直接地剔除某些低 ROAS 的流量渠道非常少见，在决定抛弃某些流量渠道之前，应当做进一步分析，如对流量渠道的质量进行分析。

6.2.3　流量渠道的质量分析

质量包含的意思可能很宽泛，ROAS 其实也是重要的流量质量指标，但是这里的质量是指不同的流量与网站、App 或者与其他数字平台进行交互的程度。这一交互程度反映了流量背后人群的兴趣偏好，而更大的兴趣往往意味着有更大的转化可能性。我们往往用气泡图来分析流量渠道的质量，气泡图可以在 Excel 中生成，如图 6-1 所示。

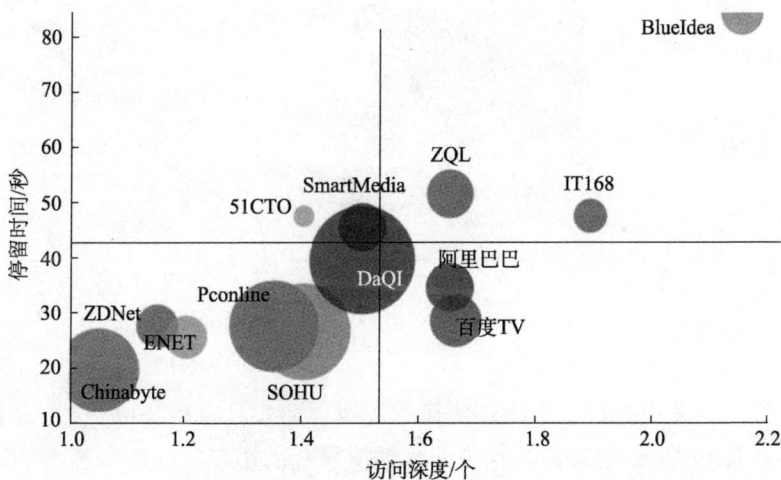

图 6-1　流量渠道的质量分析

你会发现所有的指标都是与流量渠道的质量相关的。横轴访问深度，即每个访问平均浏览的页面数量。这一指标在 App 或小程序端也同样有意义，只是在表述上页面浏览数量会变为屏幕浏览数量。纵轴为停留时间，即每个访问在网站上的平均停留时长。气泡就是图 6-1 中的圆饼，每个圆饼的大小代表流量的多少。

气泡图是为数不多的人们能够比较直观查看的表述 3 个维度或 4 个维度（除了横轴、纵轴及圆饼大小，圆饼的颜色也可以代表一个维度）的图表类型。

图 6-1 可以清晰地看出，Chinabyte 的质量不佳，BlueIdea 的流量虽然不大但质量很好，未来可以考虑扩大购买 BlueIdea 上的流量。

6.2.4 流量质量与产出的结合分析

不论从 ROAS 还是从质量的角度来分析流量渠道，都存在着评估角度不全面的问题，ROAS 太过于结果导向，如果只考虑质量，又可能过于过程导向。因此提出一种能够结合二者的方法——Engagement-ROAS 分析法。

在讨论 Engagement-ROAS 分析法之前首先介绍一下什么是 Engagement。Engagement 并不是一个标准度量，它甚至不是一个度量，它可以被理解为一系列体现交互程度度量的综合。Engagement 这个名词本身就带有一定的模糊性，但人们却喜欢使用它，并使它成为分析流量和用户行为的一个重要指标。也正是这样的模糊性让 Engagement 可以指代那些标准度量，如跳出率和停留时间。

Engagement-ROAS 分析法有各种可视化方式，最直观的仍然是用气泡图表示，如图 6-2 所示。

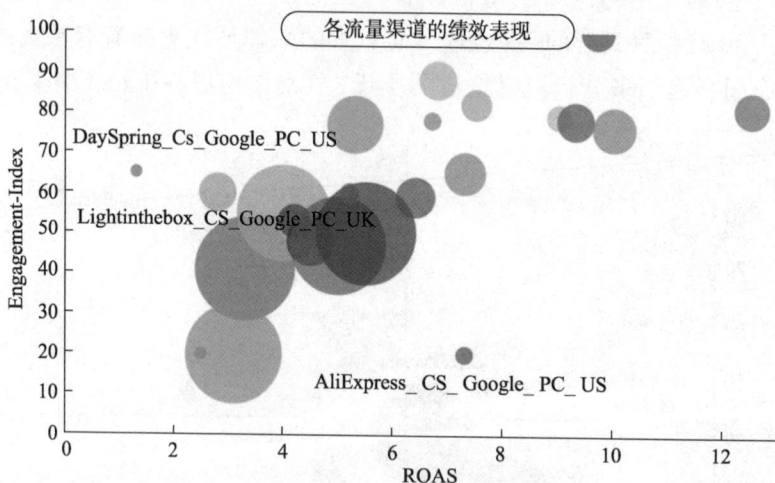

图 6-2　Engagement-ROAS 分析法

可以看到图 6-2 中存在一个比较明显的规律，那些具有高 Engagement-Index 的流量渠道，往往其 ROAS 也较高。这说明兴趣值较高的用户，往往有更大的转化（如购买）意愿，而那些对我们不屑一顾的用户，往往也不会发生转化。因此，图 6-2 中右上角的那些流量渠道显然是更优质的流量渠道，值得我们继续投入，甚至增加投入的。而图 6-2 中左下角的流量渠道基本上是大家不喜欢的流量渠道，这些流量渠道的数据可能表明：这些流量背后的用户对我们的兴趣不大，而且没有太大的转化意愿。

不过，如果所有流量渠道都符合严格的流量质量和产出的线性分布，那么把质量和产出放在一起进行二元分析的意义就不大了。显然，并不是所有的流量渠道都符合这样的规律，那些少部分拥有高 Engagement-Index 和低 ROAS 的流量渠道才是我们的研究对象。如图 6-2 中左上角 DaySpring_CS_Google_PC_US 和 Lightinthebox_CS_Google_PC_UK。这些流量渠道具有与它们的 ROAS 不相称的 Engagement-Index。产生这种情况的原因值得我们进一步研究：是因为这些流量渠道的价格太高（造成 ROAS 很低），还是因为它们的流量存在作弊（所以不发生转化），还是它们潜藏着巨大潜力（这些流量可能是第一次接触我们的私域触点平台的流量甚至是第一次听说我们的品牌的流量）等。

另外，一些拥有低 Engagement-Index 和高 ROAS 的流量渠道也同样值得关注，如图 6-2 中右下角的 AliExpress_CS_Google_PC_US。产生这种情况的常见原因是流量作弊，另外一种原因则是整体流量的质量比较差，但其中有极少部分流量发生了金额较大的转化，从而迅速拉高了整个流量渠道的 ROAS。

Engagement-ROAS 分析法是非常有用的分析方法，也是做数字营销和流量运营必须掌握的核心思路之一，后文中还会用这种方法去解决一些实际的问题，只不过不一定用气泡图来做可视化。

这个基于两个指标构建的模型，是解决流量质量和人群质量分析中许多问题的切入点。通常会构建一个四象限的模型来进行分析，Engagement-Index 与 ROAS 的四象限模型如图 6-3 所示。

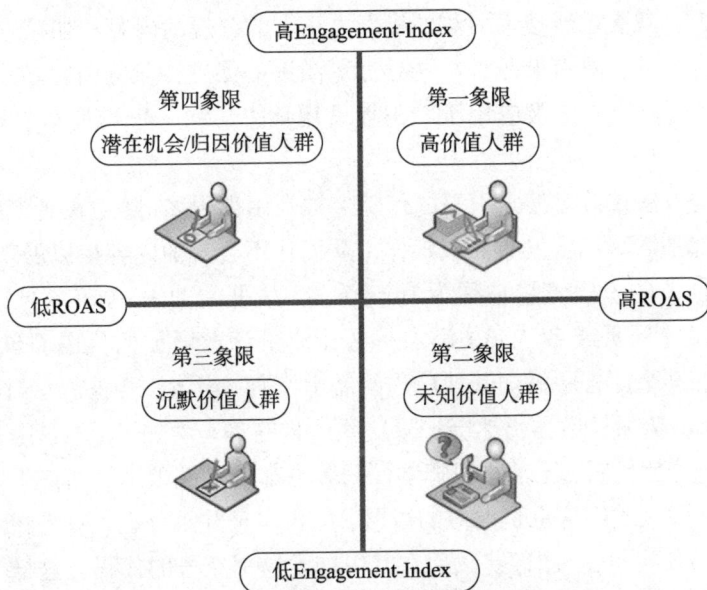

图 6-3 Engagement-Index 与 ROAS 的四象限模型

6.3 异常流量与作弊识别

对流量的优化很重要，对异常流量的甄别和排除同样重要。异常流量并不一定是作弊流量，要识别是不是作弊流量不仅需要技术，还可能需要主观判断。无论是异常流量还是作弊流量，都意味着流量本身是毫无价值的，也就意味着流量对营销与运营可能会毫无效果。

对效果类营销而言，判断流量是否异常并不困难，因为即使是真实的非作弊流量，如果没有效果，那么我们也可能认为它们是异常的。不过，对品牌类营销而言，由于流量缺乏一个短期的、明确的、可量化的结果，因此判断流量是否异常就变得有些复杂。

由于品牌类营销缺乏短期的、明确的、可量化的结果，因此品牌类营销领域成为流量作弊的"重灾区"。

在一定程度上，我们可以识别异常流量。但还有一些特殊作弊的流量很难识别。任何作弊都需要花费额外的成本，无论是用机器模拟还是找人来真实点击。反作弊的价值不在于杜绝作弊，而在于增加作弊的成本，使作弊的收益小于正常的营销或运营的收益，甚至使作弊的成本大于作弊的收益。

6.3.1　常见作弊方法

利用伪装、机器与人工创造虚假流量、流量劫持、诱导等都是常见的作弊方法。

利用伪装的方法，在英语中是 Cloaking。最初 Cloaking 是为了在搜索引擎上呈现搜索引擎不允许呈现的内容而被发明的。利用伪装的方法很容易解释，类似于如今动态网站的技术：判断网站的流量是来自搜索引擎的机器人，还是来自真实的人。如果来自搜索引擎的机器人，就展示给搜索引擎的机器人正常的合规的内容；如果来自真实的人，就展示给人不合规的，具有欺骗性、诱导性等激进的促进转化的内容。

例如，利用伪装的方法被应用于欺骗搜索用户去访问一个与搜索引擎描述不同的网页。

利用伪装的方法在针对搜索引擎的作弊上被利用得很多，随之在更多的广告系统中被应用，目的都是欺骗广告发布商或媒体，从而让不合规的内容得以展现。

利用机器创造的虚假流量被称为 Bots 流量，最低端的 Bots 流量是通过在广告上或者营销承接端（网页或者 App）添加一些让流量计数增加的代码而创造的。比如，在某个网页上的某个广告中添加其他广告的展示代码，当该广告被展示时，不管其他广告有没有被展示，流量计数器仍然会记录这些广告的曝光增加了。不只曝光计数代码可以被滥用，点击计数代码、流量监测脚本代码等也都可以被滥用从而产生一些实际不存在的流量计数。隐藏式广告也是类似的情形，广告本身并不存在，只是在页面中加入了一个 1×1 像素的透明 GIF 图像，然后在其中加了这个广告的代码，这样媒体的网页在被打开的时候，并不会出现一段真正的广告，但是广告的展示数据增加了。

不过，利用机器创造虚假流量很容易被识破，因为毕竟只是局部数据的增加而不是真正的流量的增加，所以一旦做数据比对就会发现很多无法解释的事。但是，这种作弊方法现今仍然大行其道，一方面是因为这种作弊几乎不需要什么成本；另一方面是因为很多做品牌类营销的广告主并不在意推广背后的数据真伪。不过，在效果类营销上使用这种作弊方法就有风险了，有些效果类营销是依据曝光量或者点击量来结算的，这让媒体有夸大曝光量或者点击量的动机，但媒体如果真的用这种方法作弊，马上就会露出马脚，得不偿失。

"肉鸡"流量是另外一种用机器创造的虚假流量，而且是一种更加典型的自动化程序流量。"肉鸡"和"僵尸"是同义词，是指在不知情的情况下被其他人操纵的终端设备，尤以 PC 为甚，安卓手机也有成为"肉鸡"的可能。"肉鸡"这种作弊方法非常古老，即利用软件病毒感染互联网上有安全漏洞的终端设备，随后，这些终端设备就能被发布这些病毒的黑客远程操控,按照黑客的要求点击广告或者完成与各种营销互动的任务。这种作弊方法能够产生真正的流量,但流量背后并没有真正的用户。

识破"肉鸡"流量的要点在于,尽管流量来自很多分布在不同地方的终端设备,但这些流量具有非常趋同的行为特征。毕竟,黑客一般不会单独操纵每个终端设备,而是利用程序"群控"大量终端设备。虽然可以用一些随机函数让每个终端设备上的行为变得不太相同,但不管怎样,它与真正的人的行为还是有很大差异的。通过分析流量背后的行为数据就可以发现这些流量是异常的。

"群控"本质上也是"肉鸡",它是在移动互联网时代所特有的一种作弊方法。与PC 时代的"肉鸡"不同,"群控"不是控制他人的终端设备,而是控制自己的终端设备,除此之外,它跟"肉鸡"并没有什么区别。"群控"的终端设备可能多达数千个甚至数万个,成本不菲,所以目前多用 PC 模拟手机,一般只能是安卓手机,苹果手机的"群控"则只能靠购买终端设备。

利用机器创造虚假流量这种作弊方法在品牌类营销中或许有用,但在效果类营销中,即使是不懂技术的广告主,看到自己采购的流量没有发生转化,也会心生狐疑与不满,这种情况下用机器刷流量的方法会很快被识破。

于是,利用"人肉"来产生"真实"效果的作弊方法应运而生,不过"真实"二字必须加上引号,原因在于它并不是真正的效果。人工刷流量往往不仅要刷流量,还必须刷很多广告主所追求的效果数据。由于实际的销售数据不太可能肆无忌惮地刷,因此除销售转化外的其他内容就成为"重灾区"。例如,汽车行业主要的营销效果是以销售线索来衡量的,而较难用真正的销售来衡量从销售线索得到的销售,消费者可能会经过很长时间的思考,但衡量流量的效果可等不了那么久,所以在这种情况下只能以一些可以在短时间内发生的离最终转化最近的消费者行为来衡量,而销售线索是一个较好的指标。因此,与销售线索相关的作弊,不少是由"人肉"完成的,这就导致识别销售线索的真伪变得异常困难,成为如今很多汽车主机厂商的一个非常棘手又亟待解决的问题。

利用"人肉"创造虚假流量也存在于搜索引擎竞价排名广告的恶意点击中。尽管可以利用机器人去恶意点击竞争对手的广告,消耗他们的广告费,但这种做法容易被搜索引擎识破和屏蔽。利用人"手动操作+虚拟机"的方法则相对"安全"。

利用"人肉"创造虚假流量还有更加隐蔽的方式,即激励性任务,如看广告能获得现金或者积分奖励,完成某个下载任务能够获得虚拟商品等。这种方式或许严格意义上不能称之为作弊,但从流量价值的本质的角度考虑,与作弊流量相仿。积分墙推广、激励视频、"互动广告"(不是一般意义上的互动型的广告而是一种激励广告)等类型都是这种方式。

无论是机器刷还是"人肉"刷,与流量劫持相比都只能算作弊界的"小儿科"。流量劫持的原理是将标记为 A 渠道的流量修改为 B 渠道,从而将本来属于 A 渠道的转化功劳记在 B 渠道上。B 渠道甚至可能一分钱的流量都没有贡献,就获得了转化,并获得广告主的广告费。

流量劫持从技术上是如何实现的呢? 有两种可能性。

一种可能性是在互联网较为底层的数据传输上进行修改,如同 Word 软件中的查找和替换，这种流量劫持基本没有办法能够防止，只能依靠互联网基础设施服务商加强管理及国家加强监督。2015 年 12 月 24 日，国内六家主流媒体 （今日头条、美团、大众点评网、360、微博、小米科技）联合表达共同诉求：呼吁有关运营商严厉打击流量劫持现象，重视互联网公司被流量劫持可能导致的严重后果。连六家如此大的媒体都不得不呼吁打击流量劫持，可见流量劫持是多么难以防止。

另一种可能性是在受众的客户端进行流量劫持，其原理要么是利用浏览器及恶意插件，要么是利用黑客技术在受害计算机上种植的木马等恶意程序从而在客户端将原本属于 A 渠道的流量修改为 B 渠道。

目前，流量劫持仍然是一种严重影响商业公平的盗窃行为，国家也有法规阻止部分的流量劫持行为，但总体来看，并没有特别好的方法能够从根本上遏制这一行为。

诱导可能算不上严格意义上的作弊方法，但仍然为广告主带来了大量的无效流量。例如，利用基本人性进行诱导（如用唾手可得的财富或者奖励进行诱导）、偷梁换柱（如你想下载某个软件，诱导者故意让你下载另外一个软件 ）。诱导并没有产生"非人类的流量"，但也没有产生目标人群流量，这些方式获得的流量质量和价值都非常低。

6.3.2　作弊流量的流量特征

作弊流量是否有固定的特征？虽然这个问题没有标准的答案，但是依旧可以总结出作弊流量的常见特征，见表 6-1。表 6-1 中的流量特征并不足以精确地识别作弊流量，但可以提供一定的参考。

表 6-1　作弊流量的常见特征

作弊大类	作弊方式	流量特征	识别难度	识别工具
利用机器创造虚假流量	在服务器端用机器刷代码	• 设备 ID 或者 Cookie 异常 • 跳出率极高 • 停留时间和访问深度异常 • 广告频次异常 • 时间分布异常	易/中	广告监播工具 用户行为分析工具
	在客户端安装代码	• 到达率异常 • 跳出率极低 • 停留时间和访问深度异常 • 广告频次异常	易	用户行为分析工具
	"肉鸡""群控"	• 跳出率极高 • 流量行为动作异常 • 不同细分流量具有不可解释的共性	中	用户行为分析工具
	隐藏式广告	• 广告频次异常 • 跳出率极高 • 到达率异常	难	用户行为分析工具
利用"人肉"创造虚假流量	竞争对手恶意攻击	• 跳出率极高 • 到达率异常 • 流量行为动作异常	难	用户行为分析工具
	激励性任务	• 与正常流量无区别 • 流量质量差	极难	部分依靠用户行为分析工具，但无法完全解决

续表

作弊大类	作弊方式	流量特征	识别难度	识别工具
流量劫持	通信段流量劫持	• 与正常流量无区别	极难	无
	客户端流量劫持	• 超低 Engagement，超高转化率	中	用户行为分析工具
诱导	利用基本人性进行诱导	• 数量忽然庞大且波动大 • 到达率较低 • 跳出率高，停留时间短，访问深度低	较难	广告监播工具 用户行为分析工具
	偷梁换柱	• 数量忽然庞大且波动大 • 到达率较低 • 跳出率高，停留时间极短，访问深度极低	易	广告监播工具 用户行为分析工具

6.3.3　识别作弊流量

反作弊更多的时候使用的是技术方法，但技术方法不一定能够解决所有的作弊问题，更不能解决所有的流量异常问题。因此，与技术方法相配合的是逻辑方法，或者说，是查看流量在数据上所反映的不合理性。

首先介绍技术方法。对作弊流量的分辨，一般是依靠第三方工具来进行的。例如，广告监播工具具有对流量进行基础性的作弊判断功能，这项功能的基础是黑名单库，包括有黑历史的 IP 地址、设备 ID 等。显然这个黑名单库不可能穷尽所有阻止作弊流量，它是"后发制人"的，为了解决这个问题，技术方法拓展了一种基于特征库的核心方法。

它可以将人工识别出的作弊流量的特征进行记录，并不断丰富这些记录，当具有这些特征或者类似特征的流量进入时，机器就会发出警报。特征库类似于更灵活的黑名单，它不仅记录类似于 ID 这样的静态信息，还重视灵活的作弊流量特征，以及依据特征建立起来的识别规则。

特征库并不是技术方法的终极方式，利用机器学习的方法发现作弊，结合人工的监督学习，"告诉"机器筛选出的流量哪些是作弊流量，哪些并不是，以及为什么不是，为机器补充更多的特征和变量，从特征库升级为特征学习才是技术方法反作弊的高端手段。

不过这种机器学习的方法，最本质的还是来自人的"教育"，所以我们直接看看人工识别作弊流量的逻辑方法有哪些。

①通过不合理的常识数据识别作弊流量。在广告端，点击率过多、点击频次过多、曝光频次过多、设备 ID 或者 IP 分布不合理的情况常常预示着作弊流量。在落地端，跳出率太高或者太低、交互指标和转化率不匹配、不正常的转化率、矛盾的访问长度和深度、有规律的注册电话号码、交互指标和流量数量矛盾都代表着它可能是作弊流量。

②通过不合理的交互指标识别作弊流量。交互指标是识别作弊流量的核心方法，作弊流量不是真正的用户，因此无论怎么模仿，这些流量体现出来的交互指标都与真正的用户有差异，而这些差异是识别作弊流量的重要特征。

作弊流量和反作弊永远是"道高一尺魔高一丈"，广告主必须意识到，不合理的 KPI 考核更可能带来作弊流量，对效果缺乏正确的衡量策略也会带来作弊流量。广告主对于作弊流量要有清醒的认知，完全纯净的流量非常罕见，规模越大的流量越无法杜绝其中的杂质。作弊是令人厌恶的，虽然将精力放在反作弊上非常必要，但是将精力放在正确的营销与运营策略上或许更为重要。

C6-1 启发思考题

1. 从商业模式竞争角度看，拼多多采用了何种商业模式？其与传统的商业模式有何不同？这种模式对拼多多在短时间内的快速崛起起到了何种作用？

2. 为何拼多多的平台模式能在竞争激烈的中国电商市场实现突围？其是如何制定和实施平台营销战略的？

3. 拼多多的平台商业模式在当前市场竞争中遇到了什么样的挑战？对其平台增长产生了何种影响？你有什么样的改进建议？

C6-1 拼多多："后流量时代"的平台突围[①]

C6-2 启发思考题

1. 什么是商业模式创新？从产业环境角度分析宝宝巴士选择"免费"方式的商业模式动因。

2. 商业画布由哪些要素构成？基于商业画布分析宝宝巴士商业模式创新的优势和隐患。

3. 结合商业画布要素，思考在互联网蓬勃发展和"双减"政策的影响下，如果你是唐光宇，要从哪些要素入手来抵御该商业模式可能存在的风险？

C6-2 "流量引擎"驱动下的宝宝巴士将驶向何方？[②]

即测即练

自学自测  扫描此码

---

① 朱良杰，何佳讯. 拼多多："后流量时代"的平台突围. 中国管理案例共享中心，浙江工商大学工商管理学院、华东师范大学经济与管理学部，MKT-0814.

② 陈秀秀，梁成，沈鑫，等. "流量引擎"驱动下的宝宝巴士将驶向何方？. 中国管理案例共享中心，安徽大学商学院，STR-1735.

第 7 章

电商流量运营与消费者交互

采买流量或引入流量，以及分析流量的质量，主要是营销前端的工作，而引导外部流量背后的消费者慢慢成为潜在客户，乃至发生转化成为正式客户，则是流量运营的主要工作。

7.1 流量的落地优化

前面的章节介绍了从营销前端到营销后链路的各个环节，但并没有专门介绍"中间地带"的存在。不过，"中间地带"是非常重要的。

所谓"中间地带"，其实是流量从广告端进入企业的私域的一个环节，也被称为流量的落地。以线下的物理世界为例，一个店铺的店主通过在街上吆喝来吸引消费者，当消费者被吆喝声吸引走进店铺的一瞬间，看到店铺内的环境、陈设、光线的感觉，就是对这个店铺的第一印象，这便是消费者的一次从吆喝声到实际发生交互的界面转换，就是一次落地。

在数字世界中，这样的落地常常发生。举个最简单的例子：当你点击广告之后打开一个商家的页面时，无论这个页面是网站上的，还是小程序或者 App 的，它取代了广告而开始给你关于这个商品和商家的更深入的印象，也是真正开始影响消费者的第一印象。因此，这个承接流量落地的页面，也就被称为着陆页或者落地页。

着陆页很重要，如果你花费了很多广告费吸引到的消费者在看到你的着陆页之后兴趣全无，那你所付出的金钱和精力就被白白浪费了。因此，花费更多的精力不断提升自己的落地水平，提升消费者的落地体验是非常重要的。

7.1.1 落地体验五原则

要想落地页转化率高，需要构建合理的转化交互。首先就是要明确落地页设计的转化目标是什么，浏览、注册、咨询还是购买？

有些生意是有足够的条件让用户直接在落地页上实现购买的，但大多数没有这种条件。如果没有这种条件，却要硬把转化设置为让用户购买，那么结果一定不如人意。这时就需要用到落地体验五原则——刺激、从众、权威、安全和功效。

刺激原则：给予消费者诱惑和紧迫感。

从众原则：构建从众心理，营造很多人都在这么做的氛围。

权威原则：权威认证、许可和推荐等。

安全原则：让消费者相信不会发生负面情况，即使发生负面情况也不会造成严重后果，即使造成严重后果也能轻松得到赔偿。

功效原则：展现产品的"强悍"功能，并告诉消费者使用产品可以产生什么样的效果。

7.1.2 着陆页的跳出率

跳出率不仅可以反映流量的质量，还可以反映着陆页的质量。

可以想象两种情况：第一种情况，进入着陆页的流量都是垃圾流量甚至作弊流量，这些流量进入着陆页之后什么也不干；第二种情况，进入着陆页的流量全部是真实流量，但是进入着陆页之后，却发现着陆页实在是太糟了。

两种情况的跳出率记录都不会好，一定都有极高的跳出率。

因此，如果你看到一个着陆页的跳出率很高，你就无法直接判断是流量出现了问题，还是着陆页自己出现了问题。这种情况实际上是跳出率的多重内涵导致的——跳出率不仅可以反映流量的质量，还可以反映着陆页的质量。因此，我们有必要区分到底是流量不佳，还是着陆页体验糟糕。

要解决这个问题，需要对流量进行细分，细分的思路是，如果进入一个着陆页的所有流量的跳出率都很高，那么这个着陆页本身存在问题的可能性比较大。因为在一般情况下，自然搜索流量不存在作弊问题，直接流量也较少发生作弊的情况，搜索引擎的竞价排名流量的质量也不错，如果连这些流量到了某个页面之后跳出率都很高，那么这个页面应该检讨自己的质量。这几类流量被称为参照系流量。参照系流量的特点是，它们的质量很稳定，一般不容易被人为干扰。除了这几类流量外，那些被你信赖的流量也可以作为参照系流量。参照系流量是一个重要的概念，请务必记住。

但是，如果参照系流量的跳出率正常，而其他流量的跳出率很高，那么是其他流量的质量不佳的可能性大，而不见得就是着陆页自身的体验不佳。

不过，跳出率虽然是一个重要的指标，但它的重要性却在慢慢下降。

其一，跳出率无法衡量单页面推广的着陆页和流量的匹配程度，因为推广单页的跳出率往往很高。

其二，今天的页面互动性空前增加，HTML5 技术更是推进了这一趋势。如果没有做好事件监测，那么大量的页面互动可能无法被用户行为分析工具捕捉到，导致跳出率的准确性非常糟糕。

其三，对于那些没有引入深入链接的 App，跳出率不适用。

其四，跳出率是一个宏观指标，它实际上对用户行为不加区分。例如，点击"加入购物车"和点击"关于我们"这两个行为都意味着不跳出，但是这两个点击的价值却很不一样，而跳出率不能反映这些细分行为的差异，都是一概以"没有跳出"作为结论的。

7.1.3 智能着陆页

在介绍信息流广告时，曾经提到过智能着陆页，它其实可以推广到所有的着陆页的实现上。与动态创意类似，智能着陆页也是通过拼合各个元素构成一个完整的着陆页。这些元素包括图片、文案、交互元素、背景、表单等。但智能着陆页并不能自动生成这些元素，它是在做好了这些元素的多个版本之后，帮助用户选取合适的版本进行拼合。

所谓合适的版本，是指机器在通过学习之后，由机器选择最适合某个用户的各个版本的元素，再将其拼合。这样，从理论上来说，每个用户看到的着陆页都是不同的，每个用户看到的着陆页都是机器认为最适合这个用户的，是最能够引起这个用户发生转化的着陆页。

7.2　A/B 测试

A/B 测试来源于药品的测试，方法是将看起来一模一样的两种药品（一种药品含有有效成分；另一种药品只含有淀粉，充当安慰剂），在同一时间给两组情况和病况都完全相同的病患服用，并且病患和医生都不知道自己手里的药是否含有有效成分。在疗程结束后查看两组病患的情况。服用安慰剂的那一组病患称为控制组或对照组，服用含有有效成分的药品的那一组病患称为实验组。

A/B 测试被广泛应用在各行各业需要严格研究效果的场景中。A/B 测试通常被当作衡量哪个版本更好的"利器"，但事实上，如果仅把它用于衡量哪个版本更好，那么它的价值就被大大降低了。虽然 A/B 测试已经在大量书籍中被介绍，但需要为大家再"灌输"一些可能更加重要的思想。

7.2.1　A/B 测试的定义

A/B 测试实际上是一个方法体系，而不仅仅是一个为了获得确定的结果而设置的工具。这个方法体系的核心在于，A/B 测试创造了一个除测试对象之外所有的变量都没有区别的环境，从而能够将分析聚焦为什么测试对象的不同，会导致不同的用户行为。

也就是说，通过 A/B 测试得到结果只是第一步，更重要的工作是分析不同版本（或是不同的策略、配置）上用户行为的差异，从而判断用户的意图或者逻辑。A/B 测试不是结果，而是手段。

因此，要做好 A/B 测试也不仅仅是靠一个 A/B 测试工具，往往与之搭配的是能够更细致地描绘用户行为的工具，其中最典型的，就是前面介绍的热力图。如果遵循严格的要求，那么 A/B 测试的应用应该按照下面的流程进行。

第一步，基于数据分析或可行性分析，建立不同的测试版本。请注意，测试版本的建立必须是经过分析，并基于改进意见得出的，而不能用 A/B 测试代替分析。举个例子，有的调查向人们"炫耀"通过 A/B 测试，发现红色的按钮比绿色的按钮更加吸引人点击，所以我们以后应该用红色的按钮。这样的测试纯属无稽之谈，这样的建议也一文不值。A/B 测试并不是一个简单的工作，任何一个需要被测试的变化，都应该是基于有价值的分析得出的改进建议，这样才能做到有的放矢。

第二步，定义一个测试用的对比指标。比如，转化率（例如，从 A 版本进入的流量的转化率，和从 B 版本进入的流量的转化率相比），或是停留时间，或是 Engagement Index 等。事实上，有时候 A/B 测试的目的根本不是对比指标，而是单纯为了查看用户行为的差异，这时对比指标就没有那么重要了。不过，因为任何一个 A/B 测试的工具都需要确定一个对比指标，因此，这一步也就成了必然要做的一步。

第三步，建立 A/B 测试的环境，保证每个对比版本的流量来源、成分、时间都是完全相同的。假如有 A、B、C 三个版本，那么必须确保这三个版本同时上线，并且确保它们的流量是一致的。例如，如果测试的流量主要来自搜索引擎竞价排名，那么要确保竞价排名的每一个广告的流量都同时且均匀地流入三个版本。而不能是 A 版本对应一个关键词广告，B 版本对应另一个广告，C 版本对应其他广告。如果流量来自信息流广告，也是同样如此，必须确保同一个广告的流量同时均匀地流入三个版本。

第四步，为 A/B 测试灌入足够的流量，以确保此后的分析有足够的数据支持。当然，如果 A/B 测试需要分出不同版本的胜负，就需要用足够的数据来支撑，以确保统计学意义。

第五步，无论 A/B 测试最终有没有分出胜负，都需要对不同版本上用户行为的细节情况进行分析，以使 A/B 测试的价值最大化。很多朋友问我："我的 A/B 测试没有分出胜负，是不是说，这些版本之间没有什么差异，随便用任何一个版本都可以？"完全不是，你应该分析不同版本的改变所导致的用户行为差异，以及这些差异背后的逻辑，并且，基于你分析的逻辑，再设计一版新的版本，此后再针对这个新的版本做 A/B 测试。这也是为什么在第一步中我强调类似红色按钮、绿色按钮的测试完全没有价值的原因。

当然，我并不是抹杀 A/B 测试在帮助我们区分优劣方面的价值，很多时候它确实告诉了我们哪一个更好，更重要的是，它也帮助我们说服了那些仅凭经验做决定的老板。

7.2.2　A/B 测试的统计学意义

前面已经提到过，在将 A/B 测试用于衡量不同版本的优劣时，要考虑统计学意义，准确地说，要考虑置信度（置信水平）。

在统计学中，一个概率样本的置信区间是对这个样本的某个总体参数的区间估计。置信区间展现的是这个参数的真实值有一定的概率落在测量结果的周围的程度。置信区间给出的是被测量参数的测量值的可信程度，即前面所要求的"一定的概率"。这个概率被称为置信度，也叫置信水平。

简单地说，置信度就是得出的结果的可靠度。例如，A 版本优于 B 版本的置信度为99%，就是指 A 版本优于 B 版本的概率达到了99%。这是一个很高的置信度，这说明 A 版本确实优于 B 版本。而如果 A 版本优于 B 版本的置信度为50%，就表明 A 版本优于 B 版本的概率是50%，这样一来，A 版本优于 B 版本就不是一个能够成立的结论，因为这个概率跟掷硬币和猜正反没有区别。

通常，数字化营销中的 A/B 测试的置信度最好达到99%以上，但达到90%一般也是被认可的。高于90%的置信度被称为这个 A/B 测试具有统计学意义，否则这个 A/B 测试就不具备统计学意义。

7.3　用户交互的分析与优化

着陆页是外部流量转变为企业的私域流量的关键转换界面,但着陆页显然不是用户交互的全部。

即使一个用户(消费者)在进入着陆页后没有跳出,那他也不见得就会立即转化。他也可能在触点平台上发生一些转化之外的交互。而这些交互,反映了他的兴趣,要么能够进一步激发他的兴趣,从而最终促成他的转化,要么慢慢让他丧失了兴趣,最终导致他的离开。我们当然不希望他离开,因此需要继续严阵以待,确保消费者的进一步互动能有好的体验。

7.3.1　体验失效

体验失效是指用户在使用产品或服务时,由于各种原因未能获得预期的满意度或满足感,导致他们的体验感下降,甚至产生负面感受。这种情况通常发生在用户的需求没有得到及时满足,或者产品的功能、设计不符合用户的期望时。

要特别注意体验失效的情况。并不是所有用户都有强大的耐心,恰恰相反,大多数用户需要快速得到答案。如果不能快速提供他们想要的交互结果,他们就会变得"烦躁",然后迅速离开。

比如,最为典型的一种,就是"并不存在的链接"。有一些图标或者文字看上去特别像可以切换或者跳转去其他网页的链接,当消费者点击并发现上当受骗后,极易导致他们的消费体验崩塌。

另一些容易发生体验失效的地方,是反复在页面中弹出的弹窗。这些弹窗的不断提醒你咨询客服人员,从而"获取"你的联系方式或直接推销产品。

与弹窗相对的方法是浮层,即一直保持在屏幕中,即使拖动页面上下滑动也仍然保持在屏幕中原始位置的一个网页元素。PC 端的浮层通常置于页面的两侧,而移动端的浮层则常常处于页面的底部。一般而言,在移动端使用浮层的效果要比反复出现弹窗的效果好很多。

频繁出现的弹窗确实会影响消费者的体验,但这并不代表弹窗本身没有价值,可以通过优化弹窗设计来改善这一问题,例如,在连续弹出两次后减少其出现的频率。如果用户持续选择关闭弹窗,可以进一步降低其出现频次。而在移动端,弹窗通常只出现一次,避免了反复弹出的问题。

首屏的轮播图也是容易发生体验失效的地方。轮播图的点击率通常较低,甚至比单图的点击率更低。采访了一些用户可知,轮播图看起来就像很多在不断切换的广告,而广告一般是会被直接略过的。这个观点听起来很有道理,因为避免广告确实是提升消费者体验的一个关键因素,如果你需要让消费者注意某个部分,就不要把这个部分强调得像广告一样,而是恰如其分地强调。

7.3.2　内容交互

除了交互体验外,内容体验也非常重要,并且其重要性随着内容营销的兴起而推高。

很多时候,营销人员不仅在自己的私域平台上发布营销内容,还会委托其他媒体(及自媒体)来发布,以进一步扩大传播。

有时,发布这些内容的媒体可能会通过作弊来增加阅读量,因此我们需要利用一些方法对这种情况加以辨识。不过,鉴定外部媒体上阅读量的真假,存在一定的难度。微博是目前比较好的可以鉴定粉丝量真假的平台,主要依靠粉丝的社交关系来判断粉丝是不是"僵尸粉"。因为"僵尸粉"往往缺乏正常的社交互动,尽管"僵尸粉"之间可能会互粉以制造虚假的粉丝数量,但这种行为很容易被识破。

但微信图文的阅读量却是另外一个情况,它缺乏比较好的社交关系数据的佐证,所以它容易成为被不断刷量的重灾区。

但这种情况并非束手无策。虽然没有任何工具能够直接告诉我们哪些阅读量是假的,但利用一些"分钟级"监测的工具,可以通过不正常的阅读量的增长曲线来判断有无异常。所谓分钟级,很容易理解,就是这个工具每分钟帮你探测一篇文章的阅读量,把每分钟记录的阅读量做成一个按照时间排序的趋势线,以便看出一篇文章的阅读量的增长趋势。

上面的方法虽然可行,但还有很多问题难以解决,其中之一是:尽管你可以知道有没有真实用户看到你的内容,但你无法判断你的内容如何影响到了用户——用户到达(打开)内容和看到内容其实是两回事。如果可以加入监测脚本代码或者 SDK,那么可以直接监测内容的互动行为数据,情况就会大为改观。

有些人喜欢利用跳出率来衡量内容的品质,但并不建议这么做,因为利用跳出率来衡量内容的品质的准确性不够高:阅读内容可能并不需要点击任何链接,但读者的内心可能已经受到了内容的影响,这种情况下的跳出很有可能并不能反映真实的阅读情况。

总体而言,内容的交互情况在数据表现上既简单又复杂。说它简单,是因为可用的指标不多,很容易做大致判断。说它复杂,也是因为可用的指标不多,所以要进行深入的分析并不容易。内容本身跟互联网口碑社会舆情结合在一起,使内容的效果评价与优化更加混沌。

7.3.3　社交内容分析

与其他领域相比,社交内容的监测与分析需求极为旺盛,供给却相当稀少。但社交内容的相关数据却能提供给我们独一无二的重要信息,企业也迫切地想通过这些数据把握消费者的心态、情绪乃至欲求。

众所周知,今天的互联网是每个人尽情抒发释放的渠道,内容以几何级数量迅速增长,承载着浩如烟海的来自消费者的真实表达,并夹杂着各种因特定商业目的而发出的嘈杂声音,生机无限,又纷繁芜杂。如同一个不断长大的蛮荒大矿脉,虽蕴含着金子,却一直缺乏能掘金采银的好工具。不是没有工具，而这些工具不过是数据统计工具罢了，它们并不真正理解社交和内容背后的人的意思，可用于计数，但离真正的分析仍然远矣。

社交内容分析的两类指标分别是声量（在社交平台上普通用户产生的相关内容的多少）和调性（也称态度，是指用户内容中所反映的他的态度是赞扬的、批评的、中立的，还是既有赞扬又有批评）。

社交内容分析的一个要素是指用户在社交平台上产生的内容是什么主题。因为调性必须围绕某个主题展开才有意义。假如有这么一个内容，有一个人大肆批评你的竞争对手的品牌，而说你的品牌还"凑合"。在这个内容中，对你而言，调性显然不是负面的，至少是中性的，但对你的竞争对手而言，调性就是负面的。因此，对内容主题的准确探知也是社交内容分析的重要指标。

抓取社交内容一般有两种方法。

第一种方法是社交平台主动提供 API 接口供第三方获取平台内的相关信息。例如，微博能够提供相关接口，允许第三方获取微博内一部分的社交内容信息。

第二种方法是主流的方法，依赖于类似搜索引擎爬虫的技术对社交内容进行爬取。这种方法之所以成为主流，是因为绝大多数的内容平台都不提供关于内容本身的 API，毕竟这些内容是这些平台的核心资源。这样，第三方想获得这些内容，就得靠"爬"。为了防止第三方爬取自己的内容，大部分社交内容平台都设有反爬虫机制。特别要注意的是，爬虫技术只可应用于没有设置禁爬的内容平台。

读懂社交内容更加重要，因为如果没有对社交内容进行深入阅读，就不可能做好社交内容的分析。

让机器理解自然语言非常困难，因此当时我们采用了大量的人力，依靠"人脑和双手"解决问题。不但效率和准确性都不理想，而且管理成本却很高，所以这不是长久之计。不过这个情况悄然发生了改变。

近几年自然语言处理（natural language processing，NLP）的一些发展已经能在一定程度上提升机器理解语言的效率，从而基本上能从"源头"解决社交内容分析的根本性问题。

知识图谱和预训练的语言模型大大提升了 NLP 的效果，使机器能够正确解读自然语言，是社交内容数据监测与分析的一个重大突破，这意味着严肃的定量化的社交内容分析成为现实。

过去的社交内容分析一直被诟病流于表面、缺乏深度。要深度地进行社交内容分析，就必须解决两个问题：第一，内容与内容之间的关联；第二，内容与知识的关联。

对第一个问题，举一个例子，过去的社交监听能够挖掘到现象，却无法对其进行深度分析，如我们能够通过社交监听了解某品牌的婴儿奶粉在消费者心目中是"容易造成宝宝上火"的，但为什么这个品牌的婴儿奶粉给消费者留下这样的印象呢？是由某个"谣传"所致，还是众多消费者在互不影响的情况下分别提出的"抱怨"所致？这需要机器对内容与内容之间的关联进行分析与解读，才能解决这个问题。内容与内容之间的关联，通过社交内容分析工具在全面抓取数据的条件下就能实现，相对还是比较容易解决的。

第二个问题必须通过知识图谱来解决。例如，有两个不同的消费者抱怨宝宝在食用了这个品牌的婴儿奶粉之后有不适的表现，一个宝宝的眼睛分泌物增加，另一个宝宝的大便干结。这两个表现都被消费者看成"宝宝上火"的症状，但在分析的时候，如果没有知识图谱，机器就不会把二者归类在同一个类别下。内容与知识的关联是知识图谱最大的价值，其本质是让机器能够像人一样"联想"。

在某种程度上，自然语言处理只是让机器"认字"，而知识图谱才能帮助机器实现理解。真正的社交内容分析，必须有知识图谱作为基础。

百度百科对知识图谱的定义：知识图谱在图书情报界被称为知识域可视化或知识领域映射地图，是显示知识发展进程与结构关系的一系列各种不同的图形，用可视化技术描述知识资源及其载体，挖掘、分析、构建、绘制和显示知识及它们之间的相互联系。

目前，知识图谱的三个核心信息抽取（实体抽取、关系抽取、属性抽取）算法已经比较成熟，而且各行业已经积累了相当多的语言语义的分类和结构化数据，进一步提高了知识图谱构建的效率和准确性。另外，知识图谱内的信息不是一成不变的，而需要随时间的推移进行不断更新。知识图谱内的知识更新在过去一直比较麻烦，而如今在技术上也有一定的突破，尤其是在目前知识融合和验证上，人工构建规则的经验积累也比过去要好。可以说，如今在汉语领域中构建知识图谱的能力已经大有提高。

社交监听的说法看起来有些"过时"了。因为内容，尤其是社交内容，不只是文字，还夹杂了大量的图片、视频及音频。因此，突破社交监听中的只是"听"就非常重要，不仅能"听"，还要能"看"，这才是真正意义上的从社交监听向社交监控的升级。

这同样必须基于人工智能，尤其是图像识别、语音识别和知识图谱技术。在这三者共同的协助下，社交内容分析正变得甚至比人工识别更加准确。

目前，社交内容分析常用的方法是利用图像识别，将图片或者视频中的各类元素识别出来，转化为带有权重的标签，并基于知识图谱识别其更准确的含义或者关联。

在"听"和"看"的背后还得追求速度。

互联网用户在网上发出的各种声音浩如烟海，不可能全部由人工去看，必须由机器进行抓取和处理。

目前，全网监测仍然非常困难，数据量太大，不现实，实时性也不佳。但并不是所有的工具都如此，如在特定平台上（如微博、微信、各种论坛）利用第三方社交监控工具，与社交平台提供的 API 实现的数据对接和处理速度已经可以实现"分钟级"，部分已经是"秒级"。类似的工具如 AdMaster 的 Social BI。

社交与内容分析的应用，在很长一段时间内都是帮助企业在舆情中及时发现负面信息，或者总结在文章发布之后能够传播多广、多久。这是传统的规则驱动和数据追踪模式下给出的惯用的解决方案，但显然不是如今人工智能支持下的社交内容分析应该给出的解决方案。

如今的社交内容分析已经可以更为全面、深入。原有的关键词触发方式已经过渡到理解消费者的思想。在 NLP 和知识图谱的帮助下，社交内容分析对于消费者的语言背后的含义，能够有更充分的理解与把握。

　　没有什么方法比直接询问消费者内心所想更能帮助企业找准自己的市场与品牌的定位了，显然，社交内容分析能够在这一领域中给出相当直接的答案。

7.3.4　用户引导

　　消费者交互的另一个重要领域是用户引导。所谓用户引导，指在你的触点平台上的导航（包含指引、提示等）、站内搜索等功能的恰如其分的供给，给用户带来的良好使用体验。

　　导航在 PC 端和移动端都非常重要，尤其是受到屏幕大小限制的移动端。而 PC 端的导航，则更多依赖于"古老的"菜单功能和"面包屑"系统（cookie）。先来看 PC 端的导航。PC 端的导航主要研究下面几个问题。

　　第一个问题，我们会衡量导航体系整体被使用的情况，也就是查看用户是否需要频繁地使用导航。导航被过多地使用并不是好事，这说明用户在获取信息上存在困难，才会不断地尝试通过导航解决问题。

　　第二个问题，导航区域本身的设置是否合理？是否有一些导航的入口根本不值得放在导航区域，而另外一些应该添加进来？

　　对于第一个问题，用导航利用率进行分析。

　　导航利用率用来衡量网站导航整体被使用的情况，并进而推算用户是否过度或者过少使用导航。

　　导航利用率通过网站中导航的总点击密度来表现，等于导航区域的点击数/（总页面浏览数量–跳出流量的页面浏览数量）。

　　你可能会提出一个问题——总的页面浏览数量和跳出流量的页面浏览数量容易获得，但导航区域的点击数如何获得呢？获得导航区域的点击数的方法有两种，这两种方法都不难。第一种方法是利用事件监测（埋点），对所有的导航条目都加上事件并且将事件的类别都定义为"导航"，这种方法对网站和 App 都很有效。第二种方法是对所有的导航位置的链接 URL 都加上一个参数后缀，以区别它是用作导航的链接。在谷歌使用分析类的用户行为分析工具中，这个 URL 会被记为一个不同的页面，但并不影响用户打开网页，用户行为分析工具记录的所有含有参数后缀的页面的浏览量就大约是导航区域的点击数。

　　导航利用率，常常要对不同人群进行分类统计，以判断导航的设计是否合理。最常见的人群细分方法是，分别计算对新、老用户的导航利用率。如果新用户的导航利用率超过 40%，而老用户的导航利用率约为 20% 甚至更低，就说明新用户还在熟悉你的网站，也意味着你的网站可能要对新用户"更友好"——对新用户进行一些指引，或者设计一些对新用户更友好的导航。但是，如果新、老用户的导航利用率都很高，就说明新、老用户在你的网站上寻找他们想要的信息时存在困难。

　　对于第二个问题，需要查看导航区域的合理性。导航区域的合理性是指导航入口的设置是合理的。这些入口应该是用户常用的并且分类清晰、有逻辑性的，更重要的是，这些入口应该是能够被用户轻易找到且不会被用户随意忽视而起不到导航作用的。

总体上，导航的点击不太可能平均分布，但是，如果有过于密集的点击入口，或者过少的点击入口，你应该考虑优化。过于密集，意味着这个页面上该路径或者该功能的进入方式太过单一，可以考虑增加一些辅助入口。过少的点击入口意味着这个入口出现在导航区域中的价值值得重新掂量。

另外，站内搜索报告能够直接提供关于用户需求的信息，如导航菜单中的某个条目，如果在站内搜索中有较大的搜索量，就应该考虑让它出现在导航菜单中或者让它有更好的"排名"。

从使用体验角度来说，如果导航本身很重要，那么最好不要采用弹出式菜单的展现方式。与 PC 端的导航设置相比，移动端的情况有很大不同。移动端必须摒弃弹出式菜单，或者至少要非常谨慎地使用弹出式菜单。

因此，在移动端，一个关于导航的指标就显得比较重要（当然，在 PC 端也可以使用这个指标），这个指标就是在点击一个导航条目进入相应页面之后，又回退到上一页或重新点击其他同级导航条目的概率，这个概率称作再次导航率。

利用事件监测（埋点）可以计算点击各导航条目的数量，利用路径分析功能可以展示人们点击某个导航条目之后的行为。这些行为中的回退到上一页或者重新点击其他同级导航条目的行为数量，占上一次导航互动总数量的比例，就是再次导航率。如果再次导航率很高，就表示某个导航条目可能是无效的。

如果某些导航条目的再次导航率很高，就意味着这些导航条目的文案不准确，引发了用户的错误预期。

另外一个指标被称为导航退出率，对 PC 端和移动端都适用，指点击某个导航条目进入对应页面之后，什么也没有做就离开网站这种情况占所有点击导航的会话控制的比例。这时应该优化导航条目吗？或许更应该优化导航条目指向的页面。

如果是利用事件监测（埋点），那么计算方法是计算"下一步行为"报告中下一步行为的总数与该导航条目被点击总数的差值，这个差值就是没有再发生行为的数量，可以把这个差值近似地当作点击该导航条目后跳出的数量。

导航退出率高意味着点击某个导航条目之后，用户发现导航对应的页面上的内容与导航文案不匹配，而失望地离开。再次导航率和导航退出率之和可以统称为导航失效率。导航失效率越高，导航的潜在问题就越严重。

7.4　营销数据优化微观转化

转化是数字营销的重中之重，也是数据应用的重要场景之一。有句话说得好，"没有转化就没有增长"。对转化的优化，就是在优化增长本身。所谓转化，是指营销目的的达成，这些目的有的接近终极目的，如消费者（或客户）发生实际的购买，因此购买行为也被称为最终转化；有的是实现终极目的过程中的一些颇具里程碑意义的行为，如提出购买意向、将商品添加到购物车、向企业的销售人员咨询等，这些行为也被称为过程转化或微转化。

　　无论是最终转化还是过程转化，都意味着此前的营销与运营的努力产生了或多或少的效果，而通过更科学的策略和行动不断提升转化效果，是所有营销与运营追求的方向。

7.4.1　宏观漏斗和微观漏斗

　　漏斗，其本质是引流、承接、交与、转化、忠诚、增殖的过程。（增殖和增值是两个不同的概念。增殖是指通过现有客户吸引新客户，类似于自然界的繁衍，目的是增加客户数量和提升价值；增值则是指提升产品或服务的价值，与客户数量增长无关。简而言之，增殖关乎客户增长，增值关乎价值提升。）

　　转化漏斗是用来分析转化的必用方法，尤其是对于存在多个转化步骤的转化，转化漏斗更是重要。

　　对于转化漏斗，业界有两种理解。其中一种是宏观的，是指在营销的过程中，从完全不认识你的普罗大众，到最终成为你的顾客的过程。例如，广告触达到的人就是宏观漏斗的上层；这些人到了你的网站、App 或者电商店铺中，就是到了宏观漏斗的中层；这些人进入购物车、合同、订单、支付等环节，就是到了宏观漏斗的底层。

　　宏观漏斗的转化成败，与营销和运营的宏观策略息息相关，甚至与产品和经营的策略也直接相关，是一个很大的范畴。

　　另一种是微观的。从微观漏斗的角度观察转化的成败，会发现转化与消费者的体验直接相关。消费者的体验主要包括转化的流程是否合理、引起消费者兴趣的信息是否合理、是否存在对于完成转化的干扰等。

　　无论是宏观漏斗，还是微观漏斗，都有一个共性，那就是，越往下人数或者流量就会越少。

　　例如，在宏观漏斗中，引流（流量获取）阶段触达的人数肯定比对你的商品感兴趣的人数多，而最终购买你的商品的人数肯定不会超过对你的商品感兴趣的人数。同样在微观漏斗中，查看商品详情页的人数比将商品添加到购物车的人数多。在转化漏斗从上到下的过程中，相邻两个步骤之间人数或流量的差值称为流失。

7.4.2　转化漏斗分析

　　转化漏斗分析方法，是把转化过程中每一步的流量都进行统计，然后查看每一步流量的流失有多少，从而分析转化过程中的哪一步存在问题。

　　在正常的转化漏斗中，每一步都有一些流失，但是并没有出现到某个环节大量流失的情况。如果转化漏斗的某个步骤出现了"泄露"就被称为"有泄漏点的转化环节"。这种不正常的转化漏斗同样存在到了某些环节大量流失的情况，但不是直接出站而是进入站内（或 App 内）的其他地方，而没有完成最终的转化。

　　几乎所有的用户行为分析工具都支持对转化漏斗的步骤进行统计，但转化漏斗并不会由工具自动生成，也就是说，你需要在工具中手动设置你要统计的转化漏斗的步骤，把转化的每一步都填入工具中，工具才会帮你统计转化的情况。

需要注意的是，不同的工具对转化环节的标记方法不同，如网站端主要用和转化相关的页面的 URL、URI 来标记转化步骤，并且还分为是否支持区分尾部参数。因为同一个 URL 可以缀有不同的尾部参数，支持区分尾部参数的工具会认为有不同尾部参数的同一个 URL 不能算同一个页面。而 App 端则主要用事件名来标记不同的转化环节，也有使用 screen name（即 App 的页面名）或 App URL scheme（即 App 的网址计划）来标记不同页面的，但较为罕见。各种工具的标准不同，所以工具对转化环节的标记方法一定要询问工具的提供商。

转化漏斗非常直观，它能很快地帮助我们找到可能存在问题的地方。例如，流量从商品详情页面进入购物车页面的转化率是 5%，这个值偏低意味着消费者在看到商品详情之后，将商品添加到购物车的意愿并不强烈。

如果消费者添加购物车的意愿不强，是否说明商品详情页存在问题？有这个可能，但并不绝对，因为某个环节转化率低下的种子也许在更早之前就已埋下。举一个例子，如果消费者是通过点击了首页的超级促销，或者是点击了大肆宣传超级折扣的促销广告，而进入商品页面，但发现商品页面上并没有任何价格的优惠。如果是你，会不会感觉上当了？这时，即使这个商品还不错，价格也不高，但你可能仍然不会考虑购买了。这会造成购物车添加率的低下，但不能归咎为商品页面存在的问题，更前端的优惠宣传才是"始作俑者"。这种情况其实挺常见的，我们经常能遇到优惠已经结束，但首页和广告却没有及时撤下相关信息的情况。

上面的例子警示了对转化漏斗的误用——当看到转化率较低的步骤时，我们通常会认为一定是这个步骤出现了问题，然后想尽办法调整这个步骤，就像上面说的这种情况，一个劲儿地去寻找是不是商品页面出了什么问题，实际上却是南辕北辙。

转化漏斗分析方法从来就不是一个能够"单打独斗"的方法。如果仅仅是用漏斗去分析转化，那么除了能够说明在哪一个步骤上的转化率偏低之外，什么都无法解答。在这一点上，其实它的局限性和我们前面讲的跳出率类似，它们都只能在宏观上描述一个事情的大概状况，却无法提供更细节的帮助。

那么，正确的方法是什么？

转化漏斗分析方法属于经典方法，但只应用这种方法还不够。一般而言，我们主要用它来发现问题，即找到存在"转化泄露"的步骤，再配合其他一些工具继续研究具体是哪里存在问题，以及问题背后的原因。

经常与转化漏斗配合使用的工具是页面上下游分析工具。这个工具的目的是展示某个转化步骤的上、下游流量从哪里来、到哪里去，从而帮助我们分析该转化步骤可能发生了什么。

查看某个步骤的下一步流量去向，也很有价值。

例如，某航空公司的转化路径上出现了回流现象，当消费者进入航班详情页之后，由该步骤下游流向的数据可知，有大量流量回到航班详情页面之前的页面——选择航班页。一般情况下，航班订票不会出现退回上个步骤的情况。如果这种情况大量出现，就说明存在对消费者的误导，让消费者不得不回到上一个步骤重新核实相关信息。在这个例子中，这个问题严重抑制了该航空公司的线上订票的转化率。

总体来看，转化漏斗是分析消费者转化"最后一公里"情况的理想工具，但它必须与其他工具或方法结合起来使用，否则它很难告诉我们更加具体的"幕后故事"。

转化漏斗并不是只存在于线上世界中，在线下，它也是一个十分常用的工具。例如，通过线上获取销售线索，然后通过电话销售人员说服消费者购买的模式是非常常见的模式，教育、金融等行业都大量采用这种模式。在这种模式下，转化漏斗的构建显然也需要能覆盖到线下。一个典型的转化漏斗过程是线上广告着陆页—点击"咨询"按钮（或在表单中留下自己的联系方式）—与电话销售人员进行通话—下订单—支付。这个过程中的每一步都可能出现问题，而转化漏斗也必然需要覆盖线上和线下（主要是与销售人员进行对话）的全部过程。

7.5　营销数据优化宏观转化

微观转化强调的是消费者的体验，让已经进入转化流程中的消费者有更大的可能性完成转化。但这只是转化过程中很靠近后端的部分，同时还需要从宏观角度让消费者完成转化。所谓宏观角度，是指更具全局性的影响转化的因素，包括围绕商品的运营、转化所需要的周期，以及消费者本身的忠诚情况等。

虽然在本节中无法为大家穷尽优化宏观转化的所有方式（事实上优化方法是无穷无尽的），但会介绍几种具有普遍参考性的方法，以帮助大家在自己的商业场景中做具体的延伸。优化宏观转化也是数字商业领域的核心运营工作之一。

7.5.1　转化的周期

微观转化不把转化所需要的时间考虑在内。所有的微观转化分析都是基于访问进行的，而没有把周期考虑在内。但是，大部分的转化都是有周期的，而且有的周期还可能特别长。

例如，汽车企业在大规模投放广告之后，可能需要一周或者更长时间才能逐步看到销量的提升。同样，很多针对商业企业客户的生意，实现销售转化的周期可能更长，甚至可能长达一年。金融、教育等这些需要收集销售线索才有转化机会的行业，其线索收集的转化一般是比较实时的，但最终让消费者完成购买转化却可能需要几天甚至几周的时间。

消费者从与你发生接触到最终转化的这段时间正是你需要认真"运营"的时间。如何在这段时间内与消费者打交道，实际上是消费者深度运营的问题，在下一章中会详细介绍，这里先解决第一个问题——衡量长周期的转化的效果，即如果转化存在较长周期，那从数据上我们如何知道当前的营销和运营的努力，是否走在正确的道路上呢？

例如，我今天获得了很多销售线索，而这些销售线索是否有效，要到它们真正转化的时候才能验证，那可能是数周甚至数月之后了。但是，到那个时候才发现销售线索的效果不佳，再做出调整就为时晚矣。不仅如此，销售线索的最终转化不佳，不一定是因为销售线索本身存在问题，也可能是因为从获取销售线索到最终转化之间的任何一个环节或者多个环节存在问题，而如果不定位清楚问题出现在哪里的话，转化就很难得到优化，每个环节的负责人都可以相互推诿责任，最后往往一定会得出一个最"政治正确"的结论——销售线索本身的质量不好。销售线索最终"背锅"仅是因为销售线索的质量是很难真正直接描述的。

一个组织的转化策略由此走进"死胡同"。

因此，能够在当前衡量出未来的转化效果是非常重要的，而找到并改进导致未来转化效果不佳的因素更加重要。

为此，我们需要弄清楚我们的转化是否需要较长的周期。不少分析工具都能提供转化发生前天数的报告。例如，在谷歌分析中，这个报告被称为转化耗时报告。转化耗时报告会展示在转化发生之前，消费者最早多少天前就看过我们的触点。

你可能会发现，就算某个月全月你都在对团队"抽鞭子"，都快把鞭子抽断了，这个月的 ROAS 也不见好转。因此，由于转化周期的存在，你在这个月抽断的鞭子，发挥的作用可能在下个月甚至更长远的月份才会体现出来。

有些企业对于销售人员的考核指标非常明确，就是实际的转化，销售人员的收入也跟实际的转化的提成有关。对于这些销售人员而言，赚钱的唯一渠道是多成单，为了多成单，这些销售人员不断地消耗线索留资，找到那些更容易转化的线索（对话中更少抗拒或怀疑心理，更和气，意愿更强的客户），然后快速转化，对于稍微犹豫，或是态度不太和善，甚至是电话打了两三次没有接或挂掉电话的客户，应该迅速放弃，以免浪费自己的时间。这种方式便成了他们的最佳策略。因为这样能够减少每个客户的转化时间，提升他们自己的转化效率，并挣到更多的钱。

但这种方式对企业而言是有毒的。企业的每个留资都花费了成本，这意味着一个不能转化的留资就浪费了。销售人员不会考虑节约留资的问题，因为成本不是他们付出的，但企业的 ROAS 却因此大受影响。

要解决这个问题并不困难，增加销售人员的有效留资率考核，由专人复查留资的消耗情况，并且每季度考核上季度的当季 ROAS，这些数据差的销售人员并不会被降低佣金，但却会直接影响他们之后的留资分配。也就是说，销售人员不再是可以无限制浪费留资，而是根据他们之前的有效留资率考核，决定他们未来可以获得的留资的数量。因此，所有的销售人员都不得不开始重视自己的有效留资率，也不得不努力更多次地拨打线索电话并更努力地尝试说服客户转化。

总结一下，对于长转化周期的情况，分析优化的步骤如下。

第一步，找到历史数据，计算单位时间（如周、月等）的实际 ROAS。

第二步，从业务角度分析，找出对实际 ROAS 有重要影响的因素，并把这些因素指标化。

第三步，分析各个指标，并确定实际 ROAS 与这些指标的数学关系。如果业务的情况比较复杂，有多个波动的指标共同影响实际 ROAS，那么需要做多元回归分析。

第四步，分析与实际 ROAS 的波动关联最大的指标背后的业务逻辑，并从业务的角度加以改善。

看起来很复杂的问题，只要有数据的积累，就不是难题。

7.5.2　商品的分析

宏观转化的第二个关键点是对商品的分析。尽管不少企业可能只有有限的几款商品，但是大部分企业售卖的商品和品类都为数不少。转化，不仅是营销的艺术，还是商品的艺术，从商品的包装，到上架策略、定价、售卖周期等，都可能会影响这个商品乃至相关商品的转化。

研究商品的一个最简单且最实用的模型是商品的关注与转化二维模型，如图 7-1 所示。

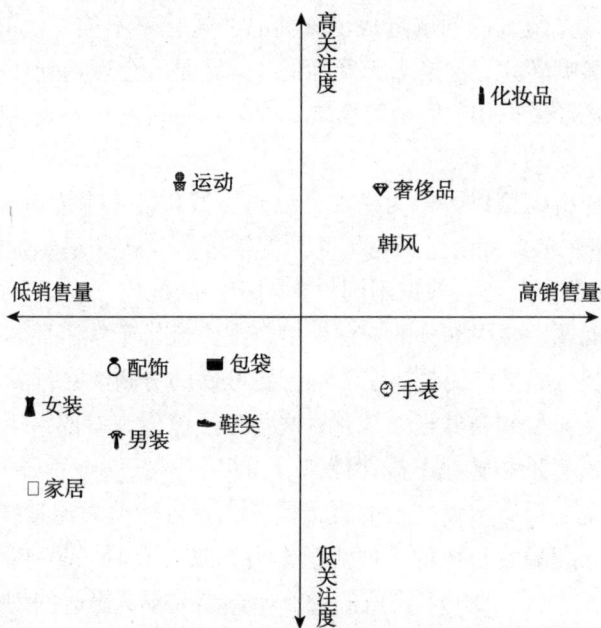

图 7-1　商品的关注与转化二维模型

建立商品的关注度与转化二维模型并不困难。关注度可以用商品页的页面视图来表示。这个模型可以迅速帮助商品运营负责人找到诸如"运动"这样"高分低能"的品类，或者类似于"手表"这样具有潜力的品类。使销售量和关注度作为横轴和纵轴，可以将象限原点设置为它们的平均数或者中位数。

我们对商品的分析常常只是基于销售量，但如果增加了关注度维度，就相当于以更统一的尺度观察销售量，即单位流量能够获得的转化。商品的关注与转化二维模型看起来似乎是转化率的另一种表现方式，因为销售量除以关注度本质上就是转化率。但是，如果仅仅用转化率这一个指标，就只能说明某些品类的转化能力的优劣，却无法解释转化能力优劣的原因，而商品的关注与转化二维模型还为其提供了更多的洞察。

　　高关注度但低销售量意味着商品引入了较多的流量，但转化率较低。这表明存在营销费用的浪费，或者糟糕的商品转化、优化。而对于低关注度但销售量却不错的商品，可以尝试引入更多流量，以进一步挖掘商品的潜力。

　　商品的关注与转化二维模型的价值在于分辨品类的问题或潜力。如果想要继续深入研究某个品类，要做的事情也不复杂，直接对品类内的商品再做商品的关注与转化二维象限模型即可，这本质上就是继续进行下钻或细分操作。

　　然后，你总能找到一些商品，它的关注度高，但销量低。此时，你需要判断这个商品是否本身就具有高关注低转化的特质，如那些具有"网红"特质却价格贵得吓人的商品，它们容易引起围观，但花费真金白银买的人不多。或者，换句话说，这些商品的关注是不是你花钱买来的，如果是，那么你必须考虑优化转化率。

　　优化商品的转化率的方法，与前面介绍的优化转化漏斗的方法基本没有区别，但你要做好细分，也就是说，这个漏斗仅限于你要研究的这个具体商品或者具体品类，从而帮助你判断到底是什么地方的问题造成了该商品的转化率不佳。

　　商品的价格会影响转化，这是毫无疑问的。问题是，会影响到什么程度？商品的价格常常发生变动，并且受折扣、促销等影响，商品的标价和用户真实售卖是两回事，因此商品的价格总是波动的。

　　价格与销量的分析模型以价格为横轴，以销售量和转化率为纵轴。

　　那么，价格究竟在多大程度上影响了商品的销售量与转化率？价格与销量的分析并不能给出答案，原因在于企业会根据不同价格做不同的推广，干扰了对正常价格的分析。

　　为了解决这个问题，要用细分的方法。由于推广流量干扰了原本"有正常规律"的销售量和转化率，若排除推广流量，就能进行更准确的分析。在排除推广流量之后，剩下的流量主要是直接流量和自然搜索流量，这些流量被称为参照系流量，这时分别统计参照系流量带来的销售量和转化率规律就易寻得多。

　　并不是所有的企业都有数量庞大的直接流量或者自然搜索流量作为参照系流量，这时，企业可以利用长期稳定投放的推广流量作为参照。所谓长期稳定投放的推广流量，是指投放的计划不发生巨大变化，投放的预算不剧烈波动，投放的创意也保持相对稳定的广告流量。

　　对商品的转化率有很大影响的另一个因素是时间。由于时间的积累可能让原本不好的事情变好，也可能让原本不错的事情慢慢变弱，甚至使之消亡。

　　关于商品随着时间的变化，主要探讨两点。第一，消费者在消费商品上是否存在周期。例如，购买眼霜的消费者会在多久之后再次购买眼霜。第二，商品的转化率随着时间发生的变化。

　　对于第一点，我们可以从分析再次购买同类商品的间隔时间入手。对于第二点，则监控商品的转化率随着时间变化的规律。

　　随着时间的推移，这个商品的转化率也会随着时间下降而表现出疲态。每个商品都有它的疲劳期，或长或短而已，越是能快速成为爆款的商品，其鼎盛期相对就更加短暂。在流量质量没有发生显著变化的情况下，持续下滑的商品转化率意味着商品已经进入疲劳期。如果一个商品确实进入了疲劳期，那么可以采取两种方法来应对。第一种方法，为这个商品引入新的流量。如果引入新的流量也没有太大起色，就只能采取第二种方法了，即逐步放弃这个商品，用另一个跟它类似但更有新意的商品取代它，同时宣告它即将下架。有趣的是，当你宣布一个商品即将下架时，它的转化率就会猛然升高一些，但这一提升往往会很快结束然后最终归于平静。

7.5.3　消费者忠诚

消费者忠诚度是影响宏观转化率的关键因素之一，若消费者能持续购买你的商品或服务，将有助于提高转化率。

对消费者的运营，会在下一章中介绍，本节先介绍一些与宏观转化相关的衡量消费者的忠诚度的指标，以及最为常见的一种方法——会员制。

衡量消费者的忠诚度的相关指标包括回访率和复购率。回访率是指访问两次或者两次以上你的触点的消费者占所有访问你的触点的消费者的比例。复购率是指购买过两次或者两次以上你的商品或服务的消费者占所有购买过你的商品或服务的消费者的比例。

回访率和复购率并没有标准的参考数值，尤其是回访率。有的企业认为自己的复购率能达到 10%已经非常不错了，而有的企业的复购率高达 30%。复购率与商品本身的价格、需求弹性及被消费者使用的生命周期都有较大关系，如耐用消费品（如汽车、计算机显示器等）的复购率一般会很低。

正是由于这个原因，回访率和复购率很少直接用某个具体的数值进行分析，而是利用趋势查看消费者的忠诚度在上升还是在下降，此时，计算回访率或者复购率的公式会把时间因素考虑进去。例如，月复购率就是计算某月内发生了两次或者两次以上购买行为的消费者占该月所有发生购买行为的消费者的比例，然后将每个月的复购率连成一个趋势。

如果想了解比较客观的复购率，就需要尽可能地排除外界因素的影响。此时应该再对消费者细分，选择参照系流量带来的消费者，并排除购买了新上商品和促销商品的消费者。有些用户行为分析工具具有细分消费者的功能，并能够对交易直接进行监测，因此可以利用这些工具导出所有参照系流量带来的消费者和他们对应的交易订单，再在其中排除只购买了新上商品和促销商品的消费者。如果你的用户行为分析工具不具有这项功能（大部分用户行为分析工具在交易追踪和分析上的功能都相对较弱），那么你需要在自己企业的交易记录中导出相应的数据，并与参照系流量带来的消费者的个人身份信息进行匹配，最典型的就是电话号码，然后做出相关数据。虽然这种方法有点麻烦，但是这么做是值得的，因为在这么做之后你可以看到较为真实的复购率。

你也可以做其他细分人群的回访率或者复购率的趋势分析，如按照地域来细分复购率、按照消费金额的等级来细分复购率。而按照消费金额的等级来细分复购率又可以演化为一个更加经典的消费者分层模型——RFM 模型。

虽然 RFM 模型经常用在零售业中，但它也适用于其他行业，如果扩展 RFM 三个字母的含义，这个模型背后的思想也可以用在用户运营上，如用在 App 的用户价值分层上。

RFM 模型中的 R 是指 recency，表示客户最近一次消费的时间间隔，反映客户活跃度，间隔越短价值越高。

F 是指 frequency，表示客户在统计周期内的消费次数，反映客户忠诚度，次数越多，价值越高。

M 是指 monetization，表示客户在统计周期内的总消费金额，反映客户贡献度，金额越大价值越高。

一般而言，我们在实际操作中会把 R、F、M 这三个指标用简单的等级区分。例如，将 R、F 和 M 都分为 0、1 两个等级，并且对每个消费者都按照这两个等级进行打分。

RFM 模型一般用于衡量一段时间内的消费者的消费情况。例如，在一个月内获取数据并定义 RFM 模型如下。

R：在近 1 周内购买的，R = 1；在近 1 周之前购买的，R = 0。

F：购买过 3 次或以上的，F = 1；购买过 3 次以下的，F = 0。

M：超过 5000 元总消费金额的，M=1；没有超过 5000 元总消费金额的，M = 0。

那么可以基于 RFM 模型将所有消费者划分为 8 种类型，其中，可能高价值消费者是我们最应该赶紧制定激励计划来刺激其转化的消费者。

如果你愿意，还可以把 RFM 模型分为更多的等级，如每一个都是五个等级，这样就把消费者分成 125 种类型。当然，这么多的类型可能只是增加了统计的工作量，并无特别大的价值。因此，一般最多分为三个等级，也就是不超过 27 种类型。

RFM 模型非常简单，直接对消费者的 RFM 的具体值进行手动排序，然后替换为相应的等级，或是用 Excel 的 IF 函数就可以搞定。正是因为 RFM 模型操作起来极为方便，因此它常常被拿出来使用。

尽管 RFM 模型用在零售上非常常见，但是它完全可以用来衡量 App 之类的数字产品的用户。哪怕这个 App 根本不卖东西，也能用 RFM 模型衡量用户的忠诚度和价值。例如，我们可以将 R 定义为最近一次使用 App 的时间与现在的时间间隔；将 F 定义为用户使用 App 的频次；将 M 定义为用户使用 App 的总时长。利用这种方法，我们可以很快地将最忠诚、最有价值的用户筛选出来。

总体而言，会员制虽然能够在一定程度上提高转化率，但它与大多数人认为的不同。会员制并不能从根本上解决提高消费者的忠诚度的问题。也就是说，如果消费者的忠诚度不好，那么会员制并不会从根本上提高消费者的忠诚度。会员制更像是锦上添花，而不是点石成金。

首先，会员制适合有条件与消费者进行高频次互动的行业，如零售、电商、交通运输、线下服务、快消品等行业；其次，会员制的成败在于会员的权益设计是否能真正提升消费者的体验。想要有效提升消费者忠诚度，应该灵活应用以下策略。

第一，让消费者支付年费成为 VIP，这增加了消费者未来的消费黏性。消费者在支付年费成为 VIP 后会进行消费，以便享受到优惠并让自己付出的年费发挥最大的价值。

第二，免运费是非常棒的策略，尽管 VIP 每月仅有五次免运费的权利，但 VIP 仍然会觉得自己享受到了优惠，并让很多 VIP 心生优越感。而实际上免运费对这个电子商务平台自身成本增加的影响几乎可以忽略。

第三，VIP 是一个天然的人群筛选器，可直接筛选出优质人群。这个电子商务平台还可以进一步挖掘优质人群的需求，以创造更多价值。

C7-1 启发思考题

1. 结合当下创业实际谈谈知识变现领域存在的机遇与挑战。

2. 什么是网络运营？以"得到"App 为例，谈谈如何开展网络运营？

3. "得到"是如何通过经营粉丝取得创业成功的？

4. 谈谈你关于"得到"App 未来发展的看法。通过本案例你收获了哪些启示？

C7-1 "得到" App：用户赋能的新媒体运营之道[①]

C7-2 启发思考题

1. 短视频行业被认为是新一轮的创业风口，为什么一直以来难以落地？

2. 什么是网络运营？如何开展网络运营？抖音是如何利用网络运营获得高增长的？

3. 互联网产品如何瞄准并获取用户？抖音是如何瞄准市场并获取用户的？

4. 互联网产品如何留住并激活用户？在本案例中，用户为什么会"抖音成瘾"？

5. 抖音发展过程中的瓶颈有哪些？你对抖音的未来怎么看？

C7-2 抖音短视频：网络运营高增长之谜[②]

即测即练

自学自测  扫描此码

---

① 杜晶晶，王晶晶. "得到"App：用户赋能的新媒体运营之道. 中国管理案例共享中心，安徽财经大学工商管理学院，OM-0163.

② 杜晶晶，王晶晶，林传红. 抖音短视频：网络运营高增长之谜. 中国管理案例共享中心，安徽财经大学工商管理学院，OM-0156.

第 8 章

数字化电商的消费者深度运营

数字化的消费者深度运营是如今数字化营销与运营行业空前重视的领域，它有些"还债"的味道。

过去，流量几乎是数字营销和运营的全部，线上营销和运营都是围绕流量展开的，而不太在乎"人性"。那它们的区别在哪里呢？流量在数据上被关注的核心是概率，而人在数据上被关注的核心是差异。

正是因为我们越来越关注人与人之间的差异，才使一个异常显著的趋势浮现在我们眼前——这个世界在如此深度地被数字化武装起来之后，整个数字世界就是一个巨大的推荐引擎，这个推荐引擎在任何地方、每时每刻都不断地向消费者推荐大量的信息。文章个性化推荐、投其所好的短视频、电子商务网站上的商品、O2O 平台排在前列的餐厅，以及精准广告等的背后都是推荐引擎，用于迎合每一个不同消费者和用户的不同喜好，并不断强化这种喜好。在这样的洪流之下，数字化营销与运营走到今天，如果还固守流量的概率而不迎合个体消费者的差异，就显得太不可思议了。

传统的完全围绕流量的思维已经开始结下苦果：流量的价格越来越高，直接通过流量变现牟取利差的商业模式越来越难以为继，有些企业因此失去了利润来源，更糟糕的是，当技术和数据已经普遍支持对流量背后的人实现个性化和针对性的深度运营的时候，忽略这些变化可能让一个企业很快失去竞争力。

因此，从这个意义上讲，我们确实是在"还债"，为过去简单、粗暴的流量索取与变现"还债"，但好消息是，现在进行转变还不算太晚，早一天采取行动就能早一天获得主动权。

8.1 消费者深度运营

8.1.1 消费者深度运营的概念

消费者深度运营的最终目的在于明确如何与消费者进行更恰当的沟通——基于消费者的情况，而不是按照我们自己的想象与他们进行沟通。与直接进行广告投放相比，消费者深度运营更强调与消费者的沟通是你来我往的交互，既有信息的传达，又有消费者的反馈，而广告投放则更多是单向的信息传达。数字世界创造了很多与消费者交互的可能性，消费者的深度运营则是不断利用这些可能性，加深对消费者的理解与引导，让消费者更理解我们并被我们吸引。

因此，消费者深度运营的本质在于两个方面：其一，通过各种运营手段建立与消费者长期的关系；其二，在与消费者互动的过程中，更加了解消费者，从而建立更好的运营落地手段。

这也是运营与营销之间的主要差异。尽管营销与运营紧密关联，但营销偏重于前端，运营则要解决营销推广之后的诸多问题，这些问题包括引流之后的转化、更长周期的潜在消费者的培育和转化、转化之后的持续转化、让转化的消费者带来更多的消费者等。

消费者深度运营的一个重要特征是，解决营销推广之后的问题一般都追求通过一对一的方式，也就是对每个消费者的策略都是有针对性的、基于消费者个人情况的。当然，在实际的消费者深度运营落地的过程中并不是绝对的一对一，切分不同的人群，对不同类型的消费者施以方式不同的运营是必然的要求。

正因为有上面的要求，所以消费者深度运营本身就对数据极为依赖。没有数据就无法描述消费者的情况，也就无法实现所需要的针对性。因此，消费者深度运营，背后都必须有数据的支撑。

8.1.2 消费者深度运营矩阵

消费者深度运营的策略，不是闭门造车，也不可能只根据消费者一端的情况就制定出来。它肯定首先是源于企业自己的产品与市场的情况，不同的产品和市场情况，决定了消费者运营策略的宏观差异。

用产品、市场与消费者运营的策略矩阵（图 8-1）简单地描述各种市场和产品情况下的消费者运营的策略。

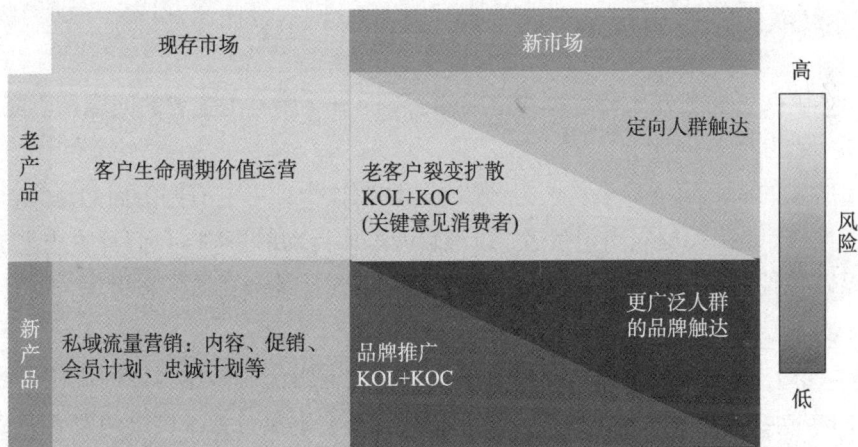

图 8-1 产品、市场与消费者运营的策略矩阵

在这个策略矩阵中，企业的产品可以分为新产品和老产品。例如，iPad 在第一次进入市场的时候是新产品，它要打入两个市场：第一个市场是现存使用 iPhone 的消费者市场，这个市场是它的现存市场；第二个市场是那些并不使用苹果公司产品的消费者市场，这个市场是它的新市场。其实 iPhone 的情况也类似，它最初推出的时候也是一个新产品，虽然手机并不是新产品，但苹果 iOS 是全新的事物，它面对的现存市场，是

那些已经使用安卓智能手机的用户，而新市场则是使用功能机及没有使用手机的消费者。

另外，老产品也可能会需要打入新的市场。比如，运动装备，主要的现存市场是男性市场，但近几年也在疯狂地向女性消费者渗透。女性消费者，显然是运动装备这个产品的新市场。护肤品，与运动装备类似，只是性别上刚好反过来而已。以女性消费者为主，但男性市场则增长迅速。乐高玩具，正在向成年人拓展。高清晰度的摄像机、专业烘焙工具、金融理财产品等无不在寻找传统市场之外的新市场。

新产品、老产品与新市场、现存市场的两两配对，展现出四种可能的消费者运营策略。例如，要让老产品在现存市场上继续"发挥余热"，可以采取的最具可行性的方法是让老客户持续消费，甚至扩大消费，那么我们要做客户生命周期的运营；要让老产品面向新市场拓展新的人群，则需要做市场拓展，通过目标人群的定向投放或者利用既有客户裂变扩散到新的人群的策略；把新产品推荐给老客户，本质上就是产品的交叉销售（cross sell，将更多类型的产品销售给已经购买的客户），采用的策略多以私域流量营销为主，通过内容、促销等方式激活老客户并利用会员计划、忠诚度计划等方式维系老客户；让新产品进入新市场，往往只适合利用品牌推广的消费者触达策略，并在将部分消费者变为自己的客户之后逐步推进更深层次的消费者运营。

在谈到运营、增长、私域等这些互相关联的概念究竟应该如何落地时，我总是提醒大家不要脱离自己的产品去思考问题。产品才是核心，很多运营的方法无法实施，很多增长的概念无法落地，并不是理论存在问题，而是产品的客观条件有所限制。本质上，产品的类型在很多时候已经决定了产品可以应用的运营方法。

8.1.3 诱饵、触点和规则

诱饵、触点与规则方法要解决两个问题：不能直接接触消费者的问题和不能与消费者发生高频次互动的问题。

几乎所有的商业活动都是从诱饵开始的。诱饵这个词可能有些负面的意思，但在这里它是中性的，是指能够吸引消费者、让消费者采取行动的事物。我们身边充满了诱饵，这些诱饵以各种促销优惠过时不候、先到先得、买到就是赚到的形态出现，吸引我们完成购买，实现转化。

因此，在消费者深度运营这个概念出现之前，诱饵主要是作为促进转化的武器。

为了深度运营消费者，诱饵的作用范围变大了。它不只是为了促进消费者完成转化，还要起到更重要的作用——吸引消费者进入企业的数字化触点。

为什么诱饵如此重要？因为除了那些本来就对你极感兴趣的消费者会主动寻找并进入你的触点外，其他消费者都需要你主动吸引，他们才可能进入你的触点，而只有他们进入你的触点，你才真正实现了与他们的直接接触。

我们来看一个司空见惯的例子。

例如，瓶装饮料的瓶盖上有一个二维码，商家提示你，扫描这个二维码就能领奖。当你扫描这个二维码之后，可能满心欢喜地等着领奖，但打开的页面在询问你是否允许你的公开信息被商家获取。显然，这个打开的页面是你在微信中打开的页面，如果你选择允许，那你的公开信息会连同你在这个公众号中的 open id 一并被该瓶装饮料公司获得。在你选择允许后，你再一次以为可以领奖了，但并不是这样的，新打开的页面会提醒你："获奖者需填写联系电话方可查看兑奖码兑奖。"

类似的诱饵其实就是一个个平平无奇的"红包、抽奖或是免费喝"而已，而且这些诱饵也完全没有诱惑你再次消费。但这个诱饵实现了两项对消费者运营极为重要的功能：其一，吸引你进入企业的触点，从而建立与你的第一次直接的数字化的接触；其二，拿到你的多个 ID，包括公众号的 open id，以及你的电话号码。在这里，因为这些 ID 都属于同一个微信用户，所以企业可以立即建立这些 ID 之间的匹配关系，未来，只要你在公众号中再次出现，就算你没有再提供电话号码，企业也知道你来了，而且还会记录你的相关行为。同样，你在这个企业能够捕获消费者数据的其他地方留下了你的电话号码，企业也能够将你在其他地方的行为与你在其公众号中的行为匹配起来。于是，这构成了企业对你的个性化认知的数据基础，而这一切都需要通过诱饵吸引你进入企业的触点方能实现。

因此，虽然看上去诱饵跟数据的关系并不大，似乎它更像是因业务上要去不断创造的内容，但实际上，它是让一切成为可能的原动力，也是很多消费者数据的发起点。

那什么可以做诱饵？

用于诱导消费者发生购物转化的诱饵有优惠、买一赠一、满减等。用于消费者深度运营的诱饵的类型更加广泛。凡是能够引起消费者扫描二维码、点击链接等进入触点的行为的，都是诱饵。这些诱饵包括如下一些类型。

①优惠：与利益相关的引诱，如折扣、赠品等是最常见的诱饵类型。

②产品：能够激发消费者兴趣的产品，前提是产品好到足够让人产生愉悦、优越的感觉。

③服务：一种是提供更好的或者超出消费者预期的服务，本质上也是一种利益引诱；另一种是提供只能通过数字化完成的服务，如验证、用户注册等。

④猎奇：满足消费者的求知欲、好奇心或者让消费者产生愉悦感的内容，如知识、拼手气的悬念、娱乐性内容等。

⑤情感：引发情绪的内容。消费者的情绪往往能强烈地驱动他们的行为，最常被利用的消费者情绪是焦虑感。

⑥参与：激发消费者的参与感或使命感的内容。

⑦从众：接受值得信任的人或机构的建议或推荐。

或许你可以发现更多可以用于驱动消费者进入企业的触点的诱饵，毕竟诱饵需要的不是公式，而是创意及企业对消费者和业务的理解。一个真正有效的诱饵，一定来自对消费者深入的心理认知。

不过，在数字化的消费者深度运营中，诱饵的作用不仅是吸引消费者，它还有更重要的作用——让消费者进入我们的触点，并且给予我们权限，让我们能够获得他们的数据。毕竟，诱饵再好，它也只是一个入口，它不能实现对消费者更深入的了解，也不可能只依靠它实现我们所有营销与运营的目的。我们需要让消费者在被诱饵吸引之后进入我们的触点，并与我们互动。

触点对消费者深度运营而言极为重要，这体现在两点上。第一点，触点是与消费者进一步深度互动的载体。相对于诱饵而言，触点能够承载更多的内容和交互功能，以及与其他系统进行数据交换的接口等。第二点，企业可以在很多触点上添加消费者行为追踪的监测脚本代码或监测 SDK，从而获得一手的且真实的消费者数据。

由于一个企业要运用的触点往往不止一个，消费者也很可能会在多个触点上接触同一个企业，因此打通同一个消费者在不同触点上的数据就是一项重要的工作。为了完成这项工作，诱饵常常会向消费者强调：请你一定要在触点上留下你的电话号码。而通过电话号码进行消费者在不同触点上数据的打通，是目前最具可行性的方法，尤其是在越来越严格的个人信息保护法规的要求之下。

消费者通过诱饵进入触点并不代表"大功告成"，相反，运营工作才刚刚开始，因为消费者进入触点并不意味着消费者一定会对触点上的内容和功能感兴趣，也不意味着消费者一定会按照你为他们设计的"套路"一步步转化。

触点除了由企业自己建立外，还可以由第三方建立。例如，企业找某个 KOL 在某个直播平台上开设的直播也是一个触点，但企业并不能直接在这个触点上添加监测脚本代码。这些触点对于引导消费者具有重要的价值，但是如果企业要实现消费者深度运营，企业就需要将消费者引入自己的触点。提供触点的第三方都是"围墙花园"媒体，如公众号、短视频平台的企业号等。

在诱饵、触点与规则方法中，规则是指对消费者有策略、有步骤地进行引导的过程。有些人也将营销活动中的规则称为剧本或者脚本。

规则是对诱饵和触点而言的，按照预定的策略，针对不同消费者在各种流程设计的基础上，应用多种诱饵和触点的过程。对每个具体的消费者而言，企业就像按照一定的规则一般对其进行接触、引导、沟通与说服。规则是指企业有策略地应用多种诱饵与多个触点，并将这些诱饵和触点前后衔接形成流程或者网络以实现与消费者的高频互动，并一步步驱动消费者做出预期的行为。

在规则中，你的消费者深度运营的最终目的是让消费者完成某个高端商品的购买，并且让这些消费者在自己的圈子内推荐（或者炫耀）这个商品，那么你可能会采取如下规则。

首先，你在朋友圈、直播视频及各种广告中投放一个诱饵：凡是在××××年×月×日前通过扫描二维码进入我的企业服务号成为会员的，都能享有下一单商品八折并且两倍积分的优惠。这是一个诱饵，也是一个触点。受到这个诱饵的诱惑后，很多消费者会进入你的企业服务号成为会员。

其次，你对这些会员说："感谢你们成为会员，现在我有一个只对你们销售的限量版高端商品，而且打七折。不过，购买无法在企业服务号上完成，需要进入我的官方商城才能完成购买。"于是这些会员纷纷进入你的官方商城并购买了你提供的七折限量版高端商品。这是另一个诱饵——七折限量版高端商品，以及另一个触点——官方商城。

最后，你对购买了你的七折限量版高端商品的会员说："你们购买的是独一无二的商品，是我们这个品牌的荣耀产品，你们是否愿意分享你们的愉快心情？如果你们愿意在抖音、小红书、快手等平台上分享本商品，那么，请你们把各自分享的截图发给我们，你们就可以获得下一次购买商品七折的优惠，而且可以跟之前的八折优惠叠加使用。"这又是一个诱饵，以及一个新的触点。

整个过程就像一个事先写好的剧本一样，而你就是这个剧本的导演。

类似于上述的过程或许在企业经营中不断地发生、不断地重复，尽管每次的过程设计和具体活动内容不一样，但形式十分相似。在这些不断发生、不断重复的过程中，你与消费者不断互动，消费者也不断地将他们的行为数据提供给你，你对消费者的了解会越来越深入，比如有些消费者对打折感兴趣、有些消费者乐于分享、有些消费者低调等。

之后，你开始尝试为不同的消费者设置不同的规则，并基于这些不同的规则再次触达他们。例如，对于那些对打折感兴趣的消费者，你为他们设置与打折相关的诱饵，并且单独推送给他们；对于那些乐于分享的消费者，你不断提醒他们分享并在他们完成分享之后不断地给他们更多的积分或者其他优惠。这时，你会发现，消费者似乎与你的关系越来越融洽，也越来越愿意按照你的建议和提醒完成你期望他们完成的"任务"。

其实，规则是消费者深度运营的核心。为了设置规则，你需要想好诱饵、定好触点，也需要对消费者越来越了解，还需要确保你的规则是能够执行的，尤其是那些针对不同的消费者设置的不同规则。如果依靠人工去完成这些规则非常困难，那么我们可以依赖技术和工具。这也是大家近几年一直研究营销技术或者营销云之类的技术解决方案的原因，后文会介绍与消费者深度运营相关的技术解决方案。

8.2　私域流量与消费者深度运营

谈到消费者深度运营，就不得不提及近几年被叫火的名词——私域流量。私域流量与消费者深度运营有非常密切的联系，要做好私域流量，就需要做好消费者深度运营。

8.2.1　私域流量运营的定义

"私域"二字本身存在一些争议，但总体而言，业界，尤其是广告主，越来越认识到这个名词所代表的意义。

"私域"这个名词的流行或许让人感觉有炒作的嫌疑。但是，对于自有流量及自有消费者的获取与管理的需求是客观存在的。事实上，即使没有人提出过私域这个名词，这个事物本身也早就客观存在了。

例如，在数字营销的早期，私域流量就已经存在，当消费者点击互联网广告进入广告主的网站时，广告主的网站就有了流量，而这些流量就是私域流量。

那为什么私域流量这个名词在近几年才开始火起来呢？原因有很多，但归纳起来，主要是以下两个。

第一，外部流量（即公域流量）的获取成本越来越高，广告主在客观上必然需要让这些流量发挥更大的价值，而要让这些流量发挥更大的价值，仅在推广端是无法做到的，广告主还需要在将这些流量引入其自有的触点之后，提升这些流量的转化率与价值，因此后端流量开始受到更多重视，尤其是在前端流量的价格空间和优化空间越来越小的情况下，营销后端，也就是私域流量的优化价值就突显出来了，从而受到了空前的关注。

第二，随着技术的进步，广告主得以追踪消费者数据并实现多个触点上数据的整合。然而，技术发展带来的触点增多，客观上增加了营销后端在流量管理和运营方面的复杂性。为了应对这一挑战，广告主开始重视这些后端流量，而这些后端流量也被冠上了私域流量的名称。这是因为私域流量涉及对用户数据的深入管理和优化，以提升转化率和用户价值，从而在竞争激烈的市场环境中保持优势。

私域流量是否是为了博人眼球而创造的新词汇，对从业者而言并不重要，在如今数字化营销与运营已然迈入后流量时代，也已然必须重视消费者深度运营，这才是我们需要重视的问题。

对于私域流量的理解，如果出现偏差，可能会对我们的业务产生致命影响。因此我们必须正确理解其含义和价值。

私域的目的是让公域更有效率。例如，私域强调的是对公域流量有更好的识别、更好的交互、更好的利用。

为什么只有在私域中才能做到上面说的这三点呢？因为你只有把公域流量引入你自己的私域平台，才能自己在数据上监测这些流量，才能真正从行为的层面上去认知这些流量，也才能基于这些认知给这些流量打上属于你的标记。这些在公域中是做不到的。

你对公域流量的标记，不仅会帮助你形成针对公域流量的更好的沟通、互动与引导，提高公域流量的转化率和忠诚度，还会帮你形成新的公域流量，以便于你回到公域去做更好的公域流量的引入和运营，从而形成公域—私域—公域这样的正向循环。

这样的过程提高了公域流量的转化率，强化了公域流量的价值，降低了公域流量价格上涨带来的负面影响，这才是私域真正的作用。

这是一个相辅相成的过程，如果你把私域理解为是跟公域脱钩的，是建自己的流量池，那你就大错特错了。

流量池这个说法本身就可能把你带到沟里去，好像这些流量被你圈养在你的池塘里了——这怎么可能！水不会自己长腿跑，但人会。你的流量池塘不可能只靠自己孜孜不倦地生产内容、绞尽脑汁地做活动、隔三岔五地找 KOL 就能把里面的"水"永久稳固住，最终，你会发现你的私域流量池不仅不能离开公域流量，还需要和公域流量直接连通，否则私域流量瞬间就蒸发了。

私域不是一个加了盖的储水容器，而是一个公域的过滤器、一个公域的转化器、一个公域的增值器。

不要幻想着用私域替换公域，更不要幻想着能够脱离公域流量做大做强。没有公域，私域什么都不是，或者只是一只用象牙雕刻的不会下蛋的母鸡。

这就是很多人私域失败的原因，因为他们一开始的目标就是错的。

对于数字化营销而言，私域流量的潜台词是消费者深度运营。私域确实是一个解，但它不是取代公域的解。取代公域从来就是无解。减少对公域的依赖，强化公域的价值，这才是私域的正解。那么从公域到私域，有哪些办法？

①广告投放，尤其是利用已有的私域数据进行的再营销或通过数据管理平台（data management platform，DMP）做相似人群扩展（look-alike）的投放。在传统广告中，也有大量把消费者拉入企业私域平台的入口，最典型的就是二维码。

以"拉粉""加粉"为核心的效果广告投放。不过，要注意的是，这类投放虽然不乏有效果的案例，但也是作弊的"重灾区"之一，所以不能排除拉来的粉丝质量良莠不齐的情况。

②对 KOL 及 KOC 进行赞助，在其自媒体或直播渠道上进行发布，以吸引它们的粉丝。KOL 是关键领袖意见，它是舶来词。KOC 是国人基于 KOL 创造的，即 key opinion consumer，是指有一些粉丝，但影响力不及 KOL 的人，并且主要是在消费领域的人，而 KOL 是指各种领域的关键意见领袖。

线下的所有消费者接触环节，包括产品包装、卖场、经销商、客户服务等。行业中也有大量的"一物一码""一渠道一码""一经销商一码"之类的解决方案。

通过内容，尤其是通过有话题的内容吸引消费者的注意力。这对在社交平台上持续发布高品质内容的要求较高。

③粉丝交换，如同网站之间的相互推荐，私域流量领域的换量也很常见。通常是私域平台之间互相推荐公众号、小程序等。这种方式一般带来的流量的质量较好，但规模有限。

一旦能够解决私域流量池的"活水源头"问题，我们就可以着手对私域流量进行更深入的运营。下面我们来看私域流量运营的四种形态和四种常见的运营模式。

尽管很多人都会说私域流量，但很可能大家说的根本就不是一回事。这是因为私域流量是一个很大的概念，如果不能聚焦，那么人们对它的理解、认知与交流就会存在很多障碍。

第一种形态偏重于在转化阶段获取消费者，如通过裂变活动拉消费者进群然后用利诱的方式使这些消费者快速转化。这种方法常用于具有一定消费专业性要求的效果类行业中。这种方法被称为"割韭菜"，即在把消费者聚起来之后，就快速地"收割"，而不太做长远的经营与培育。

第二种形态是第一种形态的扩展，其重点已经不只放在"收割"上，还要考虑如何与这些被各种方法吸引并聚拢到企业的触点上的消费者进行更多的沟通与交互，以不断培养感情、培育信任度，然后不疾不徐地、频繁而持久地转化这些消费者。这是最常见的私域流量运营的形态。如果说第一种形态是直接下网捕鱼，第二种形态就是考虑自己养鱼，慢慢捕鱼，并且不竭泽而渔。

第三种形态是品牌广告主常用的形态。这种形态强调在营销前端分辨出目标消费者，实现精准投放，并且收集精准投放之后的消费者的数据（包括前端投放数据和中后端的行为数据），将其放入 DMP 或客户数据平台（customer data platform，CDP）中，形成私域数据，在未来再次进行投放或通过 look-alike 的方式进行投放。这种形态是"最不典型"的私域流量运营的形态。

第四种形态是全链路的私域流量运营的形态。这种形态强调私域流量的运营是一个体系化的过程，是指从前端的流量获取到后端建立消费者忠诚与增长的全流程。这个流程包括在触达阶段的细分人群的定向、投放、触达（即第三种形态强调的内容），也包括与消费者进行沟通、交互与转化（即第二种形态强调的内容），还包括更进一步地提升消费者的忠诚度与黏性，并不断刺激老客户带来新客户（增殖）。

第四种形态对品牌企业而言很重要。它强调了要与消费者在触点上进行更多的互动。但这种互动不仅是为了转化，还为了在触点上获得消费者的数据，从而能够在消费者深度运营阶段更深入地影响消费者，令消费者进行持续转化，并让消费者不断增殖。这种形态要求企业不仅重视对数据的获取，还重视对数据的沉淀和反复应用。

8.2.2　私域流量运营模式（Ⅰ）：DTC

DTC（direct to consumer）也叫 D2C，它是直接抵达消费者的一种商品销售模式。从这种模式的命名上就可以看出，它不依赖于中间商，是一种直接与消费者接触并完成销售的模式，这与消费者深度运营必须能够直接接触消费者是同一种情况。因此，这种模式必然需要消费者深度运营。否则既接触不到消费者，又不能与消费者产生黏性，那DTC就无从实现了。

DTC 反映了如今数字化营销对传统销售深刻的改变。在传统销售时代，消费者的购买模式是"人找货"，消费者要购买产品，需要到卖场去找，即使是在线上卖场，消费者也需要自己手动搜索。如今，消费者的购买模式是"货找人"，即消费者不断触发各种各样精准的推荐，从而使产品主动呈现在消费者面前，引起消费者的购买欲望。这样的变化使 DTC 这种模式不会只是小众品牌昙花一现的玩法，而是整个品牌世界的潮流。但这样的变化在一定程度上降低了传统渠道的作用，也对企业直接接触消费者的能力（广度与深度）提出了很高的要求。

DTC 模式有两种常见的方式：第一种方式是社群运营的方式；第二种方式是"直抵亲友"再裂变扩散的方式。第一种方式偏重于对消费者完成"种草"及与消费者发生更高黏性的交互，从而带来线上和线下的销量，第二种方式则是直截了当地谋求转化。

DTC 模式下的第一种方式的核心在于，企业需要把自己作为一个社交世界中的真人，甚至是作为网红来经营。这种方式也被称为企业的拟人化社交。

通过线上线下的各种推广，或是依靠消费者对这个产品本身的兴趣，或是其他的诱饵，消费者添加了企业的个人号。个人号，就是企业自己的运营人员建立的普通社交账号（例如微信号），企业把这个号码也按照个人号的方式做运营：该在朋友圈中晒旅游就晒旅游，该"炫耀"美食就"炫耀"美食，该不满吐槽就吐槽；照片也都是真人，颜值不算顶级也绝对不差，亲和力还特别强，整个内容就是一个爱美女孩的日常。这个个人号的运营是为了赢得消费者的好感，把她/他当作一个有意思的朋友。而商业性的信息，则适当地在这个个人号中做植入。毕竟，消费者也知道这个个人号属于这个企业，所以放入一些企业的商业信息——新产品新活动之类的，大家不会太意外，但一般也不会反感。

当然，这个个人号只是这个企业的很多个人号中的一个。如果一个企业有 100 个个人号（需要 10～20 个运营人员负责），每个个人号有 1000 个消费者，企业就拥有 10 万个可直接接触的消费者。

由于企业微信加好友的上限很高，并且具有一些微信号没有的管理功能，因此，很多企业都利用企业微信来进行个人号的运营。但我仍然倾向于使用个人微信号，因为个人微信号的官方色彩更少，更加有血有肉。

这些个人号还会把自己的"好友"（对产品感兴趣的消费者）拉入各个消费者群中。这些群中的消费者拥有相同的爱好，所以这些消费者就像找到了组织一样。当然，群内的活跃程度和融洽程度需要群主认真运营。群主在这些群中还要适当地植入商业性信息，即诱饵，这些诱饵可以是各种福利、新产品的介绍、买家秀、产品使用攻略、企业提供的各种服务、要求群友帮助传播形成裂变等。当然，群主还要把一类重要的信息植入这些群中，那就是电商购物入口，以小程序电商的方式最为普遍。

品牌其实也给这些个人号提供大量的诱饵，最典型的就是品牌不断推出新产品，每个新产品都是一个话题。据称，完美日记一年可以推出 1000 多个新产品这就给 DTC 的运营增加了 1000 多个话题，所以消费者不会轻易觉得厌倦，反而可能会被新产品吸引。

对很多企业的 DTC 的运营而言，上面的过程基本上就是其运营的核心。运营员先把消费者拉入自己的个人号或者公众号中，再把他们拉到以自己为群主的群中，然后在群中不断与他们互动，再不断提醒他们别忘了买东西或帮忙推广之类的，也能运营得有声有色。

不过，对另外一些 DTC 而言，把消费者拉入个人号和群中不是终点，把消费者拉入个人号和群中的目的之一是将消费者引入更深入的企业的触点，上面提到的将消费者引入小程序电商只是其中的一种，另外，还常常会引导需要服务的消费者添加企业服务号或者小程序，或者建议更忠诚的消费者成为会员、下载 App 等，从而将消费者从公域引入半公域（个人号和群是半公域），再从半公域引入私域。这个过程是通过设计规则来实现的。

个人号和群在技术上并没有太大的实现难度，与技术解决方案比较有关的是一些针对个人号和群的自动管理机器人外挂，如让自动管理机器人进行自动回复，以免人工反馈不及时，贻误时机。运营个人号和群最大的困难在于运营本身——如何设计既具有吸引力又具有说服力的活动以及如何调动消费者的好感和归属感，并且确保在释放商业性信息的时候，不至于引起消费者的反感而导致"掉粉"。但到了真正属于企业自己的触点的时候，在技术上和数据上的要求就提高了，DTC 模式下的第一种方式中的消费者数据的获取、打通与应用策略如下：第一，在各触点上抓取消费者的各类 ID 与行为数据；第二，打通同一个消费者的行为数据（包括购物行为数据）；第三，基于消费者的行为数据、建立消费者元数据表（ID+属性数据），为消费者建立标签、积分规则、等级管理规则等；第四，为不同标签的消费者制定不同的沟通策略与规则；第五，对接消费者的数据到外部媒体投放系统或者营销自动化（MA）系统中，实现与消费者沟通的落地。

DTC 模式下的第二种方式利用海量的自建媒体（如微信、小红书、抖音、快手、喜马拉雅等）上的购物入口，可以直接将消费者引向企业的电商店铺。此外，利用社交平台的电商服务商，如有赞和微盟，使产品销售信息也能在社交平台上被分享从而也能够使一些消费者进入企业的电商店铺完成转化。

对一些企业而言,以销售为诉求的 DTC 模式走到这里就结束了,但是从消费者深度运营的角度来看,这只是走完了第一步,也就是只走完了企业能够直接接触消费者的一步,而大部分企业运营私域流量的目的是要跟消费者重复地发生联系,这一点已经在前面提到了。

因此,在消费者完成购买之后,消费者的来源数据、购物数据、行为数据及电商平台能够提供的第三方数据都会被企业获取。企业会基于这些数据为消费者打造标签或者建立画像,企业也很可能会建议消费者成为自己的会员,并基于消费者的数据为消费者计算积分或者建立等级。之后,企业会基于不同的标签人群,再次与他们进行针对性的沟通,促使他们再次消费,或者让他们帮助企业转化他们的亲朋好友也成为企业的顾客。

企业也可能将已经成为自己客户的消费者的 ID 收集起来,然后上传给 DMP 并通过 look-alike,进行数字广告的触达,以吸引与自己现有客户类似的消费者。

DTC 模式下的两种方式,在前半部分,即获取私域流量部分,方法不尽相同,目的也不同;而在运营私域流量过程中,无论这些流量是已经成为你的客户,还是在你的触点上交互却没有成为你客户的消费者,进一步运营他们的方式对于两种 DTC 模式而言并无太大不同,都是尽可能获取他们的数据,为他们建立标签、积分和等级,并且基于这些信息,细分人群,持续有针对性地与他们进行交互沟通。

8.2.3 私域流量运营模式(Ⅱ):B2C2C

B2C2C 中的第一个 C 是指 KOL 或者 KOC,也就是有一定影响力、有一定粉丝数量的意见领袖级的消费者。

所以 B2C2C 模式下也有两种方式:一种是 B2KOL2C;另一种是 B2KOC2C。这两种方式在实际操作上略有不同。

B2KOL2C 这种方式显然会更多地利用 KOL 的影响力,让 KOL 做代言、在其直播中做植入,或者发表内容帮忙推广,目的是让消费者进入企业的个人号、个人号开的群、服务号、小程序或者直接进入电商端等半公域和私域的触点。之后,企业收集消费者的数据,并进行更深入的交互运营。从这个角度来看,KOL 的本质就是企业公域流量的来源,以及品牌号召力的价值。KOL 招来了消费者之后,剩下的事情需要企业在私域触点上来做。B2KOL2C 模式示意图如图 8-2 所示。

B2KOC2C 方式与 B2KOL2C 方式不同,因为 KOC 的影响力不及 KOL,但 KOC 的数量比 KOL 多,因此 KOC 更适合作为传播的推手和策略落地的执行者。企业通常邀请多位 KOC 作为企业私域营销活动的裂变发起者和传播推手,以聚拢 KOC 的粉丝与亲友进入企业的触点。而这些触点跟前面所讲的那些触点并无二致,企业可以在这些触点上捕捉 KOC 引来的消费者的 ID 与各种行为数据,从而为实现之后的各种深度运营创造条件。B2KOC2C 模式示意图如图 8-3 所示。

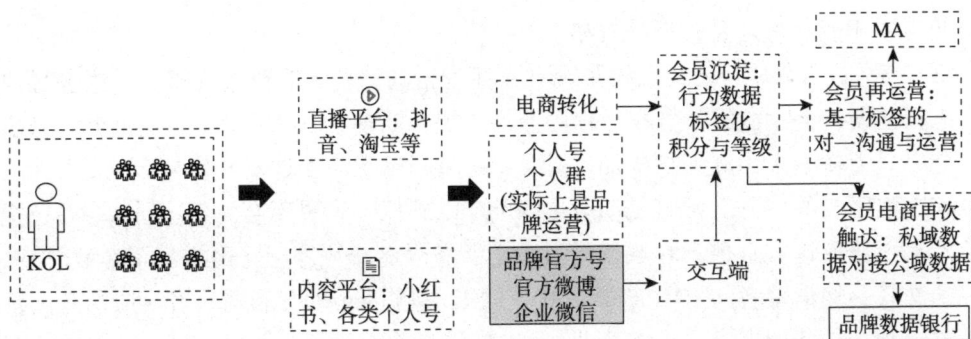

图 8-2　B2KOL2C 模式示意图

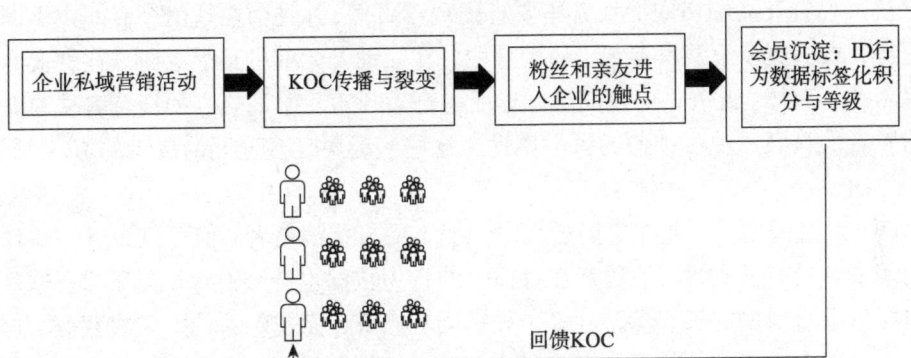

图 8-3　B2KOC2C 模式示意图

在 KOC 为企业带来私域流量之后，企业也会对他们进行回馈，以维系更持久的关系。

B2KOC2C 模式更像是把消费者分成了两个层级：有一定影响力的消费者和普通消费者，但它本质上仍然是 DTC 模式。

在实际的私域流量的运营过程中，很多时候 DTC 模式和 B2B2C 模式是结合起来应用的，而且从始至终都应用了诱饵、触点与规则等方法。例如，某品牌计算机企业的一次私域营销活动就应用了这两种模式。

这个案例的细节很多，颇为庞杂，但线索很清晰，我们快速地做一个分析。

在这个案例中，活动的主体内容是一次直播，活动的目的有两个：第一个是尽可能多地吸引消费者参与这次直播，并通过直播中的互动吸引消费者进入企业的触点成为企业的粉丝（私域流量）；第二个是使消费者进入购物通道完成产品的购买。其中，第一个目的是主要目的，第二个目的是次要目的。

这次直播的核心诱饵是直播本身，直播的内容聚焦在游戏上，有两个游戏玩家都很景仰的大咖玩家（KOL）坐镇直播，并分享他们的游戏经验和比赛逸事。这类活动的成败关键取决于活动内容本身，如果活动内容本身没有吸引力，那么使用再多的诱饵也很难成功。如果活动内容好，诱饵和触点就会产生更大的价值，从而形成一组很有吸引力的规则。

第一步，推广。企业分别利用自有私域触点宣传、KOL 宣传、以私域触点为起点的裂变、以 KOC 为起点的裂变、KOC 直接指定特权消费者等方式进行流量引入。这里有一个小规则，就是 KOC 直接指定特权的消费者可以直接观看直播，其他观众必须完成裂变传播才能获得观看直播的资格。

第二步，进入触点。已经获得了观看直播资格的消费者需要进入指定的服务号或小程序进行注册，企业在服务号和小程序上加入提示欢迎加入"同好群"的通知。微信群的二维码只支持最多 100 人扫描加入，因此这里利用了一项被业界称为活码的技术，服务号和小程序上的加群二维码是动态更换的，以确保二维码不会失效。到这一步，企业才开始真正获取这次直播的私域流量。由于服务号和小程序上已经添加了监测 SDK，因此到达其上的消费者的 ID（与微信相关的 ID 是 Open ID）和消费者对应的行为都可以被监测到。这些数据都会进入企业的 CDP。

第三步，在直播开始前的最后时刻进行造势。在直播开始前一天、前一小时企业都会提醒获得观看直播资格的消费者不要忘记观看直播，并且会在这两个时间内不断地为直播造势，吸引更多消费者参与。经验表明，在活动开始前的最后一刻，往往会有一个注册报名的小高峰。此外，企业也没有忘记在直播开始前邀请热心的消费者填写调研问卷，消费者的答案反映了他们的兴趣属性，这些兴趣属性会连同消费者的 ID 一同进入企业的 CDP。

第四步，直播中。企业在直播过程中一般不要打扰消费者，但可以设置抽奖环节以提升消费者观看直播黏性。消费者在直播中的行为数据也会被追踪记录下来。这些行为数据包括观看直播的时长、参与互动（如提问、点赞、撒花）的种类与次数等。这些行为数据一方面会用于增加注册消费者的会员积分，另一方面会用于进一步辨识不同消费者的兴趣。

第五步，在直播结束后进行再次传播。这个步骤主要是为那些对直播感兴趣却没能实时观看直播的消费者准备的。

可以看到，一次小小的直播活动就综合应用了 DTC 模式和 B2C2C 模式，也利用了各种诱饵和触点，以及结合这些诱饵与触点组合的几个规则，去直接和多次触达消费者，并获得消费者的 ID 与大量行为数据。这些数据将被用于在未来进一步与消费者接触、互动和创造更有针对性的策略。

8.2.4　私域流量运营模式（III）：B2B2C

B2B2C 模式是指企业通过中间商（通常是经销商、分销商、卖场等）将产品销售给消费者的模式。B2B2C 的说法是以品牌商为视角的，如果以中间商为视角，就是 B2C 了。B2B2C 这个名称说明品牌商需要理顺与中间商的关系。如今，这种关系正在逐步迎来数字化改造，以帮助传统的中间商模式能够在数字化大潮之下焕然新生，但对于 B2B2C 而言是否算作真正意义上的私域流量运营模式，还存有争议。

以品牌商的视角来看，对中间商的数字化改造，除帮助中间商提升能力，更好地发挥中间商的价值之外，还有一个它自己的诉求，那就是让中间商帮助自己获取消费者的数据。

也正因此，目前的 B2B2C 模式有两种主要的落地方式。

第一种方式是通过一物一码的方式，为不同中间商分配拥有不同二维码的产品，从而构建消费者与中间商的专属关系，即企业通过二维码确定消费者是从哪个中间商处购买的产品，中间商获得销售返利，企业获得扫描二维码的消费者的私域流量与数据，并且因此降低了发生窜货的可能性。这种方式与 Link Tag 方法类似，只是把线上场景换到了线下，把 Link Tag 变成了二维码。

第二种方式是通过赋能给中间商，让中间商获得更好的服务消费者的能力，促进消费者的转化率与黏性的提高，并不断通过中间商高频次的消费者触达，获取消费者的数据。

B2B2C 模式需要利用互联网数字技术以实现对消费者深度运营的高效支撑，这就需要四个步骤来实现。

第一步，不断创造与消费者接触的数字化场景，也就是将消费者引入触点。这些触点包括线下的二维码，线上的小程序、App、自有电商网站等。

第二步，通过数字化营销的数据技术在这些触点上收集消费者的数据。例如，利用线下 POS 机收集消费者的购物数据；在线上商城收集消费者的线上交易数据；通过客服收集消费者的基本情况数据；在 App、小程序等触点上通过事件监测（埋点）收集消费者的各种行为数据，这些行为数据反映了消费者不同的兴趣和购物倾向。

第三步，通过消费者的实名信息，尤其是电话号码，实现对消费者数据的打通，然后为每个消费者建立清晰、明确的消费者数据库。

第四步，利用技术和数据实现赋能的落地。消费者数据库可提供针对性信息帮助育儿顾问分辨出重点消费者，从而让育儿顾问调整自己的服务策略。

8.2.5　私域流量运营模式（Ⅳ）：B2B

事实上，大部分 B2B 先天就是私域运营的，因为 B2B 的目标消费者是细分的目标消费者，其数量不可能像 to C 的消费者那么多。进入 pipeline（pipeline 是 to B 销售业务的俚语，指有意向的潜在客户进入了有销售人员专门跟进的流程）的消费者其实已经是企业的私域流量，企业需要花费时间和精力培育他们，以实现对他们的转化。

如今，我们常说的一些数字化营销与运营的概念，如 MA、CRM、CDP 等最初都来自 B2B 行业，然后才逐步适用于 to C 行业。

B2B 模式是围绕销售线索获取的。获取销售线索是 B2B 营销的起点，它通常通过线下会议或活动、KOL 推广、客户的转介绍、专业内容推广、各种社会关系等方式实现。此后，潜在客户会与销售人员取得联系，并在不断地与企业和销售人员接触的过程中被培育。而培育潜在客户，直到他最终转化的过程，是 B2B 的深度运营的核心。

除了严格意义上的 B2B 行业外，还有一些行业类似于 B2B 模式，也以获取销售线索为获客模式，如教育、金融、旅游等行业，这些行业也适合采用 B2B 的私域流量运营模式。

在传统时代，B2B 的深度运营常常是由销售人员或者呼叫中心通过电话语音完成的，而在数字时代，潜在客户会在企业的各种触点上留下痕迹，从而为销售人员提供更多可用的信息。同时，数字化程度的加深也使部分营销策略能够利用机器去做自动化的响应和执行，这是数字化的消费者深度运营在 to B 行业上的最典型应用。

8.3　电商消费者深度运营的数据解决方案

看到消费者源源不断地涌入触点，此时高兴还为时甚早。消费者不是流量池里的一潭死水，他们随时会走，而他们在来的时候留下的数字痕迹，是挽留他们的重要武器。本节将介绍如何应用这些数字痕迹。

8.3.1　客户数据平台（CDP）

数字化的消费者深度运营必须以数据为武器，而这个武器的常见形态是 CDP。

对企业的消费者深度运营而言，CDP 具有决定性的意义。私域流量运营不一定是消费者深度运营，如果只是建群、建号、做裂变，那么它与消费者深度运营还是有区别的。消费者深度运营的核心是在更深入地了解消费者的基础之上的运营，是基于消费者数据的运营。另外，消费者深度运营中非常重要的部分——会员运营，这显然也必须基于深度的消费者数据。

CDP 是关于人的数据，但并不是关于人的全部数据。

我们所期望的消费者的 360°画像这种说法实际上是很"幼稚"的。无论是 DMP 还是 CDP，都不可能对一个消费者进行完整、精确的描述，即使在技术上可以实现，消费者隐私的保护也不允许。

CDP 所包含的关于人的数据，主要是营销后端的数据。由于营销后端主要是指广告主在自有触点上与消费者沟通的环节，因此 CDP 中存储的数据也是企业的私域数据。

由于 CDP 存储的是企业自有的关于消费者的数据，因此有很多人误以为 CDP 就是 CRM。

随着时间的推移，CRM 到底应该如何定义，已经开始与经典说法相去甚远。CDP 与 CRM 中的 C，虽然都是 customer（消费者），但 CDP 中的 C 的含义更广泛一些：无论这些消费者是属于潜在客户还是客户，只要跟企业的第一方触点发生接触的消费者都算 CDP 中的消费者。然而经典的 CRM 强调 C 是潜在客户（进入 pipeline 的），以及客户（完成购买的）。

另外，CRM 是一套管理体系，而 CDP 的外延没有那么大，它就是一个关于 C 的数据系统。

但你会发现，近几年 CDP 的热度显著升高，原因很简单，因为近几年广告主的大趋势是自建触点、自组"私域流量"、自留数据，而 CDP 正好是在广告主自建的触点上收集数据，而且是帮助运营私域流量的企业完善自有数据系统，这使它开始受到更多的重视。

回溯历史，CRM 是最先出现的，然后是 DMP，之后才是 CDP。CRM 和 DMP 之间没有演变关系，而 CDP 跟 DMP 却很有渊源。

CRM 出现得很早，可以追溯到 20 世纪，企业需要了解自己的客户和潜在客户，从而让销售和客服能够更好地进行营销或者为他们服务,所以 CRM 的核心是客户的数据。

但是,客户的数据随着时间的推移和技术的进步,其包含的类型是在不断扩展的,这就造成了如今的 CRM 及各个数据系统之间界限的模糊。最初,客户的数据只不过类似于下面这些:姓名、年龄、住址、家庭成员之类的人口统计信息的数据;购买的产品、次数、购买时间、金额等订单方面的数据;促销、折扣的使用等数据;售后服务、投诉等记录;销售人员是谁、沟通记录等;呼叫中心的记录等。

这些数据及 CRM 对这些数据的应用,给人一种相当刻板的印象:CRM 中的数据是客户的数据,并且以离线数据为主,缺乏实时数据的处理,因此基本上都是静态数据,这也决定了这些数据不能用于建立客户的属性标签。

但是,时代不是一成不变的,消费者的数字体验高速拓展,技术也突飞猛进,因此能抓取的客户的数据在变多。这时,CRM 的概念迅速被加入更多的内涵,与 CDP 和 DMP 这两个新生事物的边界也开始模糊。

第一,客户的数据类型开始增加。除了上面的数据外,客户还在各种数字媒体或平台上留下痕迹——各种行为数据,这些行为数据中有不少是企业可以获取的。例如,客户看到了企业的广告或者点击了企业的广告,或者在企业的网站或公众号上进行了浏览,或者在小程序和 App 上与企业发生了互动,所有这些行为都留下了可供企业获取的数据。

第二,客户的含义也开始变得模糊。发生购买的客户的含义并没有变化,但潜在客户的含义却大大拓展了。对传统的 CRM 而言,潜在客户主要是明确表现出购买可能性的客户,而现在的潜在客户则是在数字世界中跟企业发生了各种互动的人,虽然这些人不会出现在 CRM 中,但他们都表现出了与产品或者品牌相关的兴趣或需求。对于这些人及围绕这些人的数据(尤其是行为数据)的管理,在一开始并不被认为跟 CRM 有关。

显然,那时大家都非常清楚:客户或者潜在客户在广告端的行为数据,属于广告投放和监播系统负责的范畴;客户或者潜在客户在网站、App、小程序上的行为,属于各种用户行为分析工具负责的范畴。这些数据既不会进入 CRM,又没有必要进入 CRM,因为这些数据是统计数据,并非聚焦于个体。

因此,在几年前,CRM、广告数据、用户行为数据都在各自的世界中大放异彩,几乎无交汇的可能。

2013 年,程序化广告在中国落地生根,并带来了"第一次"数据整合。

程序化广告,尤其是当时的实时竞价(real time bidding,RTB)广告,需要对一个受众个体进行比较持久的追踪,但这个问题在移动化浪潮中很快被解决。传统的追踪技术加上稳定、持续且唯一的移动端硬件 ID,很快使曾经只是作为统计数据出现的个体的数据被打通、整合并与每个具体的个体关联起来。

于是,DMP 出现了。

最初,DMP 中的数据基本上都是由广告交换平台提供的。因为国内主要的广告交换平台基本上都是由互联网巨擘建立的,它们只有提供数据给广告主(实际上是在 DSP 竞价的时候回传的数据)才能让程序化广告正常运转。

因此,DMP 最初有且只有一个任务——服务于程序化广告的投放。至于其他的功能，都是人们后来发现它还可以做其他事情后给它附加上去的。

数据打通的脚步没有停止。

技术的进步很快，人们发现移动端硬件的 ID 能够容易地与电话号码对应打通，进而还能够通过电话号码串联起更多的数据源头。

于是，量变引起了质变：DMP 有了新的数据来源——来自企业自身的一些数据（企业各种自有媒体或平台上监测的数据，如企业自己的网站、App 及企业自建的 CRM 中的数据等）。

不过，由于 DMP 的目的是投放广告，来自企业自身的这些数据，有很多数据 DMP 用不上，而且打通这些来自企业自身的数据很麻烦，因此 DMP 只是有选择性地应用了少量来自企业自身的数据，最典型的是将企业自己网站上或者 App 上的数据作为种子数据用于再营销，或者用于寻找相似人群。

此时，DMP 和 CRM "井水不犯河水"，而 CDP 根本还没有出现。

这基本上是 2017 年之前的历史，那个时候让企业着迷的事物是 DMP。由于 DMP 跟数字广告投放的关系如此紧密，并且没有很多企业能把大把的预算投向数字广告上，因此没有太多企业真正建立了 DMP。

从 2017 年开始，随着 CDP 的出现，情况开始发生变化。

CDP 出现的大背景是中国和美国几乎同时出现的"流量荒"。虽然流量并没有真的"荒"，但流量红利确实越来越少，企业开始意识到精细地运营流量的重要性。

为了精细地运营流量，企业需要数据。于是，很多企业开始向 DMP 寻求帮助，但那时中国的 DMP 还不能很好地解决这个问题，原因有两个。

其一，DMP 提供的数据以广告投放为主，但企业想做的精细化的流量运营并不在引流阶段，而是在引流完成之后跟这些流量在企业自有媒体或平台上做进一步的深入互动。这类场景需要的数据量并不大，但更要有深度，而且大多数数据需要企业自己抓取。当时的 DMP 提供的是海量的受众数据，且主要来自企业之外。

其二，精细化的流量运营商，数据的应用场景主要不是用在广告投放上的，而是给运营部门用于发短信、发微信、发私信、打电话、做促销等，但 DMP 最初不是为这个目的设计的。

为了解决企业的问题，企业可以采用以下三种解决方法。

第一种，建立新的专用工具——CDP。

第二种，对 DMP 进行改良。

第三种，对 CRM 进行改良。

这三种解决方法都有不少企业在尝试。在第一种解决方法之下诞生了 CDP，第二种解决方法创造了更加复杂、包容性更强的 DMP，第三种解决方法赋予 CRM 更多原本它不需要承担的功能。

无论是 CDP，还是改良后的 DMP 和 CRM，都必然需要能够实现过去网站用户行为分析工具、App 用户行为分析工具或者新的小程序用户行为监测工具所做的在各个企业自有媒体或平台上抓取数据的功能。此外，它们还需要将这些抓取到的数据附着在每个个体上，并且具备自定义人群标签的功能。

　　然后，这些抓取到的数据，以及通过一定规则或者标签组合找出的人群，被用来跟各种各样的营销工具对接（这些营销工具不一定是营销自动化工具，靠人力执行的营销活动也用得上这些数据和人群）。

　　这些抓取到的数据和人群被用在以微信和微博为主要阵地的用户/客户运营场景上，被中国人称为 SCRM（social CRM）。尽管 SCRM 这个概念在 2009 年的美国已经被提出，但美国的 SCRM 与我国的 SCRM 有很大区别。

　　第一种，建立新的专用工具——CDP。它显然是很有针对性的方法。不过 CDP 只能用来做流量深度运营，不具备广告投放的功能。

　　第二种，对 DMP 进行改良。这种方法也不错，但实现起来挑战很大，主要是 DMP 的数据逻辑和企业自有流量数据的逻辑并不相同，所以功能上也就有了不少区别。再加上数据本身还涉及大量不同形态、不同格式的第一方数据，因此对 DMP 的改良甚至要比单独建立一个 CDP 更加复杂。

　　第三种，对 CRM 进行改良。这种方法的难度不小，最大的挑战在于，传统 CRM 以静态数据为主，但流量运营的数据都是动态的，这使数据逻辑与 CRM 原有的数据逻辑之间存在巨大的差异。而且，CRM 并非数据系统，而是基于数据库的应用系统，但 CDP 是一个复杂的异构数据系统。这也增加了对 CRM 进行改良的难度。

　　由于对 DMP 和 CRM 进行改良方法的存在，如果你问我 CDP 和 DMP 是同个事物，还是两个不同的事物，我只能说，也许这两种说法都对，因为要回答这个问题，只能具体看某个 DMP 是过去的那种经典的只面向广告投放的 DMP，还是如今的包含面向企业做流量深度运营相关功能的 DMP。

　　如果你说 CRM 跟 CDP 是同一个事物，我也能勉强地略表赞同，只要你能证明这个 CRM 是改良过的，能够抓取、处理、打通流量和人群的动态数据，并能输出细分人群的运营工具。

　　但是，如果你说 CRM 跟 DMP 是同一个事物，我就难以苟同了。因为 DMP 的主页毕竟是用来投放广告的，而 CRM 跟 DMP 的主要工作也并无相似之处。

　　但是，无论怎样，你都可以看到，如今这些系统的称谓和内涵比较杂乱，它们彼此区分的边界也确实变得模糊。这当然不是 CDP 造成的，而是人们为了顺应企业的需求，不断在既有的系统上改良所致。

　　给汽车装上了翅膀，也把汽车的发动机改成了涡轮风扇发动机，还把汽车的底盘做成了船——它可以在地上走，也能在天上飞，还能在水上跑，它应该叫汽车、飞机、小船，还是该起一个新的名字？这就是如今 CDP、DMP、CRM 还有 SCRM 的各种命名和概念异常混乱的原因。

　　关于 CRM、CDP、DMP 的名称和含义的争论还没有停止。但是否要争出结论、分出谁更权威并无意义，真正有意义的是认识到企业对于流量环境变化所产生的心态的改变、所关注的重心的迁移，以及所采用的方法的调整——更重视运营，而非流量本身。而这样的调整正是众多 to B 营销与运营技术及服务厂商追逐的热点——在同一片土地上各方人马旌旗招展，仿佛预示着下一场激烈而持久的鏖战。

8.3.2　基于 CDP 的电商消费者数据管理和应用

我们需要明确一点，CDP 的数据主要来自企业的各种触点，尤其是自有触点。在 CDP 的数据结构中，ID 部分较为强调要尽量包含实名 ID。实名 ID 对于打通消费者的数据具有非常重要的意义。

如果消费者确实提供了自己的实名 ID，如在注册表单中填写了自己的电话号码，那么这个数据是如何连同这个消费者的行为数据一同进入 CDP 的呢？

答案是，需要利用事件监测（埋点）的方法实现。消费者在注册表单中填写的实名 ID 对事件监测（埋点）而言，就是它的一个属性。以消费者在注册表单中填写电话号码为例，一旦消费者点击"提交"按钮，点击按钮这个行为，连同这个行为的属性——电话号码，就会通过事件监测（埋点）上传至 CDP 的服务器，从而被企业捕获。

除了通过添加监测脚本代码或 SDK 等方法获取数据，CDP 还可以通过数据接口（如 API、Server to Server 功能、FTP 上传等）的方法从外部导入数据，如从 CRM 系统中导入数据。CDP 也可以接收企业之外的数据源提供的数据，尤其是与第三方社交平台及电商平台的数据接入，通常利用第三方提供的公共 API，如利用微信提供的 API，获取消费者在微信上的相关 ID 与数据，这也是 CDP 非常重要的数据来源。

在完成数据的获取后，我们可以要求 CDP 进行身份识别和合并，主要是根据企业定义的身份信息进行数据合并。例如，在企业拥有多个子品牌，或者每个销售渠道都分别拥有单独的公众号的情况下，我们可以通过消费者唯一的 Union ID 进行同一个消费者在多个公众号上的数据的合并。我们也可以按照消费者的实名信息，如电话号码进行数据的合并。这里所谓的合并，实际上就是我们所说的数据打通。

有些 CDP 会根据 ID 的情况进行自动合并，在找到不同数据条目之间共有的 ID 时，CDP 会主动询问我们是否按照某个 ID 进行合并。另外一些 CDP 则具有手动合并的功能，即我们自己指定将哪些数据进行合并。一般而言，CDP 对每个数据项目都会建立一个专用 ID，在合并两个数据项目之后，就会舍弃其中一个数据项目的 CDP ID，而保留另外一个，这样所有的与消费者相关的数据（无论是消费者在各触点上的 ID 数据、实名数据，还是其行为数据），都会附属在 CDP ID 之上，类似于数据表的主键（这里就是 CDP ID）及其数据项（其他的 ID，以及消费者的行为相关数据）所构成的二元结构。

在数据打通上，请大家记住一个原则：在同一个生态内的数据打通，靠生态内共有的 ID；跨生态的数据打通，靠实名信息，简单地讲，就是靠电话号码。

例如，在微信生态内，无论是公众号、小程序，还是 HTML5，同一个消费者的数据都可以靠 Union ID 打通。在阿里生态内，则靠消费者的 User ID 打通。

若是要跨生态了，如要把微信生态内的消费者的行为数据和阿里生态内同一个消费者的购买数据打通，就只能依靠这个消费者的电话号码了。其他技术性的方法虽然在技术上可行，但这些方法要么与如今的个人隐私保护法规越来越不相容，要么精确性欠佳，因此越来越不可用。安全的做法只有一种，那就是征得消费者的同意，让消费者在被我们明确告知的情况下，愿意向我们提供他们的实名信息。

在数据进入 CDP 之后，如果要利用这些数据，就应该给消费者打上标签，打标签的目的是把具有类似数据表现（不一定是完全一样的数据表现）的消费者找出来。这样在运营的时候，就可以针对这些数据反映出来的情况制定有针对性的策略。

很多人认为给消费者打标签就是为消费者画像。这种理解是不准确的。为消费者画像是一个很模糊的概念，用定性的语言描述一个消费者群体也算为消费者画像。在进行消费者调研之后，也可以给一个消费者群体画像。但这些画像本身具有一定的或然性，接近事实即可，不必追求精确。当然，这并不是说，所有的消费者画像都是模糊的、非定量的，总体来说，消费者画像的模糊程度比 CDP 为消费者打的标签要高一些。

换句话说，标签讲究客观性和准确性。标签一定是要有"证据"的，或者说是要有"事实"才能打上的。而 CDP 中的"证据"或者"事实"，就是记录消费者具体行为的数据。

利用 CDP 为消费者打的标签与 DMP 中的标签有很大不同。DMP 中的标签是在被提供给企业使用的时候就已经打好了的，标签的更新也不需要企业自己来做，而是由 DMP 服务商来做。但是，CDP 与 DMP 不同，CDP 的数据基本都是企业自己的数据，是在企业的触点上不断生成的数据，因此 CDP 中的消费者的标签是不可能提前打好的，而是需要企业根据自己的需求，自己命名标签，自己建立这个标签背后的规则定义的，之后机器才会根据具体的规则定义为符合该标签规则的每个消费者打上对应的标签。

前面已经提到，为消费者打的标签可以分为三种类型：事实标签、规则标签及预测标签。

事实标签：这些标签反映了个体所具备的属性或发生的行为，而不基于这些行为的频率或持续时间来判断其重要性。它们也包括消费者固有的属性，如性别和年龄。

规则标签：满足一定规则的单个行为或多个行为的组合而形成的标签。规则标签可以说是 CDP 中最为常见的标签，任何一个 CDP，都必然支持规则标签。

那在规则标签的定义中，什么叫作"满足一定规则的单个行为"呢？

例如，消费者的平均会话时长必须大于 3 分钟，这就是为单一行为制定的规则：会话时长大于 3 分钟。如果这个规则对应的标签命名是"深度访问者"那么凡是平均会话时长大于 3 分钟的消费者都会被打上"深度访问者"的标签。

那么，什么叫作"多个行为组合而形成的标签"呢？

这个更容易理解。例如，一个标签的规则定义是，看了某个品类的页面大于 3 个（次），并且在每个页面上的平均停留时间都大于 10 秒的，就打上以这个品类名命名的标签。这个规则就是由查看品类页面大于 3 个（次），以及每个页面平均停留时间大于 10 秒这两类行为组合而成的。

预测标签是指基于历史行为进行预测后推算出的标签。它是事实标签和规则标签在算法基础上生成的标签。

预测标签并不是所有 CDP 必须具备的功能，只有部分 CDP 具备这项功能。预测标签本质上就是基于消费者的行为进行预测分析后得出的结论。例如，如果预测到某个消费者可能要流失，就给他打上"即将流失"的标签，这个标签就是预测标签。

因此，预测标签需要有预测算法的支持，本质上，它就是将预测算法的结论固定，再给消费者打标签。

除了事实标签、规则标签、预测标签三种标签的分类方法外，还有不同的标签分类方法，如分为静态标签、智能标签及模型标签。

静态标签即企业手动给消费者添加一个企业自己命名的标签，标签背后没有算法，也没有规则，这个标签是一个手写的标签。智能标签是企业根据消费者的属性和行为数据按照自定义规则创造的标签。在其他工具中，类似的标签类型也可能被称为动态标签，它在本质上与规则标签是一样的。模型标签用于弥补智能标签的只有简单的交、并、减等基础规则的不足，因此可以把模型标签理解为更为强大的规则标签（更为强大的规则就变成了模型）。当然，模型标签仍然基于消费者的基础属性和行为数据。

模型标签支持一些常用的预制的模型，如判断消费者的品牌偏好的模型。模型标签的丰富程度取决于其支持的模型的数量。有些 CDP 支持常用的一些消费者建模方式，包括针对品牌偏好、订单、内容及行为等的建模方式。如果建模方式中包含预测分析的建模，模型标签就能支持预测标签。因此，虽然这几类标签的叫法跟我们前面所说的三类标签的叫法不同，但它们在本质上是相同的。

前面已经介绍过静态标签，这里再介绍动态标签。这里的静态和动态的意思是，消费者的标签会不会动态变化。

为什么存在这个问题呢？原因很简单。因为消费者的数据不是静态的，而是动态的。一个消费者会在企业的触点上做出各种各样的行为，导致他时而满足一些规则，时而又不满足。例如，某个消费者上个月的行为满足"感冒药兴趣"标签的规则，因为他上个月浏览了十几次感冒药品类的相关页面，但在这个月，他没有浏览过感冒药品类的相关页面，他还属于感冒药兴趣人群吗？他的"感冒药兴趣"标签还应该被保留吗？

如果他的"感冒药兴趣"标签是静态标签，那么他的"感冒药兴趣"标签会被保留，直到运营人员手动帮他删除这个标签。如果他的"感冒药兴趣"标签是动态标签，那么在这个月他的"感冒药兴趣"会被删除。

至于在什么时候选择静态标签，在什么时候选择动态标签，完全取决于你的业务需求。

有些工具还提供半静态标签，也就是说运营人员可以手动更新标签。如果运营人员手动更新标签，消费者的标签就会被重新打一次，那些过去满足规则，但是在更新时不满足规则的消费者会失去原有的标签，而新的满足规则的消费者会增加标签。但是，如果运营人员不做手动更新，那么即使消费者的行为已经发生了巨大的变化，消费者原有的标签也会保持不变。

给消费者打标签是消费者深度运营的核心工作之一。这项工作显然需要运营人员来设置规则，而不太可能由机器自动完成规则的设置。机器只能在人设置好规则之后才能自动执行规则，即给不同的消费者打上不同的标签。

而且，消费者的标签也不是一次性就打好了的。消费者的数据会被不断抓取，所以数据实际上是无时无刻不在动态变化的。业务的情况也在变化，因此之前打的标签不可能自动适应未来的业务情况。因此，CDP 中的标签是"随用随打"的，一旦业务有需求，就会立即制定相应规则，给消费者打上标签。

因此，一个企业在利用 DMP 和 CDP 的方式上存在显著的不同。利用 DMP 的主要目的是进行广告投放，主要的工作是按照标签选择人群，做 look-alike 等。而 DMP 中的标签基本上是 DMP 已经预先定义好的，因此 DMP 的一个常用场景就是企业通过第三方海量的数据为自己的第一方人群打标签，如企业上传自己的私有人群数据至 DMP 中，然后 DMP 会把这些人群数据连 ID 带标签一起返回来。

CDP 需要自己根据业务需求来制定规则，再为满足不同规则的人群打标签，这是一项需要人力才参与能完成的工作，尤其是在消费者运营的频次和强度都很高的行业。如果没有人力的参与，那么 CDP 本身就没有太大的价值了。因此，这给企业提了一个醒，CDP 的解决方案不能只是做购入软件、抓取数据这些技术工作，还需要做相当比例的人力参与的策略策划与运营工作。

如前文所述，CDP 无法独立存在，它不仅需要人力参与，还需要与发挥数据价值的系统一起协同工作。

CDP 的最佳拍档是营销自动化系统，营销自动化系统会针对不同的人群（具有相同或者相似标签的人群）定义针对性的营销策略，并自动执行这些策略。CDP 的数据也能够提供给运营人员使用，如协助运营人员生成报告或者下载人群数据包，然后还能手动进行人群触达和沟通，如通过呼叫中心与选中的消费者直接进行语音沟通。

除此之外，CDP 的数据还可以上传给 DMP，并在 DMP 中做 look-alike 之后进行广告投放。

8.3.3　CDP 的价值

CDP 的应用场景跟 DMP 不同，CDP 主要用在营销后端场景上。

因此，如果你想拥有 CDP，但是又没有太多后端营销与运营的业务场景，这时你就需要掂量一下是否真的需要 CDP。

例如，如果你在投放了广告或者做了引流之后，需要马上让这些流量变成销售线索（特别是电话号码），然后立即转交给呼叫中心，那么在这样的场景中你基本不需要 CDP。或者你引来流量是为了让这些流量背后的消费者下单购物，那么你也不太需要 CDP。因为要满足这些需求，DMP 比 CDP 更合适。

事实上，DMP 比 CDP 更有普适性，需要用到 DMP 的企业，远远比需要用到 CDP 的企业多。因为几乎所有企业都需要引流获客，但不是所有的企业都要做消费者深度运营。

CDP 并不是用来直接帮助企业在投放广告时甄选人群的，而是直接帮助企业做精细化的消费者运营的。因此，用短期内的 ROAS 的提升作为指标去考核 CDP 并不合适。那么，在应用 CDP 之后，我们应该用什么来衡量它的效果和价值呢？

短期效果衡量指标一：覆盖能力。覆盖能力是指 CDP 能覆盖多少个触点，以及能吸引多少个消费者进入这些触点。这一方面取决于 CDP 本身的技术能力，更具体地说，是 CDP 抓取数据的技术能够覆盖多少个触点；另一方面取决于企业建设自己的触点的水平，以及企业自己的运营团队的智慧与汗水。这两个方面实实在在影响 CDP 效果的发挥。因为企业有多少个触点，又有多少个消费者会用这些触点，这决定了 CDP 的价值有多大。

如果一个企业几乎没有什么消费者触点，或者一个触点上只有一两千个消费者，那这个企业建立 CDP 的价值并不大。

能够覆盖企业的自有触点，并能捕捉这些触点上消费者的行为数据，主要通过事件监测（埋点），或者与其他系统进行数据打通获得，这是 CDP 最基本的功能。从理论上来说，无论企业有多少个触点，触点上有多少个消费者，CDP 都能实现对消费者的追踪和数据记录。如果企业的 CDP 做不到，就说明企业的 CDP 有问题，而企业的消费者深度运营也就无从谈起了。因此，对企业建立 CDP 有两个简单的建议：

建议 1：企业在决定建立 CDP 之前，要考虑好自己的触点策略和触点引流策略。

建议 2：企业在建立 CDP 之后，考核自己内部团队的第一个指标是企业自有触点上的消费者数量的增量。

短期效果衡量指标二：活跃消费者数和比例的增加。活跃消费者数和比例的增加及本节之后将叙述的衡量指标，都与 CDP 直接相关。

触点上的消费者增量或者流量增量，属于引流部门的工作范畴，但其中所包含的活跃消费者数和比例的增加，跟 CDP 有关。

什么是活跃消费者？不同的企业有不同的定义。在消费者深度运营中，我们一般将那些在一定时间内发生了至少一次交互行为的消费者称为活跃消费者。

进入触点却不发生交互行为的消费者大概率没有太大的价值。企业消费者运营的价值在于激活进入触点的消费者，让他们与企业发生交互。

那么，其中 CDP 的价值是什么？

①提供不同的人群属性数据（对于新进入触点的人群，主要数据是人群的来源数据），如来自不同关键词的、来自不同信息流创意的、来自不同 KOL 的数据。这样可以对这些属性不同的人群做针对性运营，从而提升这些人群发生交互的可能性。

②记录消费者的行为，区分哪些消费者做出了行为、哪些消费者没有做出行为，从而为进一步的运营提供优化策略。

③帮助判断哪些触点上的互动设置（如互动元素）更能够吸引消费者发生交互行为。

因此，在所有消费者中发生交互行为的消费者的比例的提高，是衡量 CDP 效果的指标之一。而可以让 CDP 在这一领域中发挥价值的很多工作同样需要人力来完成。

短期效果衡量指标三：消费者交互度的提升。消费者交互度是指平均每个消费者在触点上发生交互的程度。与活跃消费者数和比例的增加相比，消费者交互度的提升与 CDP 的关系更加直接。

在利用 CDP 之后，消费者交互度应该越来越高。在利用 CDP 之后，平均每个消费者在触点上的总行为数量增加。那些更有价值的标志性行为的数量增加。有价值的标志性行为在总行为中所占的比例提升。

CDP 的价值在于提升运营能力，而运营能力提升的最直接的表现指标就是消费者愿意在触点上发生更多的交互行为。

中期效果衡量指标一：消费者转化的提升。CDP 是一定要促进转化和成交的。在评价 CDP 的转化能力时需要注意，CDP 的转化能力的评价与 DMP 的转化有关。二者对能力的评价有显著的不同。

DMP 的转化能力的评价的目的是找到好的流量（人群），所以需要控制营销后端保持不变，才能够比较使用 DMP 前后的区别，从而判断 DMP 是否有效。

CDP 的转化能力的评价是通过消费者运营来实现的。因此，在衡量 CDP 的效果时，要控制的是营销前端保持不变，而比较使用 CDP 之后同样流量的转化情况的差异。

由于运营需要经过一定的时间才能看出效果，运营依赖具体的营销。运营的策划与执行不是立竿见影的，因此 CDP 带来的转化提升的效果需要经过一定的时间才能看出。

中期效果衡量指标二：消费者留存的提升。转化并不是 CDP 的唯一核心指标，消费者留存也非常重要。留存指标包括唤回率和留存率。唤回率：唤回老客户重新进入触点的比率；留存率：老客户继续保持转化的比率。

中期效果衡量指标三：消费者增殖。消费者增殖不一定是所有 CDP 的衡量指标，但是对采用老客户拉新客户这一模式的企业来说，CDP 应该能够显著提升其消费者裂变和增殖的能力。

消费者增殖指标主要包括两个：平均每个老客户能够带来新客户的数量的提升；新客户中来自老客户推荐比例的提升。

长期效果衡量指标：ROAS 的提升。虽然 CDP 不追求短期的 ROAS，但并不代表 CDP 不重视 ROAS。因为 CDP 与 DMP 的最终目的是一致的，只是它们的发力角度不同罢了。

CDP 在 ROAS 上的提升需要的时间相对长，因为无论是转化、留存还是增殖，都不是立即发生的，都必然需要一个过程，这使利用 ROAS 来衡量 CDP 需要以较长的周期来观察，而不能追求立即的变化。

总体来讲，衡量 DMP 的效果是可以立即验证的，而 CDP 的短期效果则只能通过相对过程的指标（消费者活跃度、消费者交互度等）来衡量。但最终，二者都必须提升企业的 ROAS，否则就不能算真正实现了它们的价值。

8.4 电商消费者深度运营的解决方案

有了数据武器，我们就可以对消费者有更深入的了解。在对消费者有了更深入的了解之后，我们就可以对不同的消费者进行针对性的运营，甚至实现行业中所宣称的一对一的运营。当然，尽管在技术上确实可以实现一对一运营，但是实际上一对一运营方式缺乏实际执行的效率，绝大部分时候都是基于数据进行细分人群的运营的，对同样类型的消费者采用相同或相近的策略，从而实现既有针对性，又有效率的深度运营。

为了实现细分人群的深度运营，我们需要能落地的具体解决方案，但这个话题显然是一个巨大的话题，在不同的场景、不同的触点、不同的技术和数据条件的限制之下，如何使具体的运营落地，无论是策略还是方法都不相同。显然，本节不可能也没必要穷尽所有的可能性，但是，如果把不同触点情况之下的各种常用的"元运营"方案弄清楚，那么企业在具体面对自己的场景时，就可以利用或者组合这些方案，形成自己的应对型方案。因此，希望阅读本节的读者不要追求看到一切问题的答案，而是看到解决自己问题的可能方法。

8.4.1 单一触点上的自动化运营

提到消费者深度运营，可能很多读者会想到非常多的复杂场景，尤其是串联起很多触点的场景，统一指挥协作，如同各集团军共同作战般的场景。实际上，无论是对大企业还是小企业来说，消费者深度运营最常应用的场景始终是在单一触点上的。原因很简单，单一触点上的运营是构成更复杂运营的基础元素，它本身就称得上是"元运营"。而且在单一触点上也更容易实现自动执行、自动反馈的运营方案，再加上单一触点本身就是一个从获取数据到应用数据的"小闭环"，运营效果立竿见影，所以单一触点上的运营被广泛采用。

1. 微信相关触点

与微信相关的单一触点包括个人号（聊天）、微信群、企业微信、朋友圈、公众号、小程序。

个人号的自动化运营主要是第三方外挂工具，能够实现的功能主要是自动群发（无论是对个人号还是对微信群）、自动回复、自动为好友建标签等。不过，这些工具现在已经不被微信所允许了，不建议读者朋友们使用。

与个人号相比，企业微信所具备的功能可能让它更适合进行深度的群运营和客户运营。企业微信有企业认证的信息，客户信任感更好，并且企业微信具备个人微信不具备的官方自动化功能，如群活码功能。另外，企业微信的上限比个人号高，如好友数量的上限最高可达 25 万人。企业微信也支持客户群发，一次最多可以将同一条消息发送给200 个最近活跃的客户群。

公众号也是一个常用的自动化运营的重要触点，因为公众号对企业而言，是内容及其传播的核心载体。自动化运营在公众号上的基本应用场景是细分人群的微信群发，即按照预先自定义的模板对选定的公众号粉丝进行群发。

公众号的自动化运营功能也包括自动回复功能，尽管微信提供的官方公众号后台能够实现自动回复，但回复的内容形式有限，而第三方外挂工具可以扩展其回复的形式，可以回复菜单、页面、小程序等。

2. 网站、小程序和 App 相关触点

网站、小程序和 App 有一个共同的巨大的优势，即可以充分与 CDP 打通，从而实现极为灵活的细分人群的针对性运营。下面以网站的单触点上的自动化运营为例，小程序和 App 在单触点上的自动化运营的原理与网站的没有太大区别。

网站的单触点上的自动化运营解决方案主要是三类：弹窗、站内信息、动态页面。

弹窗，很容易理解，其主要解决方案是针对不同的细分人群，弹出不同内容的弹窗。CDP 可以针对消费者的行为建立标签，营销自动化工具可以设置针对不同标签的消费者弹出不同弹窗的规则，而拥有这些标签的消费者在使用这个网站时会弹出相应的弹窗。这种方法对于电子商务网站（包括电子商务小程序）都很有价值，尤其是针对添加购物车但未生成订单的人群，或者是生成订单但未支付的购物放弃与支付放弃的人群。

站内信息包括站内信和推荐产品（或推荐内容）等，对 App 来说还包括推送通知，其自动化运营的实现方式与弹窗方式在原理上没有区别。推荐产品（或推荐内容）也常常通过排序算法实现，有些具备数字标签功能的 CDP 也具备推荐功能，以便为消费者打上以他可能购买的产品品类命名预测标签。

动态页面是更为先进的一种网站端运营方式。虽然它并不是一个新鲜事物，但它经历了几次进化，尤其是在 CDP 出现之后。

最初，动态页面主要用在着陆页上。在没有动态页面的时候，企业会根据不同公司的流量来源设置不同的着陆页，如为不同的搜索引擎变价排名关键词设置不同的着陆页。在有了动态页面之后，企业就可以让不同流量进入同一个着陆页（URL 相同）中，而页面内容则根据流量的来源情况做自动化的调整。这样做的好处是能够减少冗余页面，增加搜索引擎优化（search engine optimization，SEO）的友好度，并在很大程度上减少页面设计和制作的重复劳动。

一种常见的方法是调整着陆页中内容的顺序。例如，一次促销活动的页面上陈列了很多品牌的产品：华硕、戴尔、惠普、联想等品牌的计算机。如果消费者在搜索引擎上搜索关键词"华硕促销"进入着陆页，那么搜索引擎自动将华硕的产品放在着陆页的第一屏，将其他品牌的产品后移，如果消费者在搜索引擎上搜索关键词"联想"进入着陆页，那么搜索引擎自动将联想的产品放在着陆页的第一屏，将其他品牌的产品后移。这样，尽管仍然是同一个页面、同一个 URL，但能够照顾到来自不同流量来源的消费者。

后来，这种方法又拓展到信息流广告对不同产品投放时自动生成的着陆页上，即根据产品库自动组成的动态着陆页。例如，广告投放的是某个产品，着陆页就自动调换为针对这个产品的着陆页。

在 CDP 和消费者的数据更加丰富之后，这种方法得到了进一步的改进。企业对于消费者的认知，不仅来自消费者的流量来源，还来自基于消费者的更多行为所积累起来的标签，并且这些行为也不仅来自这个网站，还来自消费者访问过的其他触点（如公众号、小程序、App 等）。之后，在 CDP 中我们可以通过选择标签构建人群数据（ID+标签），并通过 API 提供给网站端的动态页面工具（一般由专门的工具实现这项功能，也可以自行开发，但是对技术能力有一定的要求），运营人员在动态页面工具中根据不同的标签来构建或配置不同的页面，当符合某个标签的 ID 背后的消费者进入这个动态页面时，页面就会按照标签的情况为这个消费者显示针对性的内容。

这种方法仍然在改进。新的页面策略将页面上的元素做了更进一步的细化，每个元素都有很多个版本，当一个消费者进入动态页面之后，机器会自动通过这个消费者的标签、这个消费者在网站上的其他行为数据及历史类似数据的转化情况，监督—学习—判断哪一种页面内各个元素、各个版本的组合方式最能促进这个消费者的转化，从而直接提供一个机器认为的最适合这个消费者的页面呈现。

这种方法同样适用于小程序和 App，只是自动页面生成的技术不同，但是原理没有差异，并且都需要 CDP 的支持。

3. 微博相关触点

大多数人一般会认为，微博的价值是积攒粉丝并深度运营粉丝。但是，不要忘了，微博有上亿个用户，如果能够在这些用户中找到那些虽然不是我们的粉丝，但是对产品或者服务感兴趣的人，就能通过营销实现大规模的拉新。

在微博上找人的核心思路是，通过关键词搜索，对微博上的所有信息进行筛选，然后从中找到高相关性的博文，并跟踪博文中的高价值评论以寻找潜在客户。但这个过程不可能靠人力完成，而需要利用第三方工具。

首先，通过官方提供的 API 把微博数据接入支持监测跟踪功能的第三方微博运营后台。其次，利用第三方工具的内容分析功能，找出某些相关关键词的微博用户。最后，根据微博用户产生的内容筛选潜在客户。但检索出的博文信息相当庞杂，甚至会有很多僵尸号信息，因此需要在利用第三方工具排除僵尸号后再判断哪些是潜在客户，第三方工具选定的潜在客户会被进一步打上标签，如哪些可能只是感兴趣的人群、哪些是要购买的潜在客户。

在第三方工具筛选出潜在客户之后，运营人员会再进行一次人工检查，这样基本上就能筛选出有价值的潜在客户。

在找到潜在客户后，与潜在客户的初次互动至关重要，因为与潜在客户的初次互动效果关系到给潜在客户的第一印象，和能否获得潜在客户的好感，对有效跟进转化起关键作用。经验表明，第一时间对潜在客户的需求做出反应，能有效提高潜在客户的转化率，48 小时内的互动有较高的转化率。反过来，互动不及时极有可能让潜在客户被竞争对手带走，如果超过一周不跟进潜在客户，潜在客户基本就流失了。既然如此，就需要做针对性的微博上的触达，我们要做的事情是针对不同客户的情况制定不同的触达策略，这时我们需要建立细分的客户群组。

细分的客户群组要能明确反映出当前客户所处的阶段与客户的需求。还以摄影业为例，我们可对其做两个层级的客户群组划分：第一层级为潜在客户、意向客户、签单客户；第二层级为按兴趣划分的 A、B、C 组，如 A 组为婚纱摄影，B 组为韩风摄影，C 组为古装摄影，从而构建出九个细分的客户群组。

对于不同的客户群组，利用第三方工具设置不同的私信或回复方式与内容，并将这些内容以私信或者回复的方式触达这些客户就非常容易了。

当然，发送私信的方式有一点需要注意，如果微博用户设置了陌生人不可以私信，那么发送的私信他收不到。不过，这对微博营销而言，不是太大的问题。

除了私信给潜在客户，对于任何微博用户的任何行为，也都可以利用第三方工具提前设置好针对性的自动回复。

4. 信息流相关触点

信息流（图文和短视频）也是重要的触点，但因为它的作用集中在营销前端引流上，所以它与运营相关的场景丰富程度较为有限。

在信息流上的自动化消费者运营主要集中在流量的落地端——着陆页和网站，但与前面所讲的着陆页和网站的概念略有不同，这里的着陆页和网站是指企业在信息流广告媒体上建立的着陆页和网站。例如，企业在今日头条上投放信息流广告，消费者在点击信息流广告之后进入的着陆页并不一定是企业在自己服务器上建立的，有可能是直接在今日头条的后台生成，然后 host（网站存储、托管的意思）在今日头条的服务器上，页面的一级域名也是 toutiao.com。

这么做的目的是什么？这与消费者深度运营有关系吗？

信息流广告投放是通过机器学习（尤其是监督学习）实现的优化，投放后的转化结果的准确性对于机器学习的效果有着根本性的意义，信息流广告投放的转化结果都是发生在着陆页或者网站更深的页面上的，而这些页面如果直接托管在信息流广告投放媒体的平台上，信息流广告投放媒体就能对流量的到达率、数据的抓取、异常情况的排查等有更好的控制和把握，反过来也就更能保证转化结果数据的有效性和准确性，更能让机器学得更好，让最终的投放效果更好。

当然，这么做也有不好的地方，主要是对企业不利，如果企业用了在信息流广告投放媒体上托管的着陆页和网站，那么企业自己的监测脚本代码就不能添加进去，企业也就不能获得大量能进入自己数据库的消费者行为数据，就无法使用功能可能更强大、更客观的第三方工具。

那么，这与消费者深度运营有关系吗？有，因为信息流广告投放媒体托管的着陆页和网站正在逐步具备"智能化"能力。例如，今日头条自 2020 年 3 月起对普通建站站点仅做维护，不再支持其在广告后台的使用（复制计划、新建计划），而新的建站都将迁移至智能建站系统。智能建站的一项重要功能就是其页面能够根据流量背后消费者的数据及机器学习的结果，对不同消费者进行智能化、动态化的展示。当然，前提是企业要提前建好页面上各个元素的多个版本，这与本节的"网站、小程序和 App 相关"中所讲到的方式一样。

除了今日头条，百度的信息流等也支持类似的方式。

8.4.2 单一生态内的数据化运营

与单一触点仅指某个具体的触点不同，单一生态包含多个触点，即某个媒体生态内的多个触点。单一生态在数据的利用上也有优势——虽然触点不一样，但因为属于同一个媒体生态，所以往往存在可以共用的消费者 ID（如在微信生态内共用的 Union ID），从而也能够较好地实现在数据打通基础上的消费者深度运营。

1. 微信生态

微信生态内的消费者深度运营的能力来自微信开放平台。微信开放平台的功能很多，但归根结底这些功能要实现两件事情：其一，开放微信端的诸多功能给第三方，包括微信登录、分享、支付等相关权限和服务等；其二，开放微信内的数据给第三方，包括建立以 Union ID 为消费者唯一识别的 ID，以及其他可共享的数据等。

基于微信开放平台，尤其是基于其数据的开放性，微信生态特别适用于一个重要的消费者深度运营场景——消费者裂变。消费者裂变是一个典型的在微信生态内利用第三方工具实现的消费者深度运营场景。

考虑到微信服务号和小程序的开放性更强（提供更多 API 和具有功能开放性），消费者裂变更适用于服务号和小程序，但如果必须使用订阅号进行裂变，那么也有解决方法。具体有服务号裂变、小程序裂变和订阅号裂变这三种。

1）服务号裂变

裂变是诱饵、触点与规则方法典型的体现，其中诱饵和规则是裂变成败的关键。诱饵是裂变的灵魂，足够吸引人的诱饵，显然是直接给钱，或者直接让人赚钱，但是这种方法并不是最好的方法，这种方法容易违规，而且并不能真正给我们带来高质量的粉丝用户。在正常情况下，还是应该在深入洞察消费者的基础上在诱饵的创意性上下工夫。

规则是裂变的根基。裂变的规则要包含两个至关重要的原则：第一，要传播给规定数量的人；第二，要能够证明传播的行为是存在的。第一个规则会直接影响传播的 K 值（K 值是平均每个人能够传播给的人），K 值越大，裂变性越好，K 值如果小于 1，那么裂变就会很快停止。第一个规则中规定每个人必须传播给其他人的人数虽然不直接等于 K 值，但会影响 K 值。规定的传播人数越多，每个参与裂变的人就不得不去传播给他的更多的朋友，这会使 K 值增大。但是，规定的传播人数太多又会让参与裂变的人觉得门槛很高，导致他放弃参与裂变，这又会使 K 值减小。因此，规定要传播给多少人这件事情，要讲究平衡，一般在三个人左右较为合理，不能要求太多。另外，有一些裂变，如基于微信群的裂变，很可能并不要求传播给其他人的数量，而是要求做出分享行为，并使分享状态保持一定的时间，在这种情况下，K 值的大小就与规则本身无关了。

另外，裂变很重要的一点是最初发起裂变的这些种子粉丝，或者说铁杆粉丝的质量非常重要。裂变能否成功，不一定取决于已有粉丝的数量，因为裂变本身就是要突破圈层的，所以愿意参与裂变的最初的粉丝质量要足够好，裂变才不至于夭折。

2）小程序裂变

小程序裂变与服务号裂变类似，但有区别。小程序比较类似于 App，可以以很大的自由度自定义各种功能，而完全不需要受制于类似于公众号的种种后台限制，但又可以利用微信开放平台的所有功能和数据，因此它的裂变功能的实现更加简单，完全不需要用生成海报之类的一人一码的方法，就可以直接捕捉参与者之间的关系。例如，拼多多的小程序就是比较常见的小程序裂变。

3）订阅号裂变

订阅号裂变的实现比服务号裂变和小程序裂变的实现复杂，因为订阅号的二维码没有参数功能，无法一人一码，所以它就不能像服务号的裂变一样直接通过一人一码背后的参数来传递数据了。

为了解决这个问题，需要外部工具的帮助，参与者也需要多扫描一次二维码（也就是扫描两次二维码）。

与服务号裂变类似，仍然需要一个海报，同时其上也仍然有一个一人一码的二维码。如果 A 分享了自己的海报，B 看到 A 的海报并想参与裂变，B 就会扫描 A 的海报上的二维码，由于是一人一码，因此 A 的海报上的二维码中含有以参数形式存在的 A 的 ID 和相关信息。B 在扫描了 A 的海报上的二维码后，不会像在前面所讲的服务号裂变的场景中那样直接跳转到服务号并在加入服务号后看到自动推送的消息让自己接受任务，而是会跳转到外部工具提供的一个第三方页面上。

这里非常关键，为什么要让 B 进入第三方页面，而不是直接进入订阅号呢？原因就在于带参数的二维码（一人一码）对订阅号无效，这就需要用这个中间跳转的第三方页面来收集与 A 的海报上的二维码中的相关参数信息。

因此，B 在进入第三方页面时，需要选择是否同意提供个人信息，包括昵称、性别等，如果 B 选择同意提供个人信息，实际上就连自己的 Union ID 和 Open ID 一并提供给了外部工具。因此外部工具能把 A 和 B 的关系连接起来。

在选择同意提供个人信息之后，B 才会进入第三方页面，在这个页面上有第二个二维码，要求 B 扫描。这个二维码就没有什么玄妙了，B 在扫描二维码之后就会进入这个订阅号，为了得到诱饵，B 必须关注这个订阅号。不过，在关注了这个订阅号之后，又有一个问题，因为与服务号不同，订阅号不能直接在欢迎文字中推送针对每个人的不同的海报，所以 B 需要在与这个订阅号的对话框中手动输入"参与裂变赢大奖"之类的关键词，才会触发自动回复，拿到含有 B 个人信息的一人一码的海报。然后，B 又需要分享他的海报，让 C 来参与上面同样的流程，才能拿到诱饵。

总体而言，与服务号裂变相比，订阅号裂变多了一个第三方页面，参与者需要多扫描一次二维码，这样才能记录裂变关系。另外，参与者还需要主动提交关键词给订阅号，才会触发带有裂变海报的自动回复。因此，订阅号裂变的参与者体验比服务号裂变差。

除了裂变，微信生态内的另外一个常见的消费者深度运营场景是公众号和小程序的打通。从本质上来说，这是一种"一个后台，多个应用"的模式，类似地，阿里巴巴也提出"一云多端"的模式。

在微信生态内，与小程序实现打通的公众号一般是服务号。

服务号和小程序打通的应用，主要是在消费者的体验上。例如，某个消费者在公众号上收藏了某个内容，当他打开小程序时，小程序上的收藏的状态与服务号上的一样，都是最新的。由于同一个消费者在同一个主体下的各种公众号和小程序上都拥有同一个 Union ID，因此实现服务号和小程序的打通并不困难。此外，由于在公众号和小程序上都能添加第三方的监测脚本代码或 SDK，如 CDP 的监测脚本代码或 SDK，因此消费者的 Union ID 和行为数据也能够被 CDP 捕获，从而能够为 CDP 实现一对一的运营提供数据资源。

2. 天猫和淘宝生态

阿里生态与微信生态不同，后者是社交平台，更适合承载消费者深度运营，而前者很靠近转化的后端环节，进行数字化的消费者深度运营的空间较小。

基于天猫和淘宝生态的数字化的消费者深度运营，更多的是在与其他生态的共同配合下，在阿里生态内进行数据驱动的运营中，主要包括再营销体系与小程序体系。其背后依托于两个极为重要的解决方案：阿里的电商数据体系及"一云多端"的模式。

1）再营销体系

天猫和淘宝的再营销体系包含数据源和投放出口两个部分。数据源主要有以下几个：CRM、数据银行或达摩盘中的购物客户信息（主要是天猫、淘宝、聚划算等购物平台上的客户信息）；对投放推广有反馈行为的消费者在数据银行中的数据；数据银行中的有好货、微淘及直播上的细分消费者的行为数据等。这些数据可以在数据银行或者达摩盘中按照自定义的规则建立细分人群，并可将细分人群的数据导出到各投放出口的广告系统中。

投放出口包括天猫和淘宝生态内的推广渠道，如直通车、智钻、超级推荐品销宝；也包括阿里生态内的推广资源，如 Uni-desk 广告相关资源、优酷土豆广告相关资源、UC 信息流广告相关资源、微博广告等。

2）小程序体系

尽管都叫小程序，但是阿里生态内的小程序体系和微信生态内的小程序体系有很大区别。阿里生态内的小程序的设计思想是能让它运行在阿里生态内的多个 App 环境中，包括淘宝、天猫、支付宝、高德地图等，这样就能让阿里生态内的小程序成为一个开放平台。为实现这样的开放平台，阿里巴巴构建了"一云多端"的小程序的支撑体系，简单地讲，它在逻辑上类似于 CS（client-server）模式，即一个服务器支撑多个客户端。而"一云多端"与 CS 类似，只是将 S 换成了云服务，将 C 换成了在不同 App 端上运行的同一个小程序。因为小程序背后是同一团"云"，所以同一个小程序在不同 App 上也是互相打通的。

对企业而言，阿里生态内的小程序体系的优势在于，能够使企业在不同 App 上的自有触点保持一致的体验，如消费者在微博上看到一个酒店的广告，他在点击这个广告之后打开一个小程序，订购了一间客房。当他要去入住的时候，他打开高德地图定位这个酒店的地理位置，并且在高德地图中仍然是在这个酒店的同一个小程序上完成入住手续，这个过程不需要切换回微博。

但进一步，"一云多端"的小程序更是为了能够调用多个 App 的能力。例如，一个小程序，无论它在哪个 App 上，都能调用支付宝的支付功能、高德的地图和导航功能、淘宝的商品展示功能、菜鸟的物流功能等。这样，在上例中，实际上已经无须打开高德地图，消费者在小程序上就可以使用导航功能找到酒店了。

除了小程序，阿里巴巴还正在打通其整个应用生态，以打通在全生态内消费者的数据，从而能够以整个阿里生态内的消费者行为数据构建消费者标签，并以此支撑商家和企业的千人千面的店铺运营能力及针对性的会员运营能力。

8.4.3 跨生态的数据化运营

跨生态的数据化运营是指横跨多个生态体系的运营，既包括类似于微信、阿里巴巴这样的"围墙花园"体系，又包括企业自己的私域触点体系，因此往往涉及多类触点的共同协作。

跨生态数据化运营的执行流程是一个既讲究策略，又重视执行的流程，见图 8-4。

下面以某新手机的推广活动为例来进行介绍。首先需要先建立这次推广活动的运营目标。产品、市场与消费者的策略矩阵可以帮助主体建立这个推广活动的运营目标。

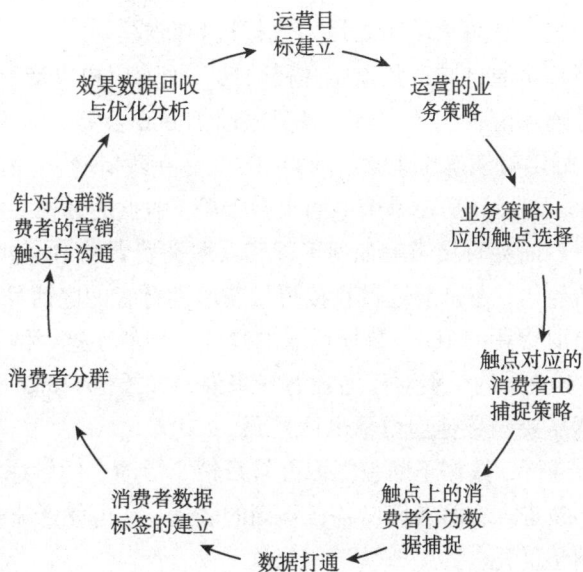

图 8-4　跨生态数据化运营的执行流程框架

一般而言，运营目标是聚焦的，要么选择新市场。假设这个推广活动的运营目标为将新手机向现存市场推广，也就是新产品面向老客户群进行运营。具体的运营目标则是两个：一是让老客户对这个新手机有普遍的认知；二是让超过 5%的老客户购买新手机。

为了实现这两个具体的运营目标，需要制定一系列的业务策略，如老客户的触达策略、激活策略、激励策略、交互策略、促成策略等。这些策略会反复体现在围绕实现这两个具体的运营目标的多次具体营销与运营活动中。

可以参考 KOL 直播活动，同样采取 KOL 直播的形式进行推广。让老客户和对新产品感兴趣的潜在客户都参与直播，并且在直播中抛出诱饵，引导老客户不仅购买产品，还帮忙做裂变宣传。

为了做好推广活动，需要设计对应的业务策略。

①触达策略。短信提醒、微信公众号交互、手机信息推送、基于 DMP 的 look-alike 的投放等。注意，要提前估算各渠道大约覆盖的人数，以及建立一个子目标：每个渠道贡献的参与者的数量。另外，触达策略还包括对不同的人群应该通过什么样的渠道进行触达。

②激活策略。针对不同的老客户、潜在客户，如何刺激他们的参与意愿激活策略，还包括对不同的人群应该以什么样的话术（内容）吸引他们来参与。

③激励策略。激励策略与交互策略是相辅相成的，在参与者报名成功后要立即激励他们帮忙裂变，诱饵是新手机的优惠券。在直播中释放的诱饵是直接购买的特大折扣和限量抢购。激励策略还包括抽奖，抽奖的规则是分享这个产品的信息才能参与抽奖。在视频回放中再次插入优惠券，以刺激观看视频的消费者购买。

④交互策略。参与者点击链接报名。在报名之后，参与者自由选择是否帮忙裂变。KOL 在介绍新手机的直播过程中释放诱饵，激励参与者直接购买。KOL 在直播结束之

前的最后时刻进行抽奖。在直播结束之后，进行视频回放。

⑤促成策略。核心是通过制造紧迫感和稀缺性，加速用户决策，提高最终转化率。如必须在什么时间抢购才能在当天发货，且只限前 10000 台等。

业务策略有了，触点就能确定下来。例如，裂变是在微信群、小程序还是公众号中，直播是在哪个平台上，购买又是在哪个电商平台上等。触点的选择一方面会影响运营策划的一些细节，另一方面会直接影响如何追踪和获取消费者的 ID 与数据，以及是需要消费者主动提供电话号码，还是能通过直接授权获取消费者的电话号码。这实际上也构成了这个推广活动中消费者的 ID 与数据抓取的设计。当然在这个例子中，对于老客户而言，获取其 ID 是不必要的，但对于潜在客户来说，如果他们进入了一个此前他们没有进入过的触点，就需要引导他们留下电话号码。

之后，活动开始进行，数据不断被抓取并被反馈，活动中的触达、激活、裂变等都将因为数据的源源不断进入，而展现出各自不同的表现，这也就意味着活动进行的过程中，就可能要进行调整优化。

举一个例子，对活动中的触达而言，更深入的做法一定不是对所有老客户都提供同一个话术或创意，而是针对老客户的历史数据，对不同细分人群采用不同的话术或创意。例如，对三年都没有换手机的老客户，我们可以提醒他们该换手机了；而对追求性价比的老客户，我们可以告诉他们直播有优惠。在执行中，这些话术有不同的表现，回收的这些数据能帮助我们对活动执行进行优化。

随着这样一个有多个环节的活动的进行，老客户一定会做出各种不同的行为，这些行为背后的数据又会源源不断地传递到我们的 CDP 系统（或者类似于 CD 的系统）中，从而成为这些老客户的新标签，基于这些新标签，就能对他们产生更深入的了解。

在进行下一个活动时，可以在更了解这些老客户和潜在客户的情况下进行人群细分，并对不同细分人群以不同的方式进行沟通。如此循环往复。

当然，在活动中不断收集的参与者的行为数据，也构成了活动的效果数据。基于这些效果数据，既可以在执行过程中对活动进行调整和优化，又可以在活动结束后进行复盘和总结。针对跨生态数据化运营，应注重以下工具及策略。

1. 跨生态的会员运营

数据化的会员运营是跨生态的数据化运营的重要部分。会员运营是传统的 CRM 中重要的一课，而在数字世界中，因为会员运营的数据来自更为广泛的数字世界中的会员的行为，所以会员运营的范围得到了扩展。

第一个扩展是触点的扩展。会员一定会留下电话号码作为 ID，所以多触点上会员行为的打通是必然的。这样，会员在更多触点上的行为数据就能被获取，而不只是当传统的发生交易时才能产生数据记录。

第二个扩展是会员的积分和等级管理不再只是包括购物行为的积累，还包括会员在触点上的各种行为。例如，如果某个会员分享了某个商业信息，他就可以获得积分。积分和等级作为诱饵和规则，又能够"驱使"会员在数字世界中产生更多的行为，为企业创造更多的商业影响力。

可以对会员"提交表单"的数字化行为设定积分。这些数字化行为不仅可以是跨触点的，还可以是跨生态的。例如，某个会员在微信上转发了一个广告主 App 中的文章可以获得积分，又在网站上提交了一个调查问卷也可以获得积分，而且，由于他在不同触点上和不同生态内的数据通过电话号码被打通了，因此他的这些行为的积分都能累积在他的名下。同样，等级的设定也可以基于会员在各触点上和各生态内的行为来进行。

除了上面两个扩展外，还有第三个扩展，即在同一集团之下，多品牌会员的打通。在传统世界中，往往是同一个集团之下的各个品牌自己建立会员体系。而在数字世界中，不同的品牌有自己的触点，而打通不同触点上同一个会员的数据通过 CDP 即可完成。因此，集团可以合并多品牌的会员体系，从而建立集团层级的更宏大的会员体系。这可以给会员提供更好的体验，如会员过去的积分只能用在一个品牌上而现在的积分可以用在集团内所有的品牌上。

2. 营销画布

在跨生态的数据化运营中，极为常用的一个工具是营销画布。营销画布也被称为营销自动化流程构建器，虽然它的名字中用的是"营销"这个词，但实际上它主要是一个与消费者自动化互动的运营工具。

营销画布的思想是把在不同触点上自动触发的运营工具，对同一个（或者同一群）消费者，按照一定的规则顺序连接起来。例如，当一个消费者进入网站时，网站上的动态页面会自动显示一个给他的二维码（一人一码），然后他扫描这个二维码进入小程序后，小程序上自动弹出一个弹窗，是针对他的折扣券，他收下折扣券，但是在之后的 5 天内他没有使用折扣券，而折扣券的有效期是 7 天，于是一条短信被推送给他，提醒他折扣券即将过期，请他点击短信中的链接使用折扣券。当然，这个短信中的链接上的参数也是针对他的。

这个过程涉及多个生态内的多个触点，完成这个过程的传统方法当然是通过使用不同的工具完成，营销画布将这些工具集成在一个工具中，并且像编程一样，提前定下与一个消费者交互的所有可能的流程，然后当某个消费者进入这个流程之后，便按照他的标签和他在流程各个节点上所做出的行为，自动触发针对它的交互。

营销画布，简单地讲，是一个提效工具。在做细分人群的针对性营销时，人工处理的效率极为低下，我们必须依靠营销画布之类工具的帮助。

营销画布本质上是一套预定的流程（或者智能算法），用于代替人工自动执行营销与运营中的具体工作。具体而言，营销画布只针对特定人群（由客户模块和会员模块提前定义好），利用不同的触点和素材（在互动模块中定义好），按照预定的程序与算法展示、推送或者投放给特定消费者群体商业信息，从而实现不需要大量人工重复劳动的、可以由机器自动进行的消费者沟通与运营。

一般而言，营销画布包括三项重要的可自定义的功能。

第一项功能：可以针对不同人群设计不同的流程，因此在营销画布中设定营销流程的起点即可选择或者设定不同的人群。

第二项功能：可以针对人群的不同状态（情况）设置不同的规则。

第三项功能：可以在各营销环节中选择任意一种触点。

很多营销画布都是营销自动化工具的一个核心组件，而这个组件的功能往往被设计为所见即所得的方式，即通过拖动操作，选择细分人群（需要在 CDP 中提前按照标签或者规则设定好人群），选择触点上的互动与素材（营销自动化工具一般都有互动与素材设计模板和创制工具），按照一定的流程，设计与消费者的运营互动过程。

3. 营销云

单一触点的自动化运营及营销画布都属于营销自动化的一部分。如果把营销自动化的思想，或者更准确地说，让机器帮助我们进行营销与运营的思想扩展到更为广大的范围，就成为俗称的营销云。

不过，对于营销云的范围到底应该有多大，它应该涵盖什么体系，业界并没有一个公认的标准。

营销云究竟要包含多大的营销与运营的范围，从中立的角度来说，它应该至少包含如下部分。

①消费者的数据体系。毫无疑问，没有消费者的数据，怎么能做好营销与运营，尤其是在没有数据驱动的情况下。因此，消费者的数据体系也可以称为数据驱动部分。

②消费者的数据激活体系。消费者的数据激活体系的主要功能是建立细分人群的体系，以及提供细分人群的数据给营销投放系统与营销自动化系统，这一般都是由 DMP 和 CDP 共同担纲的。

③营销与运营管理体系。营销与运营管理体系的主要功能是对营销投放与运营的相关媒体资源和工作流程的管理。它分为针对品牌营销与运营的体系，以及针对效果营销与运营的体系。

④投放渠道体系。投放渠道体系是集中了各种广告投放功能的系统。这些不同的广告投放方式与商业模式营销自动化体系含有单一触点的自动化运营功能和多触点的自动化运营功能、跨生态的自动化运营功能。

⑤监测与分析体系。监测与分析体系是一个直接与数据相关的体系。这个体系不是数据驱动，而是数据分析。在这个体系中，有各类用户行为分析工具和数据分析工具。

⑥与企业的生产和经营相关的体系。与企业的生产和经营相关的体系是一个营销云之外的体系，在营销云中输出的一些内容可能会被提供给这个"外部"的体系，以帮助这个体系更健壮地运行。

C8-1 启发思考题

1. 成立至今，韩都衣舍都采取过哪些商业模式？
2. 韩都衣舍是如何不断重构其商业模式的？

C8-1 从"淘宝小店"到"生态运营商"：韩都衣舍商业模式的进化之路①

① 蔡地，于明永，周键，等. 从"淘宝小店"到"生态运营商"：韩都衣舍商业模式的进化之路. 中国管理案例共享中心，山东大学管理学院、青岛大学商学院、大连理工大学管理与经济学部、韩都衣舍电商集团，MKT-0417.

3. 韩都衣舍为什么要不断地重构自身商业模式?

4. 韩都衣舍的商业模式重构为什么能够取得成功?

5. 韩都衣舍"生态运营商"之路面临诸多机遇和挑战, 如果您是赵总, 将如何应对?

即 测 即 练

自学自测　　扫描此码

第 9 章

电商运营中数字营销策划

9.1 电商运营基础

9.1.1 电商产品展示：图片、详情页和文案

电商是隔着屏幕在做生意，如何尽可能让买家了解到更多的商品信息是卖家需要重点考虑的问题之一。

产品图片能生动形象地展示产品，好看的"卖家秀"更能直接刺激买家的消费欲望。

一个合格的电商，一定要利用好产品图片展示的机会，尤其确保主图可以展示出商品的优点和特点，吸引买家下单。

在电商交易中，图片不仅能直观生动地展示商品，还能为买家对商品的筛选提供便利，因此很多卖家都会选择精美的图片作为商品主图。

那是不是为了吸引买家，就可以尽可能多地上传图片，或者去其他店铺找拍的精美的同款产品图片使用呢？当然不是，以淘宝为例，平台对店铺的图片是有严格要求的：主图片要求像素>800×800；分辨率>200；图片大小<3M；自动拥有放大镜功能；白底正面实物图；严禁盗图；严禁图与实物不符；严禁图文不符；严禁夸大描述。尽量不出现留白、拼接、水印、促销等信息。

如何使图片产生吸引消费者的强大魔力呢？以下是几个小技巧。

1. 场景化图片展示

场景化的产品图片有助于将消费者带入产品的具体使用场景中，有助于优化消费者的购物体验。

商家希望尽可能多的消费者来购买产品，但不同的消费群体追求的消费理念、消费体验不同。如何将商品的多样化更好地展示给消费者，将不同的消费者"一网打尽"呢？丰富化的产品场景应用展示可以帮助我们轻松解决这个问题。

2. 人无我有，人有我优

消费者买东西，总免不了要"货比三家"。谁家的产品性价比更高，更符合自己的消费需求，更能满足自己的特色要求，谁就能赢得消费者。

卖家在拍摄和设计产品图片时，一定要突出产品的特性化，让买家了解产品的特性。下面简单举几个例子。

例如，卖家的产品为菜刀，通过菜刀劈斩铁钉的图片，以证明菜刀的耐用性。卖家的产品为防晒衣，通过防晒衣遮挡下的紫外线测试数值的图片，能证实产品防晒的有效

性。卖家的产品为鞋子，通过穿鞋走光滑坡度、鞋底折叠卷曲的图片，有助于证明鞋子的耐磨性和柔软性。

卖家对产品图片的特性展示，应从买家的购物需求出发，分析不同买家对产品的特性要求，把这些特性要求用图片一目了然地展示出来，就能吸引买家购买。

3. 套餐式产品展示

如果能了解买家在购物搭配时的苦恼，就应该在产品图片设计时附上与之搭配的系列产品，这样不仅能解决买家的苦恼，还能有效带动本店内其他相关产品的销售。

4. 赠品促销

无论线下销售还是线上购物，赠品促销都是一种很好的营销方法。赠品促销的目的包括：吸引买家注意、刺激买家消费；降低买家对竞争对手产品的忠诚度；降低买家对高档产品的消费压力；提升品牌新品的销量和名气。

在线上购物中，也会有买家因为购物时有赠品或者喜欢赠品而下单的情况。因此，如果在本次销售中附有赠品，最好能在图片中展示出来。赠品促销的要点如下：严格遵守平台规则，禁用违禁品；明确赠品数量、品质、发货时间等；购买赠品促销活动结束后及时更新图片、页面信息；遵守买卖承诺，明确退换货赠品处理方式。

5. 用数据说话

通常来说，缺乏网购经验的买家在购物时通常会选择销量高、评论数多的产品，卖家在产品的图片展示中，不妨直接将商品的销售数量、评论、好评内容都展示出来，用数据说话，坚定买家的购物决心。

特别需要提醒的是，晒销量图可不是随随便便上传截图这么简单，产品销量图的选择也是有技巧的，图片数据要真实可信，配图要协调，同时配图时间不要过于陈旧。数据配图的技巧有：数据真实——数据真实有效，避免数据伪造和盗图；图片美观——切忌随意截取评论晒图，拼图要有美感；时间把控——数据太久远会显得商品过时。

6. 模特图产品比模特重要

为了更好地向买家展示商品，很多线上卖家都有自己的专业真人模特，美衣配美人，着实让买家心动。

真人模特的展示有助于买家更好地了解衣帽、鞋子、饰品等的穿戴效果，但有一点经常被众多卖家忽视。对于卖家来说，必须认识到的一点是，在模特展示图中，要将图片的重点放在产品上，而非模特或风景上。

还有一点需要注意的是，不要过分修图，过分地修图会让图片看上去很假，在促进销售上会起到反作用，而且图片展示的产品与买家购买到的产品实物不符，也可能会让店铺收到很多中差评，这会严重影响到卖家的信誉。

除了图片以外，详情页也是电商重要的展示环节，接下来将介绍详情页的编辑技巧——列数据、巧背书、讲故事。

1. 列数据——让买家说服买家

在商品中展示买家评论，在店铺引流初期，这一方法十分有效。

俗话说"再好的广告都不如消费者的一句话",这正充分说明了买家购物体验对后续潜在消费者能否成功转化为买家的重要影响。

卖家要为买家提供优质的购物服务,就必须充分了解买家对商品有顾虑、想要进一步了解商品真实性的心理,与其让买家去猜,不如将相关数据直接提供给买家。可提供给买家的数据类型如图 9-1 所示。

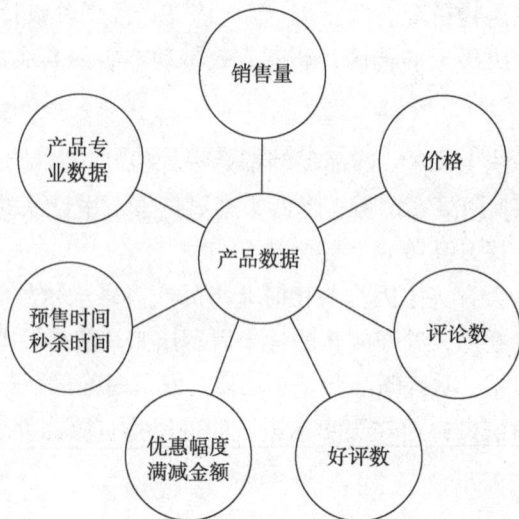

图 9-1　可提供给买家的数据类型

2. 巧背书——好产品无懈可击

在激烈的电商混战中,如何让产品脱颖而出?好的产品背书是一把营销利器。

线上销售,专业的背书能增加产品的品质保证、可信任度,有助于打消买家顾虑,鼓励买家下单。电商的背书技巧如图 9-2 所示。

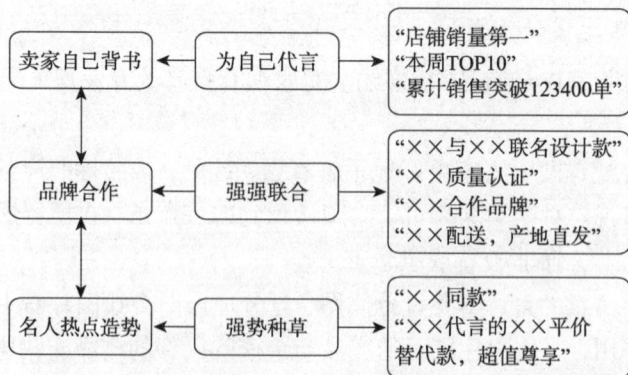

图 9-2　电商的背书技巧

3. 讲故事——用情怀打动人

一个品牌,如果没有故事,就只能是一个干巴巴的名字、符号,很难让人产生好感和信任感,一个好的品牌一定会有一个好的故事支撑,这个故事需要唤起消费者的情怀,使消费者为情怀买单，使这个产品营销脱离低级的销售层次，从而变得高大上。品牌故事的特点有：小故事更有利于传播；品牌故事可以有多个；有创意的故事更容易被记住；关注消费者的故事；品牌故事要符合品牌个性；品牌故事一定要歌颂美好。

消费者购物是一种消遣，因此千万不要指望买家静下心去看大段的产品介绍和描述，所以宝贝描述并不是越详细越好，过多的文字会给买家带来购物压力。

因此，产品描述要尽量直白、简单，直击消费者的内心，能用一句话描述清楚就千万不要用两句话。

商品描述最好以图片为主，配上简洁的文字，让买家一目了然。

不同文案方式都是在为产品说好话。

有经验的电商营销人员，总是能用最精准的文字戳中消费者的心，刺激买家下单，那么究竟如何才能写好文案呢？

一个成功的卖家必须了解各种电商文案的类型与写作特点，如此才能根据自己的产品选择与之相匹配的文案表达方式，才能通过文字与数据来吸引消费者关注与购买。

理性类买家一般都很明确自己的产品种类与需求，他们会直接搜索相应的产品，选择自己所需要的规格和要求的产品，针对此类买家，用数据说话是非常聪明的选择，具体的数据文案如图 9-3 所示。

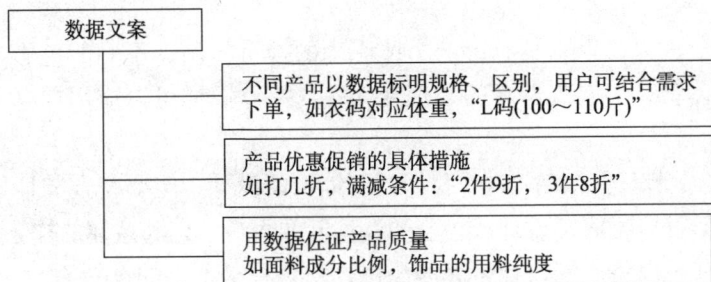

图 9-3　数据文案

感性类买家更喜欢产品所附带的一些文化元素，针对此类买家，以情动人会让消费者产生情感共鸣，具体的情感文案如图 9-4 所示。

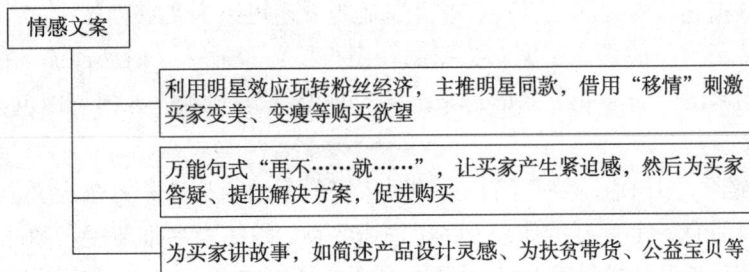

图 9-4　情感文案

除了用数据和情感直击买家心理外，面对看过了千百个广告，已经对各种广告有了"免疫力"的买家，卖家可以创造一些别出心裁、不按常理出牌、天马行空的文案，以锁住买家。

不按常理出牌的文案编辑往往会让买家感到好奇，会让买家有进一步的探知欲望，买家一旦"上钩"，卖家就有进一步促成商品交易的机会和希望。

9.1.2 店铺页面设计：页面构成与装潢技巧

店铺页面是店铺的重要门面，富有吸引力的页面设计能够为买家营造良好的线上购物环境，提升购物体验，同时还能进一步引导买家浏览更多商品，促进下单购物。

一般的店铺页面主要由五个部分构成：首页、详情页、活动页、新品页、买家秀。而店铺页面设计一般注意以下几点。

1. 店铺装修入口

在淘宝店铺中，页面入口装修分四个部分：素材、详情装修、分类和模板。

2. 价格定位影响页面设计

有电商经验的人都知道，店铺的价格定位会直接影响消费群体，店铺中宝贝的价格设置和店铺设计应符合既定消费人群的品位要求。举例来说，一个定制服装的店铺，其页面设计应具有设计感与美感，避免花里胡哨的装饰，如过多的卡通元素。

3. 色彩冲击

色彩心理学认为，色彩具有影响个体心理的神奇作用，不同的色彩会让观看者产生不同的情绪体验，引起观看者的心理变化，这一点同样可以应用在电商的店铺页面设计中。

举例来说，在节日促销活动中，我们的店铺页面设计一定要符合节日气氛。儿童节，童装店铺的页面可以将店铺设计成色彩明亮、五颜六色、充满童趣的样子；母亲节，鲜花或者服装店铺可以将店铺设计得充满温情，粉色系是不错的选择。

即使不参加促销活动，店铺页面设计也应该考虑色彩搭配，与店铺商品宝贝相符，如泳装店铺应尽量选择蓝天白云的风景和明亮的色彩，而沉闷的灰白色显然是不合适的。

4. 有料、有细节

店铺的详情页要能为买家提供实实在在的商品信息。在页面中不仅要插入商品的精美图片和宝贝描述，做到图文并茂，在此基础上，还可以为买家提供一些小知识、小技巧。但需要特别指出的是，卖家对买家的知识与技巧"教学"切忌古板、枯燥、深奥，应尽量用生动活泼、简洁凝练的语言来描述"知识点"。例如，如何巧用色彩搭配衣服、如何打理鞋子。

此外，教学"知识点"要正确，要贴近买家的生活，让买家有机会去尝试，使买家能对店铺和商品有一个良好的印象。在电商交易前，好的商品细节展示图能直接促进交易的完成，商品细节图能让买家更详细、清楚地了解商品的细节。

对卖家来说，越是高档的商品，越要重视细节图的展示，卖家的这种敢于自我"剖析"的行为能让买家更加相信卖家的商品品质，正所谓"细微之处见真章"，说的就是这个意思。

9.2　数字营销定价策略

产品如何定价？这个问题对于品牌营销经营者来说是非常棘手的，因为价格定高了，可能会失去潜在客户，如果价格定低了，则可能造成收支不均衡，没有利润。在现在这个竞争激烈的环境中，合理定价就显得十分重要。

1. 尾数定价

什么是尾数定价？顾名思义，就是在价格尾数上花心思的定价方式。也就是借助消费者寻求廉价的心理，为产品制定一个以零头数结尾的价格。这种定价方式实际上是利用感知差异，给买家造成了一种价格便宜的错觉，从而刺激买家购买。很多买家在购买生活用品时，更愿意接受尾数价格。

那么，这个尾数到底怎么来定呢？通常情况下，5 元以下的商品，尾数可以定为 9；5 元以上的商品，尾数可以定为 9 或者 5；百元以上的商品，尾数可以定为 98 或 99。

价格尾数仅有小小的差别，为何能影响买家心理和购买行为？这就源于尾数价格的特殊效果和魅力了，如图 9-5 所示。

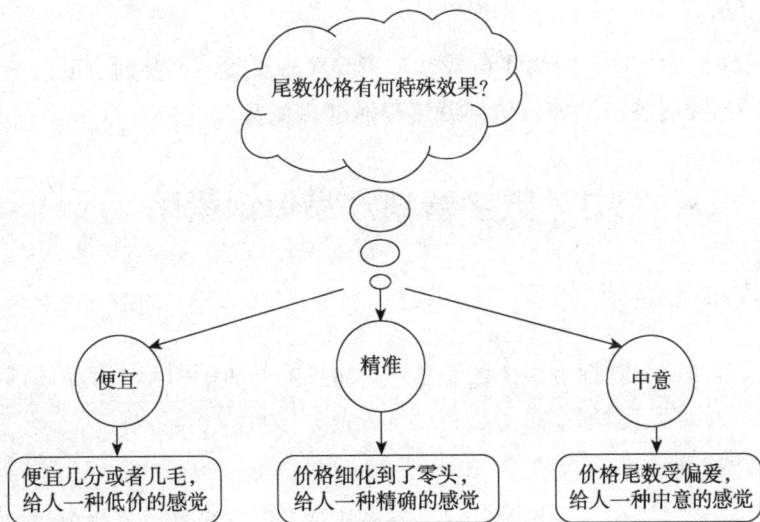

图 9-5　尾数价格的效果和魅力展示

2. 捆绑定价

什么是捆绑定价？所谓捆绑定价，就是将两种或两种以上的产品组合在一起销售，并为它们制定一个合理的价格。在日常生活中。这种销售方式十分常见，如手机与手机膜、手机壳的配套销售，防晒霜与面膜配套销售等。

但是，要采用这种方式定价是有一定条件的，具体包含三个条件：第一，捆绑在一起的产品具有市场支配力、能够明显体现与竞争产品的价值差异；第二，捆绑在一起的产品具有关联性；第三，捆绑的产品要有一定的市场定位。

了解了捆绑定价的条件，还要知道捆绑定价的方式。大体上，捆绑定价有以下三种方式，如图 9-6 所示。

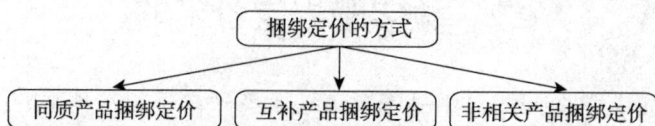

图 9-6　捆绑定价方式

3. 免费定价

什么是免费定价？从字面意思就可以看出，免费定价就是卖家以免费的形式向买家提供产品或服务。总体来看，免费定价有以下四种方式。

第一种：完全免费。完全免费就是卖家不计任何报酬。例如，一些常用小软件可以免费使用，以吸引顾客，增加网页浏览量。

第二种：有限免费。有限免费就是在固定期限或有限次数内允许买家免费使用产品或服务，超过期限或次数将收费。例如，很多网络游戏在推广期间玩家可以免费试玩，之后，如果玩家想继续玩游戏，就需要付费了。

第三种：部分免费。部分免费就是对产品或服务进行阶段划分，只对其中的某些环节提供免费。例如，有些音乐或影视只免费播放部分片段，要想听完整的音乐或看完整的影片，就要付费。

第四种：捆绑式免费。捆绑式免费就是买家在购买某一产品时，可以免费获得卖家赠送的其他产品或服务。例如，包邮就属于捆绑式免费。

9.3　数字营销产品促销策略

9.3.1　爆款单品促销

由于爆款单品原本就拥有很大的销售量，而且能为店铺引流，带动店铺其他商品的销售量，因此每个淘宝卖家都希望能将店铺商品打造成爆款。

1. 什么是爆款单品

爆款单品是指销售极其火爆的产品，有高流量、高曝光量及高订单量。需要指出的是，爆款单品往往不是店铺利润的主要来源。一般而言，流量高、订单量多的产品，往往价格相对较低，所以卖家在打造爆款单品之前，就要做好利润低甚至不盈利的心理准备。

打造爆款单品不但可以引流，而且还有很多其他好处，如图 9-7 所示。

爆款单品一般具有以下五个特征。

①经过试用，消费者再次购买，或推荐给身边的人。

②消费者特别感兴趣。

③与市场上同类产品相比，有较高的性价比。

④可以满足消费者需求。

⑤消费者对这类单品具有极强的购买需求。

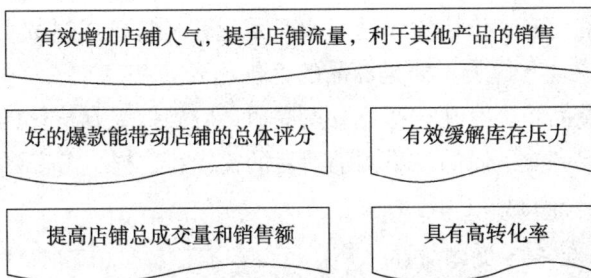

图 9-7　打造爆款单品的好处

2. 如何打造爆款单品

卖家要想打造好爆款单品，必须先对单品背后的运营逻辑及规律有所了解，然后运用合适的营销手段。商品的流量、消费者的从众心理及商品品质三个基本因素会直接决定能否打造爆款。

1）商品流量

对于多数消费者来说，判断商品质量好坏的一个重要标准就是成交量。商品的销量与流量、转化率有着密切关系，因此要成功打造爆款单品，首先必须引入一定的流量并确定如何引入。其次，提高转化率。卖家不论运用哪种推广方式，都是为了提高流量，进而转化为成交量。

2）消费者的从众心理

消费者在选择商品时，往往很看重人气、评价。这就像选择餐馆吃饭一样，当看到餐馆门口有很长的队伍等待就餐时就认为这家店会很好，于是也愿意花一些时间等候品尝。其实，这就属于从众心理。爆款之所以能被打造成爆款，很大一部分原因是其能抓住多数消费者的从众心理。当消费者没有买过某个商品，在决定是否购买时就会参考其他消费者的购买意见和行为。对此，卖家如果能抓住消费者的从众心理，积极开展推广活动，就容易让消费者产生一种从众的判断，最终下单购买。

3）商品品质

爆款单品热销的基础还在于其商品品质。只有商品具备了好品质和高性价比时，消费者才会关注商品，进而促使其成为真正的爆款。

3. 如何选择爆款

任何一家网店的运营，都应该有一个或几个爆款单品来完成店铺的引流，但是不少卖家在选择爆款单品时，习惯性地选择库存积压较多的商品，这就使得很多爆款打造计划无疾而终。以下是具有爆款单品潜质的商品种类。

①时下流行的商品：时下比较流行的商品成为爆款的可能性更大，同时季节性因素也有很大影响，特别是服装类等季节性较强的商品。

②热卖的商品：卖家可以借助阿里指数推测当前比较火爆的商品种类。卖家也可以查询相关的同类商品，然后在店铺中选择类似的商品作为爆款推广。

③人气较高的商品：卖家在选择爆款商品时不应该只选自己喜欢的，而是要关注消费者在浏览过程中认可的商品，如商品的被访量、浏览跳失率、销量、成交转化率等。

④有价格优势的商品：价格优势越好的商品越容易打造成爆款。当然，这种价格优势并不是价格越低就越有优势，而是商品的性价比要高些。

⑤款式齐全的商品：卖家在选择爆款产品时，应确保受众群体的广泛性。另外，商品的尺码和颜色也要齐全，以满足不同消费者的需求。这样，卖家更容易实现在推出一款产品的同时推出多件商品。

4. 如何选择爆款单品促销策略

1）价格促销

打折、包邮都是电商常用的价格促销形式。其中，打折促销是当前各大电商平台最常用的阶段性促销方式，能有效地吸引消费者的眼球。折扣促销有很多种销售策略，如满减策略、优惠券策略、不定期折扣策略、捆绑式促销策略等。

在网购过程中，消费者对店铺提供的邮费优惠情况非常看重。同等情况下，如果你店铺的商品包邮，那么消费者很可能会在你的店铺中购买。当然，不是所有商品都不计数量地包邮费，而是卖家要考虑店铺的利润，可以根据商品的价值和消费者购买商品的数量减少邮费或包邮。

2）主题促销

近年来，很多中西方节日成了电商平台打造促销活动的时机。当一些节日临近时，很多商家会紧张地筹备各种能激发消费者购买欲的促销活动，如很多商家在"双 11"活动期间会提前半个月推出各种促销广告。

很多卖家会用比平时低的价格或折扣来促销商品。尽管折扣会降低爆款商品的利润，但能大大提高其销量，带动店内其他商品的销量。

3）公关促销

公关促销主要有两个途径，其一是借助赞助等公关活动来加大网上宣传力度，其二是与银行合作宣传支付手段。

4）红包促销

"红包"是淘宝网自带的促销工具，借助这一工具，卖家能根据爆款单品的实际销售情况，制定不同的红包赠送规则与使用规则。这种促销方式不但能提升店铺的人气，而且能促使消费者在短期内再次购买，有效地拉拢回头客，提高店内其他产品的浏览量。

5）社区促销

卖家对淘宝组织的社区活动应给予关注，并且积极参与其中，这样才有机会得到更多的推荐。如果你能坚持经常在微博、论坛等社区互动，那么对于吸引粉丝会有很大的帮助，他们会关注你的店铺，从而有更大的可能性成为你的客户。

9.3.2　多组合促销

"满就送""限时打折""秒杀""搭配宝"等都是淘宝卖家喜爱的促销方式。卖家只需要按步骤点几下鼠标，就能设置出吸引消费者的促销广告。

1. "满就送"

淘宝、天猫有一个很常用的营销工具，即官方推出的"满就送"，其带给消费者的优惠力度甚至比折上折、买一送一等都大，深受广大消费者的喜爱。

卖家要开展这一营销活动，可以参照如下步骤。

①进入卖家中心，打开"店铺营销"下的"促销管理"链接。

②打开"商家营销中心"。

③点开右上角"优惠活动"超链接，然后点击导航中的"满就送"超链接，打开"满就送设置"页面。

④输入活动时间、名称及优惠方式，点击"完成活动设置"。

⑤点击"下一步"，打开"活动推广"页面。

⑥点击"确定"，完成活动推广。

2."限时打折"

"限时打折"是淘宝平台为卖家提供的店铺促销工具。卖家要借助此工具进行促销，消费者可以直接根据"限时打折"这个筛选条件找到全部正在打折的商品。卖家要设置"限时打折"可以参照以下步骤。

①进入卖家中心，点击"店铺营销"下的"促销管理"链接，打开"商家营销中心"界面，点击"限时打折"下的"创建活动"链接。

②打开创建限时折扣活动界面，对活动名称、开始时间及结束时间进行设置。

③完成设置后，就会进入"选择宝贝"界面。卖家根据选择设置折扣的商品。

④选择之后，要对限时折扣和限时折扣率进行设置。

⑤打开活动配置界面。

⑥点击"下一步"，选择活动的推广渠道。

⑦点击"确定"，即可完成优惠活动的推广。

3."秒杀"

如果店铺积压了很多库存，那么卖家可以选择用秒杀的方式减少库存。这样一方面能有效清理库存，另一方面能提高店铺的活跃度，并且有机会提高其他商品的销量。秒杀通常由"限人＋限时＋限量＋限价"四个条件组合在一起。卖家在清理库存时，可以降价甚至赔钱售卖，但要设置参与活动的门槛。

作为淘宝卖家，要将店铺商品设置成"秒杀"活动，可以参照以下步骤。

①在卖家中心，点击"宝贝管理"中的"发布宝贝"超链接。

②打开"一口价"发布宝贝页面，选择要发布宝贝的类目。

③点击"我已阅读以下规则，下一步"，然后打开发布宝贝详情页面。在其他信息中，在"秒杀商品"中选择"电脑用户"和"手机用户"复选框。

④点击"发布"，就能成功发布宝贝。

⑤点击"查看该宝贝"超链接，就能看见商品详情。活动商品既可以在电脑端购买又可以在手机端购买，但仅能购买一件，商品详情页面也没有"购物车"功能。

4."搭配套餐"

"搭配套餐"借助智能算法为消费者推荐适合的搭配商品，提升客单价与转化率。与此同时，"搭配套餐"有机会与普通商品同时进入搜索页面，促使消费者主动搜索，这是一种引流的利器。

9.3.3　大型购物节促销

大型促销节就是类似于"双 11""618"之类的由大型电商平台一手打造的全民购物狂欢节，在消费者纷纷购物并参加这个节日时，卖家也成功地提高了销售额。以下以"双 11"购物节作为例子进行阐述。

1. 大型购物节的营销特点

"双 11"之所以成为如今大家喜欢的网上狂欢节，是因为天猫巧妙地为"光棍节"这个本来空虚、冷清、酸楚的日子做了新的界定。它提醒单身人士，虽然没有爱人情人，但也不要亏欠了自己，要对自己好些，记得为自己过节。因为这种营销理念和广告特别符合现代人的生活心情与渴望，所以很快得到了大众的认可。基于这一独特的营销特点，新闻、报纸、互联网等诸多营销传播媒介均进入了该信息传达模型中，"双 11"从最初定义的"光棍节"逐渐演变成了消费者的购物狂欢节。

2. 大型购物节促销活动的过程

结合几大电商平台近几年开展的促销活动，可以将促销活动大体总结为四个阶段：蓄水期、预热期、爆发期、收尾期。

1）蓄水期要认真进行活动策划

"双 11"是每年的 11 月 11 日，而活动策划的时期也就是促销活动的蓄水期，一般会在 10 月 15 日到 10 月 31 日开展。

其实，蓄水期是一种比喻，提前将活动的相关信息传输给客户，也就相当于在为"双 11"活动储备流量，如同一个蓄水池一样。

在促销活动的蓄水期，淘宝、天猫等各大电商平台还未正式开启活动，但已经制定好"双 11"的细节部署并逐步实施。对于卖家而言，促销活动的蓄水期必须做大量的准备工作，如提前与平台取得联系，报备店铺对"双 11"活动的计划与目标，具体涉及备货、投放广告、销售额、订单量等，同时提出需求，有技巧地投放一些店铺广告，并且要在页面中营造"双 11"的氛围等。

总体来说，预告、通知、造势应作为促销活动在蓄水期开展的重点工作。作为店铺卖家，必须在这一时期尽可能将活动信息推送出去，告知更多的消费者，以促使他们将自己喜欢的东西加入收藏夹或购物车。这一时期的工作任务是唤醒老客户和拓展新客户。唤醒老客户和拓展新客户的方法如图 9-8 所示。

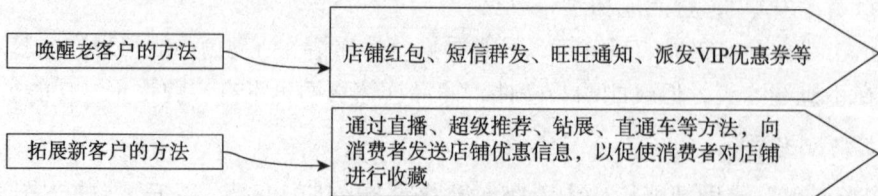

| 唤醒老客户的方法 | → | 店铺红包、短信群发、旺旺通知、派发VIP优惠券等 |
| 拓展新客户的方法 | → | 通过直播、超级推荐、钻展、直通车等方法，向消费者发送店铺优惠信息，以促使消费者对店铺进行收藏 |

图 9-8　唤醒老客户和拓展新客户的方法

2）预热期要全面开展装备活动

不论是店铺卖家还是消费者，对"双 11"大促活动都特别期待。特别对卖家而言，都希望能在这一天获得更多的订单，进而获得可观的利润。

"双 11"促销活动的预热期集中在 11 月 1 日到 11 月 10 日。各大电商平台在这一时期已经开始营造购物节的气氛。许多卖家为了在激烈的竞争中脱颖而出，已经对商品实施降价，这样可以领先占据一小部分市场份额。

新款预热、活动预热、店铺预热是预热期的主要活动，用一句话来概括，就是留出充足的时间，让更多的客户了解更多有关自己店铺的信息，提醒客户根据自身需求收藏或购买店铺产品。

具体来说，店铺在"双 11"促销活动的预热期可以做以下四项准备工作，如图 9-9 所示。

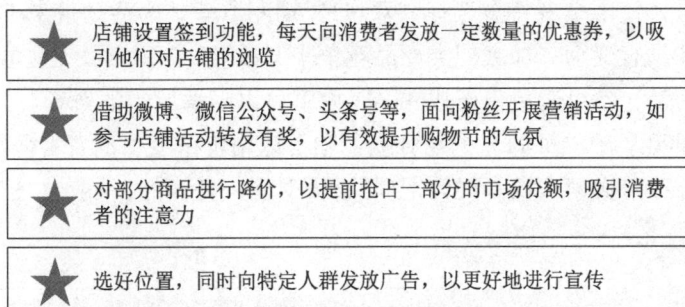

★ 店铺设置签到功能，每天向消费者发放一定数量的优惠券，以吸引他们对店铺的浏览

★ 借助微博、微信公众号、头条号等，面向粉丝开展营销活动，如参与店铺活动转发有奖，以有效提升购物节的气氛

★ 对部分商品进行降价，以提前抢占一部分的市场份额，吸引消费者的注意力

★ 选好位置，同时向特定人群发放广告，以更好地进行宣传

图 9-9　预热期的准备工作

3）全身心应战爆发期

11 月 11 日也就是"双 11"当天为大促活动的爆发期。经过详细的策划和全面的准备，终于迎来了大促活动的爆发期。在这一天，几乎每个运营人员都没法休息，各个卖家也会全身心地投入这一天。

如图 9-10 所示，在"双 11"当天，各个卖家必须竭尽全力地做好以下四项工作。

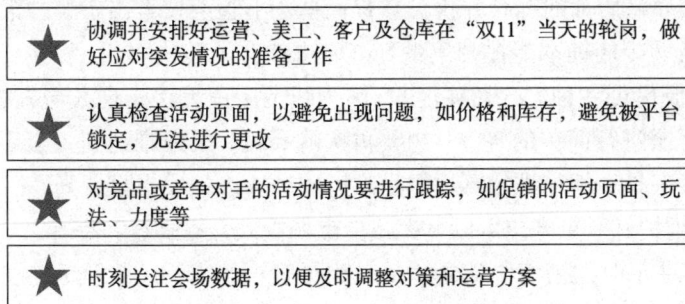

★ 协调并安排好运营、美工、客户及仓库在"双11"当天的轮岗，做好应对突发情况的准备工作

★ 认真检查活动页面，以避免出现问题，如价格和库存，避免被平台锁定，无法进行更改

★ 对竞品或竞争对手的活动情况要进行跟踪，如促销的活动页面、玩法、力度等

★ 时刻关注会场数据，以便及时调整对策和运营方案

图 9-10　"双 11"的运营内容

4）不可懈怠的收尾期

有些人会认为，11 月 11 日过了 24 点"购物狂欢"活动就结束了，运营人员就可以直接休息了，这样想就大错特错了。事实上，很多活动仍然在进行中，并且会持续很

多天，因为在促销中，很多访客收藏或加购了许多商品，但可能没有清空购物车，还有不少人错过了大促活动，所以至少需要用一周时间将这些流量充分消化掉。

对于错过了促销活动的消费者，卖家可以继续为他们介绍订单、用差异化的优惠方式促使他们购买。

此外，卖家还要继续做一些返场、审单、发货、促销修改、活动承接、价格调整、装修调整、售后处理等工作。

3. 大型购物狂欢节营销策略制定

1）价格方面

需求、成本、竞争是影响价格的三大因素。试想，"双 11"之前加购商品时可以吸引你的是不是也是价格呢？

与此同时，各个卖家也希望抓住这个节日契机销售出更多的商品。因为卖家提供的降价活动太诱人，使消费者特意选择"双 11"期间下单，为活动带来了巨大流量，基于商品的成本并没有变动，加之同类商品竞争十分激烈，"双 11"无法避免价格战。

需要指出的是，不可避免价格战并不是说就可以随意欺骗消费者。

首先，店铺卖家在"双 11"购物狂欢节中可以用价格吸引消费者采取购买行为。

消费者的心理对卖家来说是很难把握的，面对同一件商品，一般会有三种消费心理，如图 9-11 所示。

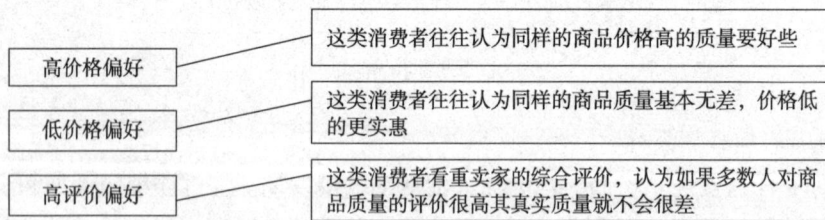

图 9-11　消费者心理展示

在具体操作中，卖家可以尝试开两家一样的店铺，一家的价格设定的高些，另一家设定低一些，然后将店铺的综合评价分数提高些。不管消费者出于哪种消费心理，都会进入店铺，并且两个店铺都能提升流量，进而也提升了转化率。

其次，卖家要借助各种方式留住客户。因为线上店铺无法实现人与人的面对面交流，一般只能通过客服进行简单的咨询，想要再次购买时，也很难到同一家店铺，所以确保客户的重复购买率是一件很难的事。但是维护一个客户的成本只占开发一个新客户的成本的 1/3，所以维护好一个客户可以大大减少市场投入，提高盈利率。

对此，卖家在平时的销售中就要注重对购买客户的维护，在平时应该多为老客户提供优惠活动，在"双 11"期间可以为他们提供双重优惠，应给予区别对待。

2）促销方面

在"双 11"购物狂欢节期间，卖家要做好促销，具体应做到以下三点：做好广告宣传，如实宣传，体现独特优势。

在"双 11"购物狂欢节的前几天，卖家就应将活动的内容以软文或者海报形式发布在各个平台，以通知到目标客户群体，特别是之前的老客户，要充分调动活动气氛，以扩大影响力。

作为卖家，在"双 11"之前不要过分渲染价格优惠和优惠券使用等，也不要先提价后降价，过分强调消费者的好感只能得到暂时的销量，仅出现一次性消费。

因为电商平台各大品牌具有同质化的特点，所以难以在产品质量和价格上找到优势。对此，店铺应该在品牌的包装和售后服务上加以优化。

C9-1 启发思考题

1. 小红书为什么要入驻直播电商？
2. 小红书入驻直播电商的优势和不足分别是什么？
3. 小红书为在直播电商竞争中取胜做了哪些努力？
4. 小红书如何克服虚假营销乱象？

C9-1 内容平台入驻直播电商：小红书的谋新求变[①]

C9-2 启发思考题

1. 什么是社交电商？康优公司为何要转型为社交电商？
2. 什么是内部转移价格？常用的内部定价方法有哪些？康优公司转型前后采用的内部定价方法是什么？
3. 康优公司社交电商价值链活动对内部定价的影响是什么？在转型社交电商的不同阶段，为什么会发生不同毛利商品内部定价的变化？
4. 解决康优公司跨境电商进出口业务内部定价问题的对策是什么？

C9-2 康优公司：社交电商转型中的内部定价[②]

即测即练

自学自测　扫描此码

① 毛文娟，孙上媛. 内容平台入驻直播电商：小红书的谋新求变. 中国管理案例共享中心，天津科技大学经济与管理学院，STR-1624.

② 潘立新，杨敏，任晖，等. 康优公司：社交电商转型中的内部定价. 中国管理案例共享中心，北京航空航天大学经济管理学院，FAM-0684.

第 10 章

社交电商数字营销策略

10.1 社 交 电 商

10.1.1 社交电商的定义与特征

社交电商是指在网络上通过社会交际开展各种品牌、产品推广活动的电子商务。如今，很多网民更愿意把时间花在 QQ、微信、微博等社交平台上，随时发表自己的所感所想。由此，商家看到了网络社交动态带货具有强劲的销售潜力和广阔的市场前景，纷纷将推广、促销资源投向网络社交平台。事实证明，社交平台能通过社交共享，在短时间内实现商品销量的大幅提升。

10.1.2 典型社交电商：微商城、小程序和朋友圈

从 2014 年到 2019 年，中国社交电商市场规模增速一直较快，如图 10-1 所示。2020年，虽有新冠疫情对经济产生打击，但凭借着 5G 信息基础设施的铺设，满足不同业务对移动网络的需求，社交电商市场发展依旧如火如荼。例如，以"人"为中心的娱乐、社交等个人消费业务可具备高速、大带宽体验条件；以"物"为主的物联网中心可满足海量物联通信需求，也可以满足低延时和高可靠的业务需求。可见，未来社交电商必会发挥越来越重要的作用。

社交电商的类型有很多种，主要有微商城、小程序、朋友圈、品牌内容类、会员社交、知识产权（intellectual property，IP）类等。虽然各自立足点不同，但都是通过社交来促销商品、推广品牌的。

社交电商的本质还是零售，是社会化零售，它将商品、信息流及用户（人）三部分整合连接起来，而人是核心，只要有人就有消费，有消费就有电商销售终端，社交电商的具体内容及特点如图 10-2 所示。

1. 微商城

微商城也可称为微信商城，是一个以移动互联网商城为基础的应用服务产品。微商城能够让客户身临其境般全面感受产品，具有极大的营销优势。微商城的特征有：范围广、功能全、成本低、效果好。

目前，市场上常见的微信商城系统平台有微店、微盟、有赞等。

微店是在微信流行后出现的个人商户，界面美观、大方，操作简单易上手，与粉丝

互动性不强，但开店简单，有手机号即可。

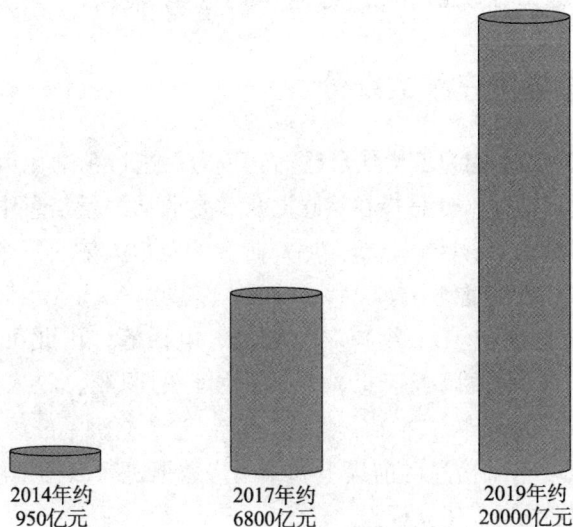

图 10-1　2014 年、2017 年和 2019 年电商零售额

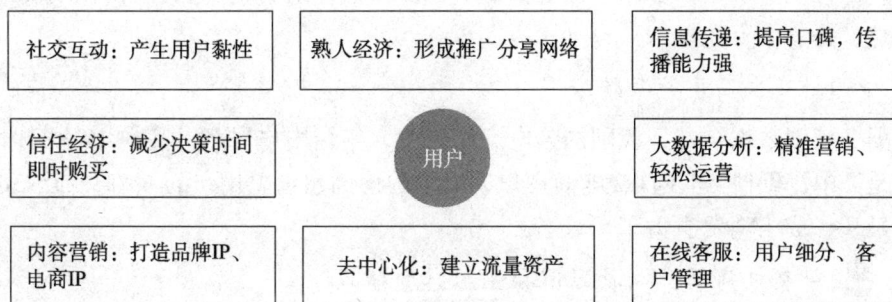

图 10-2　社交电商的具体内容及特点

2. 小程序

微信小程序于 2017 年 1 月 9 日正式发布运行上线，具有开发功能，开发者可在短时间内开发出一个全新的微信小程序，体验良好。

小程序的特点：小程序应用本身很简单，没有复杂逻辑，如共享电动车，扫码即可使用，并且服务时间灵活；场景化服务，小程序可以针对特定的使用场景提供服务，如餐饮、购物、出行等，满足用户的即时需求。

小程序的优势：操作流程统一，使用简单、方便；兼容性高，展示效果好；开发成本小，容易推广。

3. 朋友圈

通过朋友圈做电商的成本低，无须流量运营成本，只需通过手机维护人际关系，通过朋友间信任来完成交易。

在朋友圈发布商品信息有很好的操作优势：可即时通信、方便、高效；可以设置有条件可见，这种不透明交流有一定利润余地，可以很好地积累客户。

10.2　社交电商运营策略

10.2.1　用户画像与用户种类细分

在移动互联网时代,企业为了增强自己的竞争力而进行精细化运营,由此催生了"用户画像"的概念。用户画像,就是指在信息时代,企业从海量信息中获取自己所需要的信息,并不断地进行整理、分类、分析。用户画像的获得大体有三个步骤:收集基础数据、分析建模、形成用户画像。

基础信息主要包含用户 ID、用户名、邮箱、电话等,由此可以推导出生日、星座等个人信息,再结合其他调查信息,可了解用户的职业、收入、相关资产情况等信息。

分析建模是在获取基础信息的前提下利用用户数据进行多角度的标签划分(事实标签、模型标签、高级标签),建立模型。

用户画像涵盖基本性、同理性、真实性、数量性、独特性、目标性和应用性 7 要素,通过用户画像能够确定目标用户和群体的属性及其他详细情况。这样就可以明确推广销售的重点,提升服务质量。

1. 中国社交电商用户年龄分布

根据艾媒网数据统计,我国网购电商用户中,年轻用户居多,其中 18~35 岁的年轻用户是"中流砥柱",在社交电商用户人群中的比例超过总用户的 60%,25~30 岁用户增长最快,成为消费主力军[①]。

2. 中国社交电商用户购物习惯和生活态度分布

根据用户购物习惯和生活态度,社交电商用户可分为以下几个主要类型:时尚人士、数字青年、节约务实党、省钱囤货党、阳光青少年、活力长辈军。

关于社交电商用户分类,观远数据也对中国社交电商用户的购物习惯和生活态度分布进行过详细分析[②]。

我们这里重点就以下用户群体的购物习性和生活态度进行总结分析。

时尚人士——追求时尚、流行,热衷于高端潮牌,喜欢买,乐意评论、分享和推荐。

数字青年——享受生活,同时注重品质和时尚,自我主观意识强,注重体验,愿意在专业网站购物,往往执着于某领域的消费。

节约务实党——追求节约、不浪费,只买合算的,容易认同生活品类的产品和类似产品兴趣群的营销。

阳光青少年——最大的消费在追星、游戏、直播打赏方面。

活力长辈军——热衷线上分享给亲朋好友,线下易跟风购买。

---

① 艾媒网. 2019—2020 年中国社交电商行业用户规模及用户调查,数据来源:艾媒北极星互联网产品分析系.

② 百家号. 社交电商怎么做? 探秘 7 大社交细分人群,以及各自的社交营销点,2019-10-12.

10.2.2　增加产品曝光广度

1. 打造自身流量池

电商需要流量才能存活，那究竟要怎样才能获得流量呢？这是个综合问题。探寻答案前先了解以下两个概念：公域流量和私域流量。

公域流量是指在公共范围内任何企业商家都可以获取的流量，如淘宝直播、每日推荐等。这类流量企业商家只能通过付费或者参加活动等形式获得，公域流量很难留存。

私域流量是指企业商家自己开展运营活动（如买家秀、群聊等）得到的流量，具有一定的留存率。

若要汇集私域流量打造自身流量池，可以从公域流量中截获、圈养，化为自己的流量；也可以强化自身运营技巧，增加私域流量。例如，微信平台相关的群聊、小程序、公众号，以及快手、抖音等，只要用心运营就很容易增加私域流量，打造自身流量池。

2. 线上线下推广

线上推广常见的获取和转化的渠道包括电商平台、搜索引擎、社交类应用、内容类网站等。其中，社交类应用推广比较精准的是微信。在微信里，有几种线上推广方式比较常见，如附近的小程序、关联公众号推广、关键字推广。

互联网经过高速发展后，增长势头逐渐放慢，移动互联网活跃人数、设备也趋于稳定，人口福利逐渐见底，人们开始转战线下的实体商业流量。

线下商铺环抱生活圈，其流量可能是线上的数十倍，同时还有较高复购率的环境支持。其实很多电商大佬早已注意到这点并开始占领人们的生活圈，如阿里的盒马鲜生、小米的小米之家等。

最常见的线下推广方式有门店、地推、展会及包装，具体方法包括扫码给优惠，送福利、参与抽奖等，引导目标客户使用小程序进行消费。

3. 社交裂变式推广

社交裂变主要在 App 和微信生态下发生，需要依靠社交关系实现，如微信群裂变、朋友圈裂变、公众号的裂变等。常见的还有 App 分享抽奖等形式，设置裂变条件（如个性认同、价值认同、审美认同等），让粉丝自发自主分享。

10.2.3　积极与客户互动

电子商务中的客户互动形式多样，图文、音视频等都有可能活跃于社交媒体，人们会在交互的过程中发现适合并且有需求的产品。这些互动中既有精神层面的需求，即自我价值认同感等，包括自我实现和尊重需求，也有社交层面的需求，还有经济层面的需求，即用户在互动的过程中涉及的与经济利益相关的各种综合因素，如安全和生理因素，如图 10-3 所示。

与客户之间的交互关键点在于怎样了解客户深层次的需求，如苹果公司每年都会召开发布会，向会员和研发者展示新技术与产品，并提出反馈意见。不但如此，苹果公司还有专门的公众号提供机型查询、技术支持。

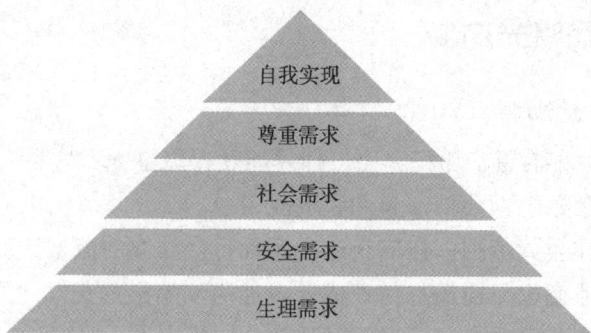

图 10-3　马斯洛需求层次理论

与客户互动的具体方式包括内容互动、游戏互动、调查互动、客服互动、个人微信互动、积分互动、线下互动等。

内容互动：主抓标题特点和内容选择，标题吸睛，能引起用户的兴趣，使其愿意主动点击阅读。通常多见于服务号、订阅号，用户在内容下方留言、点赞互动。

游戏互动：在设置游戏互动时，可以结合节日、实时热点等元素，营造互动氛围。例如，淘宝的"芭芭农场"就取得了较好的效果。

调查互动：开展有奖调查活动，可以提高用户参与度，鼓励用户分享。

客服互动：售前、售中的首句一般可以设置自动回复、快捷回复。但售后服务必须认真对待客户的每一个反馈，引导客户复购，态度要亲切，思路要清晰。

个人微信互动：侧重点是加强对客户投入情况的了解，以关怀、重视为基调，可以进一步将客户发展为专属 VIP。

积分互动：通过消费送积分、打卡签到得积分和积分兑换等方式，获得用户的持续关注和复购。

线下互动：主要形式有线上报名参加活动，线下去实体门店提取、消费等。此外，线下互动还可以和其他商家合作，如超市、加油站、餐饮等。

C10-1 启发思考题

1. 龙润茶业为什么要开启新媒体营销之路？
2. 龙润茶业如何提高其新媒体营销账号的关注度？
3. 从新媒体矩阵视角分析龙润茶业新媒体营销策略。
4. 龙润茶业斥资投放央视广告、聘请品牌形象大使的动因，及其与新媒体营销方式之间的关系是什么？

C10-1 茶香也怕巷子深：龙润茶业的新媒体营销之路[①]

C10-2 启发思考题

1. 小红书在最初创立之时运用了什么样的目标市场营销战略，进行市场定位和用

① 张立明，周宇，王延玲，等. 茶香也怕巷子深：龙润茶业的新媒体营销之路. 中国管理案例共享中心，云南财经大学商学院，MKT-0947.

户定位的？两次转型又是如何体现以用户需求为中心的？

2. 小红书是如何通过加强平台运营与管理进行口碑营销，逐步树立起企业口碑的？

3. 小红书是如何进行新媒体营销并实现宣传推广、提高品牌知名度和影响力的？

C10-2 左手社交，右手电商——小红书的营销之道①

4. 分析小红书在其发展过程中，是如何通过顾客体验管理和体验营销与顾客之间建立牢固的情感联系以达到巩固客户的目的的。

5. 请结合小红书的整个发展过程，说明其是如何进行品牌营销的。小红书的发展模式和营销之道可以给其他企业提供怎样的经验与启示？

即 测 即 练

自　　　　　　　扫
学　　描
自　　　　　　　此
测　　　　　　　码

---

① 郭名媛，马一迪. 左手社交，右手电商——小红书的营销之道. 中国管理案例共享中心，天津大学管理与经济学部，MKT-0614.

第11章

短视频电商数字营销策略

11.1 短视频电商

11.1.1 短视频电商的定义与特征

在你的手机或平板电脑上有没有一款让你既爱又"恨"的短视频 App？你时常会想卸载它，但又十分依赖它而不忍将其删除。在当前休闲时间碎片化的现代社会，短视频更成了人们打发时间、了解外界的一条通道。观看短视频，一方面打发了人们闲暇的无聊时光，另一方面也让一些人因为其中的某些内容而刺激到了"剁手"的神经，引发"买买买"的行动。同样，在短视频盛行的时代，各个电商平台卖家也在奋力抓住机遇。

短视频电商是一种结合短视频和电子商务的新型商业模式，是在短视频平台上推销商品和服务的一种方式。它借助短视频的生动形式、较高的互动性，以及社交网络的传播能力，将商品或服务推荐给消费者，实现商品销售。短视频电商的出现，既让消费者在购物时可以更加直观地了解商品，也让企业更好地推广自己的品牌和产品。

短视频电商是一种新型的电商模式，它的出现在一定程度上改变了传统电商的模式。短视频电商以其生动形式和互动性，成为越来越多年轻消费者的购物习惯。据有关调查数据显示，短视频电商用户群体以年轻人为主。其中，"90 后"和"00 后"是短视频电商的主要消费群体。而且，短视频电商模式也为新兴品牌提供了一个良好的推广平台，让品牌能够更快地被消费者了解和接受。因此，短视频电商市场前景广阔，未来还将有更多的企业和品牌加入短视频电商的行列中。

11.1.2 高活跃度短视频电商：抖音、快手、西瓜、火山

在 2019 年 11 月的移动短视频 App 榜单中，活跃用户规模占市场前列的分别是抖音短视频、快手、西瓜视频。表 11-1 为 2019 年 11 月移动短视频类 App 活跃用户规模前十名榜单。

表 11-1　2019 年 11 月移动短视频类 App 活跃用户规模前十名榜单

名次	App 名称	月度活跃用户规模
1	抖音短视频	5 亿人以上
2	快手	4 亿至 5 亿人
3	西瓜视频	1 亿至 2 亿人
4	火山小视频	

续表

名次	App 名称	月度活跃用户规模
5	好看视频	
6	快手极速版	
7	微视	1 亿人以下
8	抖音极速版	
9	全民小视频	
10	波波视频	

市面上出现的活跃度较高的短视频平台有很多，这里简单介绍以下四种（排名不分先后）。

1. 抖音：记录美好生活

截至 2023 年 4 月，抖音已经上线 7 年。起初，抖音给用户的感受就是很潮、很酷，使用者多为一、二线城市的年轻人，他们可以制作很多创意满满的视频，所以深受追求个性和自我的年轻人所喜爱。

但随着抖音用户群体的逐渐扩大，抖音 App 的定位也发生了变化。于是 2018 年，抖音设计了自己的新标语——"记录美好生活"，这与之前的"音乐短视频 App"的定位相比明确了很多，也更贴近人们的生活。渐渐地，除了一、二线城市的年轻人外，三、四线城市的人群也开始玩抖音。

抖音的主要营销模式是流量变现，尽管其日均播放量已经过亿，但为了可以长久地稳住自己的地位，其还发展了另一种模式——"短视频＋直播"。现阶段很多人因为抖音而变成网络红人，之后有的人找机会开店卖货，有的人为商品代言，将自己的影响力转化成物质财富。

2. 快手：记录世界

2011 年，北京快手科技有限公司开发了一款可以将视频转化为 GIF 格式图片的工具，后来经过转型异军突起。快手之所以能成为短视频市场中的一匹黑马，离不开其深厚的技术积淀和敏锐的市场洞察力。

"社会平均人"是快手 App 的用户定位，所以其用户范围非常广。在快手上，我们可以发现各种奇趣事件和民间高手，也可以记录和分享我们的生活。快手的大部分用户集中在二线及以下城市，其中四线及以下的用户占据很大比例。且快手的主要用户群体是来自社会中下层的中青年人士。

3. 西瓜视频：给你新鲜好看

西瓜视频是借助人工智能帮助用户发现自己喜欢的视频，并帮助创作者轻松地分享视频作品的短视频平台。

西瓜视频的受众主要是一、二线城市中等收入的男性，视频用户的男女比例为8∶2，男性为主要用户。

通过西瓜视频，用户可以找到自己想要的视频。比如，学习舞蹈，鬼步舞是一种动作快速有力、充满动感活力的舞蹈。因为它的舞步很有个性，加上强悍有震撼力的音乐，很容易吸引大众目光。于是，有一段时间，不少舞蹈爱好者、运动达人及减肥者会通过西瓜视频 App 上传自己的视频或者观看学习。

4. 火山小视频：会赚钱的小视频

火山小视频 App 是今日头条孵化的，它可以快速创作 15 秒短视频。火山小视频 App 跟同类软件相比没有特别突出的亮点，但它可以在拍摄完视频后的编辑中提供 5 款处理特效，分别为"抖动""黑魔法""70 年""灵魂出窍""幻觉"，可以让视频变得更吸引人。

火山小视频的创作者可以积累自己的火力值以获取收益。10 活力相当于人民币 1 元钱，所以盈利较为可观。火山小视频的钻石充值是为直播中送礼物所提供的功能。

11.2　短视频电商账号的定位与运营

随着智能手机拍摄录像功能的日益完善，使人们可以随时随地制作短视频。只要没有禁止拍摄的要求，你都可以拿出手机随心拍摄、制作短视频并且上传。

11.2.1　短视频电商账号的定位

运营者在注册账号之前，就要对自己有一个基本的定位，即要做哪个领域的内容。对此，大家可以使用两种方法：一是参考新榜上的排行榜，看微博和微信上的账号类型和定位；二是结合自己擅长的领域。

需要指出的是，只有清楚自己擅长的领域，才可能让自己的短视频疯狂引流。确定了你所要拍摄的领域之后，就可以在不同平台呈现自己的视频。

账号的定位不要求一步到位，后期可能要不断调整。但在最初应有一个大致方向，不可漫无目的。

进入网络媒体时代，"热点"成了新浪微博的标签。现今生活中，标签化成了一种很常见的现象。因此，运营者可以借助贴标签的方法将自己归为某类，形成固定的形象，当别人看到自己的视频时就容易迅速认出。

当然，如果你的账号运营到中后期，并且具备了一定的影响力，粉丝数量非常可观，你也可以注册几个小号，开展一波新的运营。

11.2.2　短视频电商账号的运营

首先，为账号取一个合适的昵称。

在为账号取昵称时，应该注意三点：一要表明立意，二要植入关键词，三切勿频繁更换昵称。

从营销层面说，昵称最能表达两个方面："我是谁"和"我是做什么的"。当你第一眼看到这个账户昵称时，就会对这个创作者有一个联想，会充满好奇地想了解其中的内容。

从功能性的角度说，昵称代表的是你的视频内容的关键词。所以，在选取昵称时，要先有明确的定位，使其尽可能贴合视频内容。

从实用性上讲，一旦账号有了精准的定位，确定了昵称后，就要全身心地制作相符的视频。

其次，要选择一个精美的头像。精美的头像对抖音账号有一定的包装作用。概括起来，头像的选择可以遵循 4 个原则：直观表达、精心制作、表里如一、独辟蹊径。

最后，要用简介传达重要信息。

因为昵称有字数上的限制，所以简介成了补充昵称的工具。简介的职能是将昵称的内容具体化。例如，如果你的昵称是以某个组织为关键词命名的，你的简介就可以对这个组织进行详细的叙述。

要指出的是，简介的叙述应该尽可能诙谐幽默，同时做到言简意赅。

11.3　短视频内容运营

短视频只有具备了灵魂，才能历久弥新。对于拍摄者来说，要想让短视频有中心，就要从保证良好的画面入手，尽可能地拍好视频主体。只有清晰地展现了视频主体，才能清楚地传达视频的中心思想。

①选好拍摄主体。在视频拍摄中，主体的选择至关重要。选择拍摄主体的方法有两种：直接展现视频拍摄主体和间接展现视频拍摄主体。前者将拍摄主体放在画面最突出位置。后者将通过渲染其他事物来表现视频拍摄主体，使主体占据画面关键位置。

②选好拍摄陪衬。陪衬就是视频拍摄中的陪体部分。陪体，即视频画面中对拍摄主体有突出和烘托作用的对象。在视频拍摄过程中，主体与陪体是相辅相成的。

③选好拍摄环境。视频拍摄环境大体包括前景和背景。前景就是在拍摄视频时位于视频拍摄主体前方或靠近镜头的景物。背景就是位于视频拍摄主体背后的景物，能让拍摄主体显得更加和谐、自然。

④选好拍摄时间。拍摄时间对于视频拍摄非常重要，对于同一个视频拍摄主体来说，在不同的时间点拍摄，效果也不相同。

短视频拍摄流程如下。

1. 组建团队

视频拍摄团队的组建包括以下两点。

第一，需要哪些成员。一般来说，一个专业的拍摄团队需要有策划、拍摄、表演、剪辑、包装及运营等。以拍摄生活垂直类的短视频为例，如果每周计划推出 2～3 集内容，每集为 5 分钟，那么大概需要 4～5 个成员就可以，分别负责编导、运营、拍摄及后期剪辑的工作。

第二，这些成员各自负责的任务。仍以上一个假设为例，四个岗位具体要承担的工作如下。

编导：负责统筹整体工作，策划主题、督促拍摄、确定内容风格及方向。

拍摄：负责拍摄视频，并且承担视频的相关工作，关注拍摄的风格及工具。

剪辑：负责将视频剪辑成片，同时要参与策划和拍摄，以便更好地打造视频效果。

运营：负责视频的推广和宣传。

2. 策划剧本

就像写一篇作文一样，编导在策划剧本时也应该有主题思想、开头、中间及结尾，情节的设计就是丰富剧本的组成部分。

在策划剧本时，关键在于做到三点：首先，构思必须深刻触及受众的心灵；其次，情节要精准满足受众的需求；最后，台词要具备强烈的爆发力和丰富的内涵。具体来说，情节与台词设计必须与角色的性格相匹配，角色性格应避免单一不变，同时，台词不仅要有冲击力，还要富有深刻的意义。

3. 拍摄视频

视频拍摄属于执行阶段，是非常重要的一个过程。如果要拍摄外景，应该提前对拍摄地点进行勘察。

4. 剪辑包装

剪辑是视频拍摄的重要环节，在剪辑的过程中，要注意素材之间的关联性。另外，也要有一些对视频的点缀。剪辑包装视频主要有三个工作内容：音乐、特效、字幕。

5. 上传发布

一个作品要达到真正意义上的成功，还必须让更多人知道，只有分享了自己的作品，才清楚自己的作品是否达到预期的效果。

C11-1 启发思考题

1. 新媒体时代，洪陵羊绒最初通过何种营销方式进行公司宣传，这种营销方式具有什么特点？试论述其营销工作具体是如何开展的？

2. 直播电商的出现，启发洪陵羊绒采取了何种营销方式？其具有哪些优势？

3. 企业能够持续经营的关键在于如何将"流量"变成"留量"，洪陵羊绒是通过何种营销方式实现这一转化的？其盈利方式又是怎样的？

4. 请探讨洪陵羊绒未来该如何发展，怎样打造品牌优势？

C11-1 从内容引入到社群构建：洪陵羊绒的新媒体营销探索[①]

C11-2 启发思考题

1. 同样是做自媒体，为什么这次东北小哥却熠熠生辉，找到了对事业的认同？

---

① 王军，孙维昕，贺佳，等. 从内容引入到社群构建：洪陵羊绒的新媒体营销探索. 中国管理案例共享中心，吉林大学商学与管理学院，MKT-1038.

2. 如何理解后真相时代，网络营销中的情感共鸣？

3. 在网络营销内容的呈现过程中，应该如何设定立场和价值点？

4. 东北小哥的商业模式是什么？自媒体中的流量变现的主要方式有哪些？

C11-2 东北小哥的真心话：后真相时代自媒体运营之道[1]

自学自测　扫描此码

————————

[1] 陈曦，王时敏，黄晨莉. 东北小哥的真心话：后真相时代自媒体运营之道. 中国管理案例共享中心，云南大学工商管理与旅游管理学院，EPSM-0432.

教师服务

感谢您选用清华大学出版社的教材！为了更好地服务教学，我们为授课教师提供本书的教学辅助资源，以及本学科重点教材信息。请您扫码获取。

≫ 教辅获取

本书教辅资源，授课教师扫码获取

≫ 样书赠送

市场营销类重点教材，教师扫码获取样书

清华大学出版社

E-mail: tupfuwu@163.com
电话: 010-83470332 / 83470142
地址: 北京市海淀区双清路学研大厦 B 座 509

网址: https://www.tup.com.cn/
传真: 8610-83470107
邮编: 100084